全国城市轨道交通专业高职高专规划教材

隧道及地下工程技术

Suidao ji Dixia Gongcheng Jishu

王运周　曲劲松　主　编
王道远　副主编
杨建国[交通运输部科学研究院]　主　审

人民交通出版社

内 容 提 要

本书为全国城市轨道交通专业高职高专规划教材。主要内容包括：隧道及地下工程基础知识，地下车站施工，区间隧道施工，不良和特殊地质段隧道施工，施工质量检测、监控量测、安全及环保等。

本书可作为高职、中职院校城市轨道交通工程技术专业、铁道工程专业、土建专业教学用书，也可作为行业人员培训教材或参考资料。

图书在版编目(CIP)数据

隧道及地下工程技术／王运周，曲劲松主编．—北京：人民交通出版社，2014.2
全国城市轨道交通专业高职高专规划教材
ISBN 978-7-114-10812-9

Ⅰ.①隧… Ⅱ.①王… ②曲… Ⅲ.①隧道工程—工程技术—高等职业教育—教材 Ⅳ.①U45

中国版本图书馆 CIP 数据核字(2013)第 177196 号

全国城市轨道交通专业高职高专规划教材
书　　名：隧道及地下工程技术
著 作 者：王运周　曲劲松
责任编辑：袁　方　闫吉维
出版发行：人民交通出版社股份有限公司
地　　址：(100011)北京市朝阳区安定门外外馆斜街 3 号
网　　址：http://www.ccpress.com.cn
销售电话：(010)59757973
总 经 销：人民交通出版社股份有限公司发行部
经　　销：各地新华书店
印　　刷：北京市密东印刷有限公司
开　　本：787×1092　1/16
印　　张：15.75
字　　数：373 千
版　　次：2014 年 2 月　第 1 版
印　　次：2022 年 1 月　第 8 次印刷
书　　号：ISBN 978-7-114-10812-9
定　　价：45.00 元

(有印刷、装订质量问题的图书由本社负责调换)

全国城市轨道交通专业高职高专规划教材
编 审 委 员 会

主 任：施建年(北京交通运输职业学院)
副 主 任：(按姓氏笔画排序)
　　　　刘大洪(武汉铁路职业技术学院)　　　张竟成(北京地铁运营有限公司)
　　　　李加林(广东交通职业技术学院)　　　杨金华(云南交通职业技术学院)
　　　　徐雅娜(辽宁省交通高等专科学校)
特邀专家：(按姓氏笔画排序)
　　　　王志红(中铁建港航局集团轨道交通工程有限公司)
　　　　王得楷(甘肃省地质所)
　　　　包惠明(桂林理工大学)
　　　　刘静予(江苏省力学学会)
　　　　朱红洲(重庆交通大学)
　　　　宋延安(中铁建港航局集团轨道交通工程有限公司)
　　　　杨建国(交通运输部科学研究院)
　　　　高虎艳(西安市地下铁道有限责任公司)
　　　　缪林昌(东南大学)
委 员：(按姓氏笔画排序)
　　　　丁洪东(辽宁轨道交通职业学院)　　　王心明(上海交通职业技术学院)
　　　　王玉辉(湖南铁路科技职业技术学院)　王劲松(广东交通职业技术学院)
　　　　王运周(甘肃交通职业技术学院)　　　王建立(北京铁路电气化学校)
　　　　王　越(辽宁铁道职业技术学院)　　　邓木生(湖南铁道职业技术学院)
　　　　冯卫星(河北交通职业技术学院)　　　邝青梅(广东省交通运输技师学院)
　　　　刘东华(包头铁道职业技术学院)　　　刘淑珍(北京市电气工程学校)
　　　　吕建清(青岛港湾职业技术学院)　　　朱庆新(南京交通职业技术学院)
　　　　何　鹏(陕西交通职业技术学院)　　　张红梅(武汉市交通学校)
　　　　张　辉(吉林铁道职业技术学院)　　　李　军(北京交通运输职业学院)
　　　　李　季(北京自动化工程学校)　　　　李　锐(安徽交通职业技术学院)
　　　　李慧玲(天津铁道职业技术学院)　　　杨　平(四川交通职业技术学院)
　　　　汪武芽(江西交通职业技术学院)　　　周秀民(吉林交通职业技术学院)
　　　　罗建华(北京地铁技术学校)　　　　　范玉红(南通航运职业技术学院)
　　　　胡邦曜(柳州铁道职业技术学院)　　　赵　岚(西安铁路职业技术学院)
　　　　都娟丽(西安科技商贸职业学院)　　　盛海洋(福建船政交通职业学院)
　　　　董黎生(郑州铁路职业技术学院)　　　覃　峰(广西交通职业技术学院)
　　　　熊文林(湖北交通职业技术学院)
秘 书：袁　方(人民交通出版社)

出版说明

我国轨道交通正处于快速发展阶段,预计 2050 年规划的线路将增加到 289 条,总里程数将达到 11700km。面临这一大好形势,各地职业院校纷纷开设了城市轨道交通相关专业。为了适应我国城市轨道交通专业高职高专教育对教材建设的需要,我们在 2012 年推出城市轨道交通运营管理专业高职高专规划教材之后,广泛征求了各职业院校的意见,规划了全国城市轨道交通工程技术专业高职高专规划教材。

为保证教材出版质量,我们从开设城市轨道交通工程技术专业的优秀院校中遴选了一批骨干教师,组建成教材的编写团队;同时,在高等院校、施工企业、科研院所聘请一流的行业专家,组建成教材的审定团队,初期推出以下 13 种:

《工程地质》

《工程制图及 CAD》

《工程力学》

《土力学与地基基础》

《轨道交通概论》

《轨道工程测量》

《桥梁工程技术》

《轨道施工组织与概预算》

《轨道工程材料》

《轨道养护与维修技术》

《轨道施工技术》

《路基施工技术》

《隧道及地下工程技术》

本套教材具有以下特点:

1. 体现了工学结合的优势。教材编写过程努力做到了校企结合,聘请地铁施工企业参与编写、审稿,并提供了大量的施工案例。

2. 突出了职业教育的特色。教材内容的组织围绕职业能力的形成,侧重于实际工作岗位操作技能的培养。

3. 遵循了形式服务于内容的原则。教材对理论的阐述以应用为目的,以够用为尺度。语言简洁明了、通俗易懂;版式生动活泼、图文并茂。

4.整套教材配有教学课件,读者可于人民交通出版社网站免费下载;每章后附有复习思考题,部分章节还附有实训内容。

希望该套教材的出版对全国职业院校城市轨道交通专业教材体系建设有所裨益。

全国城市轨道交通专业高职高专规划教材
编审委员会
2013 年 5 月

前 言

随着中国经济的高速发展，城市轨道交通正逐步进入稳步、有序和快速发展阶段，尤其是近10年来，由于国家政策的正确引导和相关城市对规划建设轨道交通的积极努力，从发展速度、规模和现代化水平上均显示了健康、快速的上升趋势。城市轨道交通作为城市公共交通系统的一个重要组成部分，使城市交通状况有了明显改善，对充分发挥城市功能，改善环境，促进经济和社会发展起到了重要作用。各发达城市的地铁、轻轨、市郊铁路、有轨电车以及悬浮列车等多种类型的城市轨道交通逐渐成为其交通主动脉。

为适应城轨隧道及地下工程建设的新形势，编者根据高等职业教育城市轨道运输类专业人才培养目标和城市轨道运输类专业指导委员会对课程改革的基本要求，结合隧道及地下工程施工的新工艺、新技术，突出高等职业教育特色，紧扣城市轨道交通工程技术专业的人才培养方案，改变以知识传授为特征的传统学科教学模式，采取以工程项目(地下车站、区间隧道、轨道等)、工作任务(不同的施工方法、不同的地质水文条件、施工组织设计与管理等)为中心组织内容。根据轨道交通基础工程所涉及地下工程、隧道工程施工相关知识和技能要求，确定所需要的若干项目；再将每个项目具体细化，划分为若干学习任务，并辅以施工案例。在理论够用的基础上更好地结合实践，培养其解决实际工程问题的能力，成为熟练施工、理解设计、善于管理的技术技能型人才。

本书由甘肃交通职业技术学院王运周、南京交通职业技术学院曲劲松担任主编，河北交通职业技术学院王道远担任副主编，交通运输部科学研究院杨建国担任主审。第一章、第四章由甘肃交通职业技术学院王运周、马安财编写，第二章由南京交通职业技术学院曲劲松编写，第三章由河北交通职业技术学院王道远编写，第五章由河北交通职业技术学院袁金秀、河南交通职业技术学院郑云鹏编写。

由于编者水平有限，编写的时间仓促，谬误之处，敬请读者批评指正。

编 者

2013 年 7 月

目 录

第一章 隧道及地下工程基础知识 ... 1
- 第一节 概述 ... 1
- 第二节 隧道工程地质环境及围岩分级 ... 5
- 第三节 隧道及地下工程线形设计 ... 29
- 第四节 隧道及地下工程结构构造 ... 33
- 复习思考题 ... 47
- 实训练习 ... 47

第二章 地下车站施工 ... 49
- 第一节 盖挖法 ... 49
- 第二节 明挖法 ... 57
- 第三节 浅埋暗挖法 ... 74
- 第四节 地下连续墙 ... 82
- 第五节 SMW(Soil Mixing Wall)工法 ... 92
- 复习思考题 ... 96
- 施工案例 ... 96

第三章 区间隧道施工 ... 110
- 第一节 浅埋暗挖法 ... 110
- 第二节 盾构法 ... 145
- 第三节 TBM掘进机法 ... 161
- 第四节 沉埋(管)法 ... 171
- 复习思考题 ... 181
- 施工案例 ... 181

第四章 不良地质和特殊地质段隧道施工 ... 186
- 第一节 概述 ... 186
- 第二节 不良地质和特殊地质地段隧道施工方法 ... 189
- 复习思考题 ... 200
- 施工案例 ... 201

第五章 施工质量检测、监控量测、安全及环保 ... 205
- 第一节 施工质量检测 ... 205
- 第二节 隧道施工监控量测 ... 219
- 第三节 施工安全及环保 ... 226
- 复习思考题 ... 233
- 施工案例 ... 233

参考文献 ... 240

第一章 隧道及地下工程基础知识

教学目标
1. 能识别分析隧道及地下工程的类型。
2. 能根据地质资料分析判断围岩级别。
3. 识别隧道平、纵、剖面图的基本构图。
4. 掌握隧道及地下工程建筑限界的概念。
5. 能够进行测量放样、开挖轮廓线的量测。
6. 能识别车站及地下工程的结构类型。

第一节 概　　述

一、隧道及地下工程的概念及种类

为达到各种不同的使用目的,在山体内或地面下修建的建筑物,统称为"地下工程"。在地下工程的广泛范围中,用以保持地下空间作为运输孔道的,称之为"隧道"。

1970 年,OECD(世界经济合作与发展组织)隧道会议从技术方面将隧道定义为:以任何方式修建,最终使用于地表面以下的条形建筑物,其内部净空断面在 $2m^2$ 以上者均为隧道。从这个定义出发,隧道包括的范围很广,且种类繁多,从不同的角度来区分,就有不同的分类方法。从隧道所处的地质条件来分,可以分为土质隧道和石质隧道;从埋置的深度来分,可以分为浅埋隧道和深埋隧道;按国际隧道协会(ITA)定义的隧道横断面积的大小划分标准,可以分为极小断面隧道($2\sim3m^2$)、小断面隧道($3\sim10m^2$)、中等断面隧道($10\sim50m^2$)、大断面隧道($50\sim100m^2$)和特大断面隧道(大于 $100m^2$);按隧道的长度可以分为短隧道(铁路隧道规定:$L\leqslant500m$;公路隧道规定:$L\leqslant500m$)、中长隧道(铁路隧道规定:$500<L\leqslant3000m$;公路隧道规定 $500<L<1000m$)、长隧道(铁路隧道规定:$3000<L\leqslant10000m$;公路隧道规定 $1000\leqslant L\leqslant3000m$)和特长隧道(铁路隧道规定:$L>10000m$;公路隧道规定:$L>3000m$);从隧道所在的位置来分,可以分为山岭隧道、水底隧道和城市隧道。比较明确的还是按照它的用途来分,可以有以下的分类:

1. 交通隧道

交通线上的隧道(交通隧道)是隧道中为数最多的一种。其作用是提供交通运输和人行

的通道,以满足交通线路畅通的要求,一般包括以下几种:

(1)铁路隧道。我国大多是山区,地势起伏、山峦纵横,铁路穿越这些地区时,往往会遇到高程障碍,而铁路限坡平缓,无法拔起需要的高度,同时,限于地形又无法绕避,这时开挖隧道直接穿山而过最为合理。铁路隧道既可使线路顺直,避免许多无谓的展线,使线路缩短,又可以减小坡度,使运营条件得以改善,从而提高牵引定数,多拉快跑,所以,在铁路线上,尤其是在山区铁路线上,此方案常为人们所选用,修建的数目也越来越多。我国铁路采用隧道克服山区地形范例很多,例如:川黔线上的凉风垭隧道,跨越分水岭时,拔起高度小、展线短、线路顺直、造价也低,越岭高度降低了96m,线路缩短了14.7km,并避开了不良地质区域;宝成线宝鸡至秦岭一段线路上密集设有48座隧道,总延长为17.1km,占线路总延长的37.75%。由此可见,在山区地带铁路线上隧道起了很大作用。

(2)公路隧道。公路的限制坡度和最小曲线半径没有铁路那样严格。过去在山区修建公路为节省工程造价,常常选择盘山绕行,宁愿多延长一些距离,而避开修建费用高的隧道,因此,过去公路隧道为数不多。但随着社会经济和生产的发展,高速公路的大量修建,对道路的修建技术提出了较高的标准,要求线路顺直、坡度平缓、路面宽敞等,于是在道路穿越山区时,出现了大量的隧道方案。隧道的修建在改善公路技术状态,缩短运行距离,提高运输能力以及减少事故等方面起到了重要的作用。例如穿越秦岭终南山隧道,全长18.1km,将翻越秦岭的道路缩短了60km,时间减少两个多小时。

(3)水底隧道。当交通线路需要跨越江、河、湖、海、洋时,一般可以选择的方案有架桥、轮渡和隧道。当采用架桥方案时,考虑到河道通航需要较高的净空,而桥梁受两端引线高程的限制,一时无法抬起必要的高度时,就难以克服净空限制这一矛盾;而轮渡方案限制了通行量,此时,采用水底隧道方案可以解决净空限制和通行量小的矛盾。水底隧道方案的优点是不受气候影响,不影响通航,引道占地少,战时不暴露交通设施目标等,越来越受到人们的青睐。我国上海横跨黄浦江,全长2793m的延安东路南线越江水底隧道,把黄浦江两岸的交通联结起来了,这在一定程度上改变了遇水架桥的思维定式,但水底隧道方案的缺点是造价较高。

(4)地下铁道。地下铁道是解决大城市中交通拥挤、车辆堵塞问题,而能大量快速运送乘客的一种城市交通设施。它可以使很大一部分地面客流转入地下而不占用地面空间,没有平面交叉,各走上下行线,因而可以高速行车,且可缩短车次间隔时间,节省了乘车时间,方便人们出行,在战时还可以起到人防的功能。我国北京、上海、广州、天津等城市已经建成的地下轨道交通系统,对改善城市交通状况、减少交通事故起到了重要的作用。

(5)航运隧道。当运河需要越过分水岭时,克服高程障碍成为十分困难的问题,一般需要绕行很长的距离。如果层层设立船闸则建设投资很大,运转和维修的费用也很高,而且过往船只延误时间很多;如果修建航运隧道,把分水岭两边的河道沟通起来,既可以缩短航程,又可以省掉船闸的费用,使其迅速而顺直地驶过,航运条件就大为改善了。

(6)人行地道。在城市闹区中,行人众多,往来交错,而且与车辆混行,偶有不慎便会发生交通事故。在横跨十字路口处,即使有指示灯和人行横道线,快速的机动车也不得不频繁地减速,甚至要停车避让。为了提高交通运送能力及减少交通事故,除架设街心高跨桥以外,还可以修建人行地道来穿越街道或跨越铁路、高速公路等,这样可以缓解地面交通互相交叉的繁忙景象,少占用地面空间,同时也大大减少了交通事故。

2. 水工隧道

水工隧道是水利工程和水力发电枢纽的一个重要组成部分,包括以下几种:

(1) 引水隧道。进行水资源的调动或把水引入水电站的发电机组,产生动力资源。引水隧道有的内部充水因而内壁承压,有的只是部分过水,因而内部只受大气压力而无水压,分别称之为有压隧道和无压隧道。

(2) 排水隧道。是把发电机组排出的废水送出去的隧道。

(3) 导流隧道或泄洪隧道。是水利工程中的一个重要组成部分,由它疏导水流并补充溢洪道流量超限后的泄洪作用。

(4) 排沙隧道。用来冲刷水库中淤积的泥沙,把泥沙裹带运出水库;有时也用来放空水库里的水,以便进行库身检查或修理建筑物。

3. 市政隧道

市政隧道是城市中为安置各种不同市政设施的地下孔道。由于城市不断发展,工商各业日趋繁荣,人们生活水平逐步提高,对公用事业的要求也越来越高,从城市空间的合理利用和可持续发展的国策来说,把它们安置在地下,既可不占用地面面积,又不致扰乱高空位置和损伤市容的整齐,是现代化城市的标志之一。市政隧道包括以下几种:

(1) 给水隧道。城市自来水管网遍布市区,必须经过有序合理的规划和布置地下的孔道来容纳安置这些管道,既不破坏市容景观,不占用地面,也避免遭受人为的损坏。

(2) 污水隧道。城市污水,除一部分可以净化返用外,仍有大部分的污水需要排放到城市以外的河流中去,这就需要有地下排污隧道。这种隧道的形状多采用卵形,也可能是在孔道中安放排污管,由管道排污。一般排污隧道的进口处,多设有栅栏隔栅,把漂浮物拦在隧道之外,不致涌入造成堵塞。

(3) 管路隧道。在城市中,供给煤气、暖气、热水等的管路都放置在地下的孔道中,经过防漏及保温措施,把这些能源送到生产和居家的目的地。

(4) 线路隧道。在城市中,输送电力的电缆以及通讯的电缆,都安置在地下孔道中,既可以保证不为人们的活动所损伤或破坏,又免得悬挂高空,有碍市容景观。这些地下孔道多半是沿着街道两侧敷设的。

在现代化的城市中,将以上四种具有共性的市政隧道,按城市的布局和规划,合建一个大隧道,称之为"共同管沟"。共同管沟是现代城市基础设施科学管理和规划的标志,也是合理利用城市地下空间的科学手段,是城市市政隧道规划与修建发展的方向。

(5) 人防隧道。是为战时的防空目的而修建的防空避难隧道,城市中建造人防工程,是为了预防战争空袭。人防工程是在紧急情况下人们避难所用的,因此在修建时应考虑人生活环境的一般要求,除应设有排水、通风、照明和通讯设备以外,还应考虑储备饮水、粮食和必要的救护设备,此外在洞口处还需设置各种防爆装置,以阻止冲击波的侵入;同时,要做到多口连通、互相贯穿,在紧急时刻,可以随时找到出口。

(6) 矿山隧道。在矿山开采中,常设一些为采矿服务的隧道,从山体以外通向矿床,并将开采到的矿石运输出来,其中有:

① 运输巷道。向山体开凿隧道通到矿床,并逐步开掘巷道,通往各个开采面。前者称为主

巷道,为地下矿区的主要出入口和主要的运输干道;后者分布如树枝状,分向各个采掘面。此种巷道多用临时支护,仅供作业人员进行开采工作的需要。

②给水隧道。送入清洁水为采掘机械使用,并将废水及积水通过泵抽排出洞外。

③通风隧道。矿山地下巷道穿过许多地层,将会有多种地下气体涌入巷道中来,再加上采掘机械不断排出废气,还有工作人员呼出气体,使得巷道内空气变得污浊。如果地层中的气体含有瓦斯,在含量达到一定浓度后,将会发生危险,轻者将使人窒息,重则引起爆炸。因此,净化巷道中的空气,创造良好的工作环境,必须设置通风巷道,用通风机及时把有害气体和污浊空气排除出去,并把新鲜空气补充进来。

二、我国轨道隧道的发展现状

从1965年起,我国就开始修建地下隧道,经过40多年的发展已经取得了不错的成绩。但是也面临着诸多的制约因素,其中最大难题就是资金问题。由于轨道隧道建设技术标准高、工程量大、施工难度大、建设周期长、所需设备器材多,在整个建设过程中都需要占用大量的资金。目前,轨道隧道建设资金大部分是来源于国家的财政支持以及银行的贷款,但由于近些年来国家为了控制固定资产投资快速增长,严格控制银行的信贷规模,轨道隧道建设的资金供给将在一定程度上受到限制。随着对外开放的程度日益加深,我国的轨道隧道建设市场的开放程度也会相应的得到提高,从而有利于广泛动员和利用包括境外资金在内的社会资金,有助于实施市场化的运营体制,进一步加快我国轨道隧道建设的发展步伐。

三、我国轨道隧道的发展前景

我国50万~100万人口的中等城市44座,100万以上的大城市35座。根据发达国家经验,要使快速轨道交通承担客运交通的50%~80%,居民出行百万人口以上城市控制在40min,中等城市为30min。中等城市要修建轨道交通1~3条,100万人口以上的大城市则要修建4~8条快速轨道交通线。我国所有大城市和部分中等城市正在审定城市总体规划,规划城市的快速轨道交通。预计到2020年可建成900km,到2050年将建成4500km。近些年来我国城市轨道交通运营里程增长趋势见图1-1。

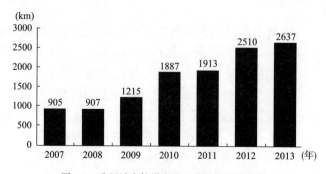

图1-1 我国城市轨道交通运营里程增长趋势

北京地铁于1965年7月1日开始修建一期工程,1971年正式通车;天津地铁于1970年动工,于1980年开通一条长7.4km的运营线;上海地铁1号线于1995年建成;广州地铁1号线于1998年建成。全国33个城市正规划建设城轨隧道,其中28个城市已经获得批复,基本覆盖了国内主流城市圈和经济发达地区。预计到2016年，我国将新建地铁和轨道交通线89条，2020年营运总里程将达到5000km，今后城轨隧道工程在我国将有巨大的发展空间。

第二节　隧道工程地质环境及围岩分级

一、隧道工程地质调查测绘的方法和项目内容

1. 隧道工程地质调查测绘要求

（1）隧道地质技术规范的总要求：

①查明隧道通过地段的地形、地貌、地层、岩性、构造。

②查明隧道是否通过煤层、膨胀性地层及有害矿体等。

③查明不良地质、特殊地质对隧道通过的影响，特别是对洞口的位置及边坡、仰坡的影响，提出工程措施意见。

④查明隧道附近井、泉的分布情况，并分析隧道地区的水文地质条件，判断地下水类型、水质及补给来源等内容。

⑤对于深埋隧道，应做隧道地温升温预测。

⑥综合分析岩性、构造、地下水等有关地质测绘、勘测、测试结果，分段确定隧道围岩级别。

⑦在隧道洞口需要接长明洞的地段，应查明明洞基地的工程地质条件。

⑧查明横洞、平行导坑、斜井、竖井等的工程地质条件。

（2）地形地貌调查：主要查明隧道通过地段的山体自然情况。

（3）地层、岩性调查：主要查明隧道通过地段的地层时代、地层程序、地层岩性及岩性变化、地层接触关系。

（4）地质构造调查：调查重点是褶皱、断层、节理、侵入体或岩脉等。

（5）水文地质调查：主要调查隧道所在地段及其附近的井泉点分布、泉水类型及其与其他地质构造的关系，主要含水层隔水层的岩性分布，河流、小溪等的分布对地下水的影响；在岩溶发育区，还要调查岩溶漏斗、暗河的进口及其出口等。

（6）滑坡、落石、岩堆、泥石流和岩溶地质调查主要查明不良地质是否存在及其性质，存在的位置及其范围，以及其对隧道施工和隧道本身的影响，如图1-2所示。

（7）地温对隧道施工，特别是对深埋隧道施工有很大影响，所以隧道工程地质勘测要进行地温测定，为施工单位提供地温资料。

图1-2　隧道洞口不良地质现象高阳寨隧洞口道发生岩崩滑坡

2. 隧道地质勘探的工作要求

1）隧道地质勘探的总体工作要求

（1）钻孔布置。钻孔数量不宜小于2~3个；长度大于3000m的隧道，有条件时，每500~700m钻一孔，钻孔布置在隧道中线外6~8m处，必要时也可在中线上布孔。

(2)钻探深度。钻探深度应达到路肩设计高程以下2~3m,遇到溶洞、暗河及其他不良地质时,应适当加深。

(3)钻探过程中遇到地下水,应做好水位记录和观测工作,探明含水层的位置和厚度,并取样做水质分析,判明对混凝土的侵蚀性。

(4)为了解隧道通过的岩、土的力学性质,应取代表样品进行试验。

(5)对有害矿体和气体,应取样做定性、定量分析。

2)隧道地质勘探阶段的工作要求

隧道地质探测包括初测和定测两个阶段。

(1)初测要求。长隧道、特长隧道、多线隧道、工程地质条件复杂的隧道以及需做代表性设计的隧道,应编制隧道路线方案工程地质纵断面图,分段提供隧道围岩分级。水文地质、工程地质条件较复杂,长度超过2000m控制线路方案的越岭隧道,应充分利用卫片、航片判释,作大面积地质测绘。

(2)定测要求。不论是一般隧道、长大隧道或者地质复杂的隧道,均应进行单独的工程地质勘测工作,编制单独供点的图表资料。

3.隧道工程调查的内容

通过调查所取得的地质资料,应能充分说明隧道通过地段的地形、地质条件、自然条件和施工条件等。这些资料是隧道设计和施工必备的基础资料,其内容及其深度、细度可根据各阶段的勘测设计要求和隧道规模来确定,使其能满足各阶段的设计和施工需要,最后形成完整系统的资料。

(1)自然概况。自然概况调查,以地形地貌特征为主,包括自然地理(如山脉、水系、地形的陡缓、高程、地表植被、建筑物分布)和与地质结构有关的地形地貌特征(如河流形态、阶地、溶蚀洼地、漏斗、峰丛、断层崖、沙丘)等的概括情况。

(2)工程地质特征。地层、岩性及地质构造特征方面,应着重查清地质构造变动的性质、类型、规模;断层、节理、软弱结构面特征及其与隧道的组合关系和围岩的基本物理力学性质等。隧道典型地质剖面图如图1-3所示。

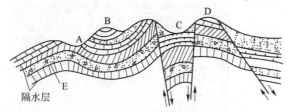

图1-3 典型地质剖面图

(3)水文地质特征。隧道水文地质包括地下水类型及地下水位、含水层的分布范围及相应的透水系数、水量、补给关系、水质及其对混凝土的侵蚀性,有无异常涌水、突水等。

(4)不良地质地段。不良地质地段指影响隧道洞口安全或洞身稳定的不良地质和特殊岩土地段(如崩塌、错落、岩堆、滑坡、岩溶、人为坑洞、泥石流、含水沙层、积风沙、黄土、盐岩、膨胀土、地温、多年冻土、雪崩、冰川等)。勘测中需查明不良地质地段的类型和规模以及发生发展的原因,根据其发展趋势,判明对隧道影响的程度。

隧道通过含有有害气体、矿体及其有放射性危害的地层时,需查明其分布范围、成分和含量。

隧道通过不良地质地段,将给隧道勘测设计和施工、运营带来困难,甚至可能给隧道工程造成重大危害,因此对不良地质地段,必须详细查清其发生发展的原因及其类型和规模,采取相应对策。

(5)地震基本烈度等级。通过高烈度地震区时,应调查历史地震对既有建筑物的毁损情况、自然破坏现象等,结合岩性、构造、水文地质等条件,确定烈度界限的具体里程及地点,分析评价其对隧道工程的影响。

(6)气象资料。气象资料包括气温、气压、风、湿度、降雨量、洪水、晴雨情况、降雪量、积雪、雪融期以及地层冻结深度,这些资料是隧道设计和施工所必需的。

(7)施工条件。包括建筑材料及可供应的水、电情况,周围环境,交通,建筑物,水库,地下管线与采空区等,施工场地及弃渣条件,有关法令及规章制度对噪声、振动、地表下沉等的限制以及补偿对象调查等。

4.隧道工程测绘的规定

(1)按设计阶段要求搜集或测绘地形图、纵断面图、横断面图。
(2)测绘资料的图纸内容需反映隧道所在地的工程地质及水文地质情况。
(3)在隧道洞口和辅助坑道口的附近,按规定设置必要的平面控制点和水准点。
(4)测绘资料符合规定的精度要求。

各种不同比例尺的地形图、纵横断面图等,其上应附有工程地质及水文地质情况,以充分反映隧道位置和洞口位置的地形、地物、地质等的全貌,这些是供选定隧道方案、确定隧道平面和高程位置、洞口位置以及进行整个隧道工程布置和结构设计的基础资料。

隧道线路方案平面图比例尺为1:5000~1:50000,当长隧道、特长隧道有线路方案比较时,必须有此图,以充分反映选用方案和主要比较方案的地形、地貌、地质等情况和显示各比选方案的客观性。

隧道线路平面比例尺为1:1000~1:5000,图上显示隧道经过的地形、地貌及地质概况,供隧道确定位置、布置辅助坑道、运营通风风道、施工场地、截排水及改沟、弃渣处理等之用。

隧道洞口平面比例尺为1:100~1:500,供选择洞口位置、洞口排水及有关工程布置使用。

隧道纵断面依据隧道长度不同,可采用横1:500~1:5000、竖1:200~1:2000,图中显示隧道埋置全貌、洞身分段工程地质和水文地质特征以及线路条件等,供布置洞身设计之用;其余如洞口纵断面、洞口横断面、洞身断面等比例尺为1:100~1:200,供选定洞口和设计洞口、洞身之用,有关辅助坑道、运营通风风道等亦应收集相应的测绘资料。

凡有可利用的地形图、航测照片、航测绘图等都必须搜集,若没有可供利用的,必须进行现场测绘。

5.长隧道、特长隧道和地质条件复杂的隧道的调查

长隧道、特长隧道和地质条件复杂的隧道,应进行大面积的区域性工程地质调查、测绘,并加强地质勘探核试验工作,查明区域地质构造及工程地质、水文地质条件;当地下水对隧道影响较大时,应进行地下水的动态勘测。必要时宜采取相应措施,如开挖试验坑道进行调查、观测试验,直接判断和确认围岩状态及其性质。作为隧道设计的依据,应提出采用工程方案的理由和可靠的工程措施意见,以保证隧道设计合理、施工和运营安全。

对膨胀性的、含水未固结的、高热的等特殊围岩,断层破碎带或有承压积水层等特殊地质,

要求进行详细地质调查时,可采用调查坑道进行调查、量测和试验等,以获得与研究支护参数、施工程序等有直接关系的资料。

调查坑道除了在主洞开挖独立的专用的坑道外,还可利用从主洞引出的分支坑道、作业坑道等。从坑道调查中获得的资料,对解决施工难易程度、围岩状态、有无漏水、围岩物性、土压、位移、温度及有害气体等问题将有很大的帮助。

6. 设计阶段的地质调查

根据隧道规模的不同宜采用测绘、弹性波勘测、遥感、钻孔、试验坑道等方法进行,也开发出了许多新的试验、调查方法,但在不同的围岩条件下应采用不同的方法。

7. 施工阶段的地质调查

根据需要开挖的工作面直接观察或利用超前钻孔、导坑、试验坑道、物探、地质雷达等。施工阶段地质调查应完成下列任务:

(1) 核定地质构造、岩性、地下水等。
(2) 及时预测和解决施工中遇到的工程地质及水文地质问题。
(3) 为验证修改设计提供依据。

目前,各国十分重视对隧道及地下工程施工阶段的地质调查工作,其中开挖工作面的直接观察是极其重要的,在每次爆破后,应立即有专人进行开挖工作面观察并素描,其主要内容有:地层、岩石分布、岩层走向、倾角;固结程度、风化及变质程度、软硬程度;裂隙方向及密度、充填物及性质;断层位置及走向、倾角、破碎程度;涌水位置及涌水量;坍塌位置及形态。

8. 工程评价及处理措施

根据调查结果,应对下列各项内容做出工程评价并提出处理措施:

(1) 围岩自稳性。
(2) 隧道涌水量、涌水压力、突然涌水等。
(3) 岩土膨胀压力。
(4) 滑坡、偏压。
(5) 围岩状态和土压特性。
(6) 高地应力区应力场。
(7) 瓦斯、岩溶及人为坑洞等。

对开挖工作面围岩的自稳性、突然涌水、会产生偏压的地形、洞口附近的边坡崩塌、滑坡及对相邻结构的影响,膨胀性围岩等的评价是很重要的。这些围岩条件,一般来说,用围岩级别或物性值等准确地表达是很困难的,不得不依靠以往的经验、资料、实例进行定性判定。

在进行隧道设计时,有时需设定围岩的受力模型、初始地应力场等,采用理论分析法和数值分析法来分析围岩的动态和稳定性。

与喷锚衬砌或喷锚支护设计、施工有密切关系的围岩评价应着重阐明围岩的状态,其中隧道自稳性和土压特性是最重要的。

9. 围岩级别的确定

判断围岩级别是决策隧道设计、施工中各种问题的基础,围岩级别的判定是按设计和施工两个阶段进行的施工阶段可根据已暴露的围岩条件判定围岩级别,是对设计阶段的预判断进行修正的过程,是客观、可靠、可信的判断。

二、隧道施工超前地质预报的内容和方法

隧道施工超前地质预报是根据隧道开挖揭示的洞身围岩条件的变化趋势和采用各种地球物理探测手段对隧道施工掌子面前方地质情况的探测结果,结合洞内外地质调查、掌子面素描结果和预报人员地质经验,对隧道前方可能遇到的不良地质体及由此可能引发的地质灾害的性质、分布位置、规模的预测;是在分析既有地质资料的基础上,采用一系列手段对隧道施工掌子面前方工程地质与水文地质条件及不良地质体的工程性质、位置、产状、规模等进行探测、分析、辨释及预报,并提出技术措施和建议。

在我国,长大隧道建设越来越多,所遇到的地质条件越来越复杂,技术要求越来越高,施工难度越来越大;同时,由于隧道内可供观测的空间位置有限,观测方案受到限制。如何采取措施、采取何种措施来化解风险、保证施工安全和进度、降低成本,已成为复杂地质隧道施工的研究方向,重视隧道地质预报工作已经成为管理者和广大工程技术人员的共识。

遇下列情况应进行地质超前预报:

(1)深埋、长大隧道。

(2)地质复杂的隧道。

(3)水下隧道。

(4)可能存在大断层、岩溶、大量涌水、突泥、瓦斯突出等严重工程地质灾害的隧道。

(5)可能因开挖造成环境生态破坏的隧道。

(6)覆盖层太厚、植被良好不易进行地质调查和勘探的隧道等则应进行地质超前预报,特别是施工期地质超前预报。

1.超前地质预报的内容

超前地质预报应包括以下主要内容:

(1)地层岩性预测预报,特别是对软弱夹层、破碎地层、煤层及特殊岩土的预测预报。

(2)地质构造预测预报,特别是对断层、节理密集带、褶皱轴等影响岩体完整性的构造发育情况的预测预报。

(3)不良地质预测预报,特别是对岩溶、人为坑洞、瓦斯等发育情况进行预测预报。

(4)地下水预测预报,特别是对岩溶管道水及富水断层、富水褶皱轴、富水地层中的裂隙水等发育情况进行预测预报。

2.超前地质预报的方法

超前地质预报可采用地质调查法、超前钻探法、物探法和超前导坑预报法等方法。

1)地质调查法

地质调查法是根据隧道已有勘察资料、地表补充地质调查资料和隧道内地质素描,通过地层层序对比、地层分界线及构造线地下和地表相关性分析、断层要素与隧道几何参数的相关性分析、临近隧道内不良地质体的前兆分析等,利用常规地质理论、地质作图和趋势分析等,推测开挖工作面前方可能揭示地质情况的一种超前地质预报方法。

地质调查法适用于各种地质条件下隧道的超前地质预报,该方法包括隧道地表补充地质

调查和隧道内地质素描等。

(1)隧道地表补充地质调查

隧道地表补充地质调查应包括以下主要内容：

①对已有地质勘查成果的熟悉、核查和确认。

②地层、岩体在隧道地表的出露及接触关系,特别是对标志层的熟悉和确认。

③断层、褶皱、节理密集带等地质构造在隧道地表的出露位置、规模、性质及其产状变化情况。

④地表岩溶发育位置、规模及分布规律。

⑤煤层、石膏、膨胀岩、含石油、含天然气、含放射性物质等特殊地层在地表的出露位置、宽度及其产状变化情况。

⑥人为坑洞位置、走向、高程等,分析其与隧道等空间关系。

⑦根据隧道地表补充地质调查结果、结合设计文件、资料和图纸,核实和修正超前地质预报重点区段。

(2)隧道内地质素描

隧道内地质素描是将隧道所揭露的地层岩性、地质构造、结构面产状、地下水出露位置及出水状态、出水量、煤层、溶洞等准确记录下来并绘制成图表,是地质调查法工作的一部分,分为开挖工作面地质素描和洞身地质素描,主要包括以下内容：

①工程地质地层岩体:描述地层时代、岩性、层间结合度、风化程度等;地质构造:描述褶皱、断层、节理裂隙特征、岩层产状等,断层的位置、产状、性质、破碎带的宽度、物质成分、含水情况以及与隧道的关系,节理裂隙的组数、产状、间距、填充物、延伸长度、张开度及节理面特征、力学性质,分析组合特征、判断岩体完整程度;岩溶:描述溶岩规模、形态、位置、所属地层和构造部位,填充物成分、状态以及岩溶展布的空间关系;特殊地层:煤层、沥青层、含膏盐层和含黄铁矿层等单独描述;人为坑洞:影响范围内的各种坑道和洞穴的分布位置及其隧道的空间关系;地应力:包括高地应力显示性标志及其发生部位,如岩爆、软弱夹层挤出、探孔饼状岩芯等现象;塌方:应记录塌方部位、方式、规模及其随时间的变化特征,并分析产生塌方的地质原因及其对继续掘进的影响;有害气体及放射性危害源的存在情况。

②水文地质:地下水的分布、出露形态及围岩的透水性、水量、水压、水温、颜色、泥沙含量测定,以及地下水活动对围岩稳定的影响,必要时进行长期的观测。地下水的出露形态分为:渗水、滴水、滴水成线、股水(涌水)、暗河;水质分析:判定地下水对结构材料的腐蚀性;出水点和地层岩性、地质构造、岩溶、暗河等关系分析;必要时进行地表相关气象、水文观测,判断洞内涌水与地表径流、降水的关系;必要时建立涌水点地质档案。

③稳定性特征及支护情况:记录不同工程地质、水文条件下隧道围岩稳定性、支护方式以及初期支护后的变化情况。对发生围岩失稳或变形较大的地段,详细分析、描述围岩失稳或变形产生的原因、过程、结果等。

④进行隧道施工围岩分级。

⑤影像:对隧道内重要的和具有代表性的地质现象应进行拍照和录像。

(3)地质调查法工作要求及资料编制

①地质调查法应符合以下工作要求:隧道地表补充地质调查应在实施洞内超前地质预报

前进行,并在洞内超前地质预报实施过程中根据需要随时补充,现场应做好记录,并于当天及时整理;地质素描图应采用现场绘制草图、室内及时誊清的方式完成,必须在现场根据实际情况记录,不得回忆编制或室内制作。地质素描原始记录、图、表应当天整理;隧道地表补充地质调查和洞内地质素描资料应及时反映在隧道工程地质平面图和纵断面图上,并应分段完善、总结;应按要求采集标本,并及时整理。

②地质调查法隧道超前地质预报,应编制以下资料:地质调查法预报报告;开挖工作面地质素描图,比例尺根据需要确定;隧道洞身地质展示图,比例为1:100~1:500;地层分界线及构造线隧道内和地表相关性分析预报图(必要时作),比例尺根据需要确定;地质复杂地段纵、横断面图,比例为1:100~1:500;地质监测与测试资料;有关影像资料。

2)超前钻探法

超前钻探法包括超前地质钻探和加深炮孔探测两种方法。

(1)超前地质钻探

超前地质钻探是利用钻机在隧道开挖工作面进行钻探获取地质信息的一种超前地质预报方法。该法适用于各种地质条件下的隧道超前地质预报,在富水软弱断层破碎带、富水岩溶发育区、煤层瓦斯发育区、重大物探异常区等地质条件复杂地段必须采用。主要采用冲击钻和回转取芯钻,二者应合理搭配使用,提高预报准确率和钻探速度,减少占用开挖工作面的时间。

一般地段采用冲击钻。冲击钻不能取芯,但可以通过冲击器的响声、钻速及其变化、岩粉、卡钻情况、钻杆振动情况、冲洗液的颜色及流量变化等粗略探明岩性、岩石强度、岩体完整度、溶洞、暗河及地下水发育情况等。

复杂地质地段采用回转取芯钻。回转取芯鉴定准确可靠,地层变化里程可以准确确定。一般只在特殊地层、特殊目的地段、需要精确判定的情况下使用,比如煤层取芯及试验、溶洞及断层破碎带物质成分的鉴定、岩土强度试验取芯等。

①超前地质钻探的参数要求:

a.孔数:断层、节理密集带或其他破碎富水地层每循环只钻一孔;岩溶发育区每循环宜钻3~5个孔,揭示岩溶时,应适当增加,以满足安全施工和溶洞处理所需资料为原则;煤层瓦斯预报超前钻探孔数应符合本章第二节的要求。

b.孔深:不同地段不同目的的钻孔应采用不同的钻孔深度;钻探过程中应进行动态控制和管理,根据钻孔情况可适时地调整钻孔深度,以达到预报目的为原则;煤层、瓦斯超前钻孔深度应符合瓦斯、煤层隧道的有关规定;在需连续钻探时前后两循环钻孔应重叠5~8m。

c.孔径:钻孔直径应满足钻探取芯、取样和孔内测试的要求;富水、岩溶发育区超前钻孔应终孔于隧道开挖轮廓线以外5~8m。

②超前地质钻探的工作要求:

a.实施超前地质钻探的人员应经技术培训和考核,经考核合格后方可上岗。

b.钻探前地质技术人员应进行技术、质量交底。

c.超前钻探过程中应在现场做好钻探记录,包括钻孔位置、开孔时间、孔探、钻进压力、钻进速度随钻孔深度变化情况,冲洗液颜色和流量变化、涌砂、空洞、振动、卡钻位置、突进里程、冲击器声音的变化等。

d.超前钻探过程中应及时鉴定岩芯、岩粉,判定岩石名称,对于断层带、溶洞填充物、煤层、代表性岩土等应拍摄照片备查,并选择代表性岩芯整理保存,重要工程钻探过程监理应进行旁站。

e. 在富水地段进行超前钻探时必须采取防突措施;测钻孔内水压时,需要安装孔口管,接上高压球阀、连接件和压力表,压力表读数稳定一段时间后即可测得水压。

f. 应加强钻进设备的维修与保养,使钻机处于良好状态;强化协调管理,各方面积极配合,缩短施钻时间。

(2)钻孔质量控制措施

①采取系统的钻探程序。

a. 测量布孔:施钻前按孔位设计图设计的位置用经纬仪准确测量放线,将开孔空位用红油漆标注在开挖工作面上。

b. 设备就位:孔位布好后,设备就位,接通各动力电源和供风、供水管路。安装电路要有专业电工操作,确保安全,供风管路要连接紧密,无漏气现象。

c. 对正孔位,固定钻机:将钻具前端对准开挖工作面上的孔位,调整钻机方位,将钻机固定牢固。

d. 开孔、安装孔口管必须安设牢固。

e. 成孔验收:施钻满足设计要求,经现场技术人员确认签收后方可停钻终孔。

②控制钻进方向。钻机定位后,对钻机进行基座加固,使钻机在钻进过程中位置不偏移,左导孔钻完毕钻机位置不变。在钻进过程中定期检查机器的松动情况,及时调整固定;对钻具的导向装置尽可能加长,并且选用刚度较强的钻杆,从而提高钻具的刚度,减少钻具的下沉量,达到技术的要求。不得使用弯曲钻具;当岩层由软变硬时应采用慢速、轻压钻进一定深度后,改用硬岩层的钻进参数。钻进中应减少换径次数;本循环钻孔完毕后,根据测量结果总结钻具的下沉量,下一循环钻探时调整孔深、仰俯角等措施,控制下沉量在设计要求的范围内,达到技术要求的精度。

③准确鉴定岩芯及其分布位置:超前钻探法应编制探测报告,内容包括工作概括、钻孔探测结果、钻孔柱状图,必要时应附钻孔布局图、代表性岩芯照片等。

(3)加深炮孔探测

加深炮孔探测是利用风钻或凿岩台车等在隧道开挖工作面钻小孔径浅孔获取地质信息的一种方法,适用于各种地质条件下隧道的超前地质探测,尤其适用于岩溶发育区。

加深炮孔探测应符合以下要求:孔深应较爆破孔(或循环进尺)深3m以上;孔径宜与爆破孔相同;孔数、孔位应根据开挖断面大小和地质复杂程度确定;在富水、岩溶发育区必须按设计认真实施,发现异常情况应及时反馈信息,严禁盲目装药放炮;钻到溶洞和岩溶水时,应视情况采用超前地质钻探和其他探测手段,查明情况,确保施工安全,为变更设计提供设计依据;加深炮孔探测时,严禁在爆破残眼中实施;异常情况的钻孔资料应作为技术资料保存。

3)物探法

物探法包括地震波反射法、电磁波反射法(地质雷达探测)、红外探测和高分辨率直流电法等,其中地震波反射法是利用人工激发的地震波、声波在不均匀地质体中所产生的反射波特性来预报隧道开挖工作面前方地质情况的一种物探方法。在实际工作中,地震波反射法的应用相对普遍和成熟。

(1) 地震波反射法

隧道地震波法 (Tunnel Seismic Prediction, 简称 TSP), 其原理是通过小药量爆破所产生的地震波信号沿隧道方向以球面波的形式传播, 地震波在不同岩层中以不同的速度传播, 在其界面处被反射, 并被高精度的接受器接收。通过计算机软件分析前方围岩性质、节理裂隙分布、软弱岩层及含水状况等, 最终显示屏上显示各种围岩构造界面与隧道轴线相交所呈现的角度及掌子面的距离, 并可初步测定岩石的弹性模量、密度、泊松比等参数以供参考。该法适用于划分地层界线、查找地质构造、探测不良地质体的厚度和范围, 但仪器在作业过程中对环境的要求比较高, 若噪声过大则会影响数据的准确性。TSP 预测原理见图 1-4。

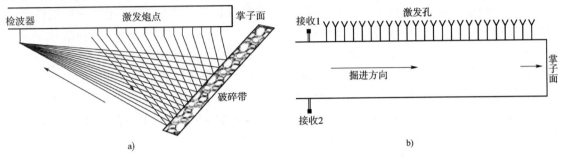

图 1-4 TSP 预测原理

①预报距离。地震波反射法连续预报时前后两次应重叠 10m 以上, 预报距离应符合以下要求: 在软弱破碎地层或岩溶发育区, 一般每次预报距离 100m 左右, 不宜超过 150m; 在岩体完整的硬质岩地层每次可以预报 120～180m, 但不宜超过 200m; 隧道位于曲线时, 预报距离不宜太长。

②预报方法。

a. 观测系统设计。收集隧道相关地质勘查和设计资料; 根据隧道施工情况及地质条件, 确定接收器 (检波器) 和炮点在隧道左右边墙的位置; 接收器和炮点位置应在同一平面和高度上; 隧道情况特殊或需要探测复杂地质隐患时, 必须根据相关理论精心设计观测系统。

b. 现场数据采集。

标志: 在隧道现场, 根据设计的观测系统, 确定所有接收点和炮点的位置, 并作出相应的标志。

钻孔: 应按设计的要求 (位置、孔深、孔径、倾角等) 钻孔; 一般情况下, 钻孔位置不应偏离设定的位置; 特殊情况下, 以设定的位置为圆心, 可在半径 0.2m 的范围内移位; 孔深应平直顺畅, 能确保耦合剂、套管或炸药放置到位; 在不稳定的岩层中钻孔时, 采用外景与孔径相匹配的薄壁塑料管或 PVC 管插入钻孔, 防止塌孔。

c. 安装套管: 用环氧树脂、锚固剂或加特殊成分的不收缩水泥砂浆作为耦合剂, 安装接收器套管; 用电子倾角测量仪测量接收器的几何参数, 并做好记录。

d. 填装炸药: 填装炸药前, 用电子倾角测量仪和钢尺测定炮孔的倾角和深度, 并做好记录; 炸药量的大小应通过试验确定; 用装药杆将炸药卷装入炮孔的最底部; 在激发前, 炮孔应用水或其他介质填充, 封住炮孔, 确保激发能量绝大部分在地层中传播。

e. 仪器安装与测试: 用清洁杆清洗套管内部; 将接收单元插入套管, 并应确保接收器的方向正确; 采集信号前应对接收器和记录单元的噪声进行测试。

f. 数据采集。

设计采集参数：采集参数主要包括采样间隔、采集数、传感器分量（应用 X、Y、Z 三分量接收）以及接收器。

噪声检查：数据采集前，应对仪器本身及环境的噪声进行监测。仪器工作正常，噪声振幅峰值小于 −78dB 时，方可引爆炸药，接收记录。

数据记录：放炮时，准确填写隧道内记录，在放炮过程中应采用炮序号递增或递减的方式进行，确保炮点号正确。

g. 质量控制要求：通过检查显示地震道的特征，进行数据质量控制。

在每一炮数记录后，应显示所记录的地震道，据此对记录的质量控制；用直达波的传播时间来检查放炮点的位置是否正确，以及使用的雷管是否合适；根据型号能量，检查信号是否过强或过弱，若直达波信号过强或过弱，应将炸药适当减少或增加；根据初至波信号的特征，对信号波进行质量控制，若初至后出现鸣振，表明接收器单元没有与围岩耦合好或可能是由于套管内污染严重造成这样，应清洁套管和重新插入接收器单元，直至信号改善为止；根据每一炮记录特征，了解存在的噪声干扰，必要时应切断干扰源，同时也可检查封堵炮孔的效果；对记录质量不合格的炮，应重新装炸药补炮，接收记录合理的地震道。

h. 采集信号的评价要求。单炮记录质量评定分为合格、不合格两种。凡有以下缺陷之一的记录，应为不合格记录。X、Y、Z 三分量接收器接收时，存在某一分量不工作或工作不正常；初至波时间不准或无法分辨；信噪比低；干扰波严重影响到预报范围的反射波；记录序号（放炮序号）与炮孔号对应关系错误。除上述规定的不合格记录外为合格记录。

总体质量评定：总体质量评定依据所有的单炮记录，按偏移距大小重新排列显示（地震显示）进行。总体质量评定可分为合格、不合格两种。

当符合以下要求时为总体合格：观测系统（炮点、接收点等设计）正确，采集方法正确；记录信噪比高，初至波清晰单炮记录合格率大于 80%。

当有以下缺陷之一时，为总体不合格：隧道内记录填写混乱，记录序号（放炮序号）与炮孔号对应关系不清；采用非瞬发电雷管激发，或者初至波时间出现无规律波动（延迟）；连续 2 炮以上（含 2 炮）记录不合格或空炮或者存在相邻的不合格记录或空炮；空炮率大于 15%。

i. 资料分析与判释。可采用仪器配套的处理软件进行分析。

总体质量不合格的资料不得用于成果分析；准确输入野外采集参数，包括隧道、接收器和炮点的几何参数等；剔除不合格的地震道，只有合格的才能参与处理；应根据预报长度选择合适的用于处理的时间长度；带通滤波参数合理，避免波形发生畸变；提取的反射波，应确保波至能量足够；速度分析时，建立与预报距离相适应的模型；反射层提取时，根据地质情况和分辨率选择提取反射层的数目；资料判释应结合隧道地质勘察资料、设计资料、施工地质资料、反射波成果分析显示图及岩体物理力学参数等进行。综合上述成果资料，推断隧道开挖工作面前方围岩工程地质与水文地质条件，如软弱夹层、断层破碎带、节理密集带等地质体的性质、规模和位置等。结合岩体物理学参数、围岩软硬、含水情况、构造影响程度、节理裂隙发育情况等资料，参照有关规范可对围岩级别进行初步评估。

③编制探测报告。

地震波反射法超前地质预报应编制探测报告，主要内容包括：

a. 概括:隧道工程概括、地质概括、探测工作概括等。

b. 方法原理及仪器设备:方法原理及采用的仪器型号等。

c. 野外数据采集:观测系统、采集方法、数据质量等。

d. 数据处理:采用的软件及处理流程、参数选择说明、处理成果及质量等。

e. 资料分析与判释:采用地震波反射法时,应附上反射波分析成果显示图、物探成果地质解释剖面图,必要时可附上分析处理波形图、频谱图、深度偏移剖面图、岩体物理力学参数表以及地质判释、推理地球物理准则;采用水平声波剖面法、负视速度法时,应附上原始记录波形图、经过处理用于解释的波形曲线、物探成果地质解释剖面或平面图等;采用陆地声呐法时,应附上原始记录波形图、经过处理用于解释的波形曲线、似 t_0 时间剖面图及图上定性解释标示、预报平面图等。

f. 结论及建议:提出隧道开挖工作面前方的工程地质与水文地质条件,特别是影响施工方案调整、具有安全隐患的地质条件以及施工过程中应采取的措施等结论和进一步开展预报工作的建议;其他需要说明的问题。

④探测资料地质判释经验。

a. 反射波振幅越高,反射系数和波阻抗的差异越大。

b. 若横波 S 反射比纵波 P 强,则表明岩层包含地下水。

c. v_P/v_S 有较大的增加或泊松比突然增大,常常因流体的存在而引起。

d. 若 v_P 下降,则表明裂隙密度或孔隙度增大。

e. 关于 v_P/v_S:固结的岩石 $v_P/v_S<2.0$,泊松比 $\mu<0.33$;当岩体的孔隙充满水时,v_P/v_S 为 1.4~2.0;当岩体的孔隙充满气时,v_P/v_S 为 1.3~1.7;水饱和的未固结层,$v_P/v_S>2.0$。

当岩体中含流体时,v_P 与孔隙度和孔隙中流体的性质有关,v_P 会明显降低。v_S 只与骨架速度有关,而与空隙中流体无关,v_S 不发生明显变化。

f. 关于沉积岩的泊松比 μ:未固结的土层,往往具有非常高的泊松比 μ(0.4 以上);泊松比常随孔隙度的减小及沉积物的固结而减少;高孔隙度的饱和砂岩往往具有较高的泊松比 μ(0.3~0.4);气饱和高孔隙度砂岩往往具有较低的泊松比 μ(如低到 0.1)。

(2)电磁波反射法

电磁波反射法超前地质预报主要采用地质雷达探测(Ground Penetrating Radar,简称 GPR)。地质雷达探测是利用电磁波在隧道开挖工作面前方岩体中的传播及反射,根据传播速度和反射脉冲波走势进行超前地质预报的一种物探方法。其采用电磁波反射原理探测浅层地层的划分、岩溶、空洞、不均匀体,一起将发射天线和接收天线集于一体,具有快速、无损、连续检测、实时显示等特点,但在掌子面有水的情况下不宜使用。

①探测前提:探测目的体与周边介质之间应存在明显介电常数差异,电磁波反射信号明显;探测目的体具有足以被探测的规模;不能探测极高电导屏蔽层下的目的体。

②探测距离:地质雷达在完整灰岩地段预报距离宜在 30m 以内,在岩溶发育地段的有效探测长度则应根据雷达波形判定;连续预报时前后两次重叠长度应在 5m 以上。

③地质雷达探测仪器的技术指标:系统增益不应低于 150dB;信噪比应大于 60dB;采样间隔不应大于 0.5ns、模数转换器不应低于 16 位;具有可选的信号叠加、实时滤波、点测与连续测量、手动与自动位置标记等功能。

④地质雷达探测的数据采集要求。通过试验选择雷达天线的工作频率,确定介电常数。当探测对象情况复杂时,应选择两种及以上不同频率的天线。当多个频率的天线均能符合探测深度要求时,应选择频率相对较高的天线;测网密度、天线间距和天线移动速度应反映出探测对象的异常,测线宜采用十字或网格形式布设;选择合适的时间窗口和采样间隔,并根据数据采集中的干扰变化和效果及时调整工作参数;采用连续测量的方式,不能连续测量的地段可采用测点;隧址区内不应有较强的电磁波干扰;现场测试时应清除或避开测线附近的金属物等电磁干扰物;当不能清除或避开时应在记录中注明并标出位置;支撑天线的器材应选择绝缘材料,天线操作员应与工作天线保持相对固定的位置;测线上天线经过的表面应相对平整,无障碍,且天线易于移动;测试过程中,应保持工作天线的水平面与探测面基本平行,距离相对一致;现场记录应注明观测到的不良地质体,地下水体的位置与规模等;重点异常区应重复观测,重复性较差时应查明原因;地质雷达探测质量检查的记录与原探测记录应具有良好的重复性,波形一致,没有明显的位移。

⑤地质雷达探测的资料与解释。雷达剖面应清晰;解释前宜做编辑、滤波、增益等处理。情况比较复杂时,还宜进行道分析、FK滤波、正常时差校正、褶积、速度分析、消除背景干扰等处理;结合地质情况、电性特征,探测体的性质和几何特征综合分析。必要时应考虑影响介电常数的各种因素,制作雷达探测的正演和反演模型。

⑥探测报告。地质雷达法预报应编制探测报告,内容包括探测工作概况、采集及解释参数、地质解译结果、测线布置图(表)、探测时间剖面图等,其中时间剖面图应标出地层的反射波位置或探测对象的反射波组。

(3)红外探测

红外探测是根据红外辐射原理,即一切物质都在向外辐射红外线电磁波的原理,通过接收和分析红外辐射信号,探测局部地温异常现象,判断地下脉状流、脉状含水带、隐状含水体等所在的位置进行超前地质预报的一种物探方法。红外探测原理见图1-5。

红外探测适用于定性判断探测点前方有无水体存在及其方位,不能定量给出水量大小等参数。有效预报长度应在30m以内,连续预报时前后两次重叠长度应在5m以上。红外探测技术要求和工作要求如下。

探测时间:应选择在爆破及出渣完成之后进行。

测线布置:

①全空间、全方位探测地下水体时,需在拱顶、拱腰、边墙、隧底位置沿隧道轴向布置测线,测点间距一般为5m,发现异常时,应加密点距;测线布置一

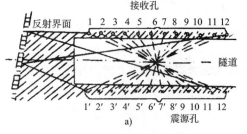

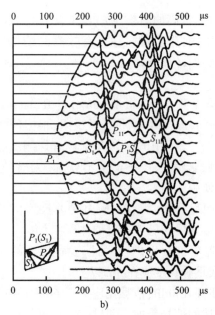

图1-5 红外探测原理

般自开挖工作面往洞口方向布设,长度通常为60m,不得少于50m;开挖工作面测线布置一般为3~4条,每条测线布3~5个测点。

②应做好数据记录,并绘制红外线探测曲线图。

③以下情况所采集的数据为不合格:仪器已显示电池电量不足,未更换电池而继续采集的数据;开挖工作面炮眼、超前探孔等钻进过程中采集数据;喷锚作业后水泥水化热影响明显的部位所采集数据;爆破作业后测线范围内温差明显时所采集数据;测线范围内存在高能热源场(如电动空压机等)时所采集数据。

④探测数据和曲线的分析与判定要求:探测数据和曲线的分析与判定以地质学为基础,并结合现场的工程地质和水文地质条件;通过探测与施工开挖验证,总结出正常场的特点,才能分辨出异常场;分析由探测数据绘制的探测曲线前,必须认真检查探测数据的可靠性;分析解释时应先确定正常场,再确定异常场,由异常场判定地下水的存在;在分析单条曲线的同时,还应对所有探测曲线进行对比,比如两边墙探测曲线的对比、顶底探测曲线的对比,依次确定隐蔽水体或含水构造相对隧道的所在空间位置;沿隧道轴向的红外线探测曲线和开挖工作面红外线探测数据最大差值应结合起来分析,在实践中不断总结经验,做出符合实际的分析判断。

⑤仪器的维护与保养要求。仪器应由专人保管;仪器受潮后,应放在通风处晾干,不应用碘钨灯或其他热源去烘烤;应保护好仪器不得进水,探头一旦进水,应把水倒出并在通风处晾干;不得用仪器去探测点燃的香烟头、通电的电炉丝、电焊的电火花等热源;出现故障后应送至厂家维修、不应自行拆卸;仪器的辐射率出厂时已调整好,使用者不应随意调整。

⑥红外探测预报应编制探测报告,内容包括探测工作概况、地质解译结果、开挖工作面探测数据、左右边墙及拱顶等测线的探测曲线图。

(4)高分辨直流电法

高分辨直流电法是以岩石的电性差异(电阻率差异)为基础,在全空间条件下建立电场,电流通过布置在隧道内的供电电极在围岩中建立起全空间稳定电场,通过研究电场或电磁场的分布规律预报开挖工作面前方储水、导水构造分布和发育情况的一种直流电法探测技术。

高分辨率直流电法适用于探测任何地层中存在的地下水体位置及相应含水率大小,如断层破碎带、溶洞、溶隙、暗河等地质体中的地下水。

现场采集数据时必须布置三个以上的发射电极,进行空间交汇,区分各种影响,并压制不需要的信号,突出隧道前方地质异常体的信号,该方法也称为"三级空间交汇探测法"。

高分辨直流电法有效预报距离不宜超过80m,连续探测时应重叠10m以上。

①现场数据采集要求。开机检测仪器工作正常;发射、接收电极间距测量准确,误差应小于5cm无穷远处电极大于4~5倍的探测距离;发射、接收电极接地良好;电池电量充足;数据重复测量误差应小于5%,否则应检测电极和仪器电源是否正常、工频干扰是否过大等。

②资料处理与分析。资料处理应使用仪器配套的处理软件系统。在数据处理过程中,应采用增强有效信号,压制干扰信号、提高信噪比等手段,使视电阻率等值线图能够清晰成像;地质异常体(储、导水构造)判断标准应以现场多次采集分析验证的数据为依据,总结规律,找出隧址区异常标准值。根据经验总结归一化值视电阻率在40~60时多存在地质异常体(储、导水构造)。

高分辨率直流电法预报应编制探测报告,内容包括探测工作概况、地质解译结果、视电阻率、值线图等。

3. 超前导坑预报法

超前导坑预报法是将超前导坑中揭示的地质情况,通过地质理论和作图法预报正洞地质条件的方法,可分为平行超前导坑法和正洞超前导坑法。线间距较小的隧道可互为平行导坑,以先行开挖的隧道预报后开挖的隧道地质条件。超前导坑预报法适用于各种地质条件。

(1)预报内容

根据超前导坑与隧道位置关系按一定比例作超前导坑预报隧道地质平面简图。由超前导坑地质情况推测未开挖地段隧道地质条件,预报内容主要包括以下几项:地层岩性,地质构造的分布位置及范围等;岩溶的发育发布位置、规模、形态、填情况及其展布情况;在采及废弃矿巷与隧道的空间位置关系;有害气体及放射性危害源的分布层位;突泥、涌水及高地应力现象出现的隧道里程段;其他可以预报的内容。

(2)预报资料编制

超前导坑法地质预报应编制以下预报资料:地质调查法预测报告;采用的各种物探预报方法探测报告;超前钻探法探测报告;导坑地质展示图,比例1:100~1:500;导坑预测正洞预报报告,包括导坑预测报告正洞平面简图,比例为1:100~1:500;导坑竣工工程地质纵断面图,包括地层岩性、褶皱、断裂的分布与产状,破碎带及坍塌和变形地段的位置、性质及规模,地下水出露的位置、水质、水量、分段围岩分级等,横向比例为1:500~1:5000,竖向比例为1:200~1:5000。

(3)注意事项

超前导坑预报法对煤层、断层,地层分界线等面状结构面预报比较准确,对岩溶等有预报不准(漏报)的可能。在岩溶发育可能性较大地段可利用物探、钻探手段由导坑向正洞探测预报;超前导坑中探测正洞地质条件的物探方法可采用地质雷达探测、陆地声呐法、水平声波剖面法等,探测方法的有效长度应达到或超过隧道被探测的范围;超前导坑中出现的突泥、涌水、瓦斯爆炸等地质灾害在超前导坑施工中同样会发生,必须引起足够重视。超前导坑开挖过程中应做好超前地质预报,可采用地质调查、物探、钻探等方法,防止导坑地质灾害的发生。

三、隧道围岩的工程性质

隧道围岩是指地壳中受隧道开挖影响的那一部分岩体或对隧道稳定性有影响的那一部分岩体。这部分岩体在隧道开挖和支护过程中,将产生的应力重新分布,其性质也有所变化。应该指出,这里所定义的围岩并不具有尺寸大小的限制,它所包括的范围是相对的,视研究对象而定。从力学分析的角度来看,围岩的边界应划在因开挖隧道而引起的应力变化可以忽略不计的地方,或者说在围岩的边界上因开挖隧道而产生的位移应该为零,这个范围在横断面上约为6~10倍的洞径。当然,若从区域地质构造的观点来研究围岩,其范围比上述围岩边界的范围要大得多。

围岩的工程性质一般包括三个方面:物理性质、水理性质和力学性质,而对围岩稳定性最有影响的则是力学性质,即围岩抵抗变形和破坏的性能。围岩既可以是岩体,也可以是土体。

在软弱围岩节理和裂隙发育区、岩体被切割得很破碎,结构面对岩体的变形和破坏都没有作用,所以岩体的特性与结构体岩石的特性并无本质区别,在完整而连续的岩体中亦是如此。

反之，在坚硬的块状岩体中，由于受软弱结构面切割，使块体之间的连接减弱，此时，岩体的力学性质主要受结构面的性质及其在空间的位置所控制。

因此，岩体的力学性质必然是诸多因素综合作用的结果，只不过有些岩体是岩石的力学性质起控制作用，而有些岩体则是结构面的力学性质占主导地位。

岩体与岩石相比，两者有着很大的区别。用工程问题的尺度相比，岩石几乎可以被认为是均质、连续且各向同性的介质，而岩体则具有明显的非均质性、不连续性和各向异性。关于岩体的力学性质的判定（包括变形破坏特性和强度），一般都需要在现场进行原位试验才能获得较为真实的结果。国际岩石力学学会（ISRM）试验标准委员会认为，在大型地下工程详细设计阶段，为探明岩体力学性质所进行的现场原位试验

(1) 变形试验，通常都是在试验隧道（洞）内采用承压板法或径向千斤顶法。

(2) 剪切试验，一般是在基坑或隧道（洞）内用斜推法进行。

现场原位试验需要花费大量的资金和时间，而且随着测点位置和加载方式的不同，试验结果的离散性也很大，因此，常常采用取样并在试验室内进行试验来代替，但室内试验较难模拟岩体真正的力学作用条件，更重要的是对于较破碎和软弱不均质的岩体，不易取得供试验用的试样。究竟如何采取试验方法，应视岩体的结构特征而定。一般来说，破裂岩体以现场试验为主，较完整的岩体以室内试验为宜。

1. 岩体的变形特性

岩体的抗拉变形能力很低或者根本就没有，因此，岩体受拉后立即沿结构面发生断裂，一般不需要专门来研究岩体的受拉变形特性。

岩体的受压变形特性，可以用它在受压时的应力-应变曲线（亦称本构关系）来说明。如图1-6所示分别画出了典型的岩石、软弱结构面和岩体在单轴受压时的全应力-应变曲线。从图中可以看出，岩石的应力-应变曲线线性关系比较明显，说明它是以弹性变形为主。软弱结构面的应力-应变曲线呈现出非线性特征，说明它是以塑性变形为主，而岩体的应力-应变曲线则要复杂的多了，典型的岩体全应力-应变曲线可以分解为以下四个阶段：

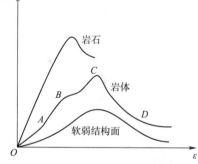

图1-6　典型岩体全应力-应变曲线

(1) 压密阶段（OA）：这一阶段的变形主要是由于岩体中结构面的闭合和充填物的压缩而产生的。随着应力的增加，变形增长率逐渐减小，应力-应变关系呈非线性凹状曲线，变形模量小，总的压缩量取决于结构面的性态。

(2) 弹性阶段（AB）：岩体充分压密后便进入弹性阶段，所出现的弹性变形是岩体的结构面和结构体共同产生的，应力-应变关系呈直线形。

(3) 塑性阶段（BC）：岩体继续受力，变形发展到弹性极限后便进入塑性阶段，此时岩体的变形特性受结构面和结构体的变形特性共同制约。整体性好的岩体延性小，塑性变形不明显，达到强度极限后迅速破坏，破裂岩体塑性变形大，甚至有的从压密阶段直接发展到塑性阶段，而不经过弹性阶段。

(4) 破裂和破坏阶段（CD）：应力达到峰值后，岩体即开始破裂和破坏，破坏开始时，应力下降比较缓慢，说明破裂面上仍具有一定摩擦力，岩体还能承受一定的荷载。而后，应力急剧

下降,岩体全面崩溃。最后当破坏终止时,应变无约束地增大,但保留一定的强度,即所谓的残余强度。

从岩体的全应力-应变曲线的分析中可以看出,岩体既不是简单的弹性体,也不是简单的塑性体,而是较为复杂的弹塑性体。整体性好的岩体接近弹性体,破裂岩体和松散岩体则偏向于塑性体。

这里需要指出,岩体的全应力-应变曲线只有在刚性试验机上才能测出。普通万能试验机因刚度小,实验时,试验机的变形量和储存的弹性应变能都比岩样的大,所以当岩样达到强度极限后,抗力下降,试验机内存储的弹性变形能就突然释放,并对岩样产生冲击作用,使其迅速崩溃,无法再继续试验,测不出岩样破坏后的变形特性。

岩体受剪时的剪切变形特性主要受结构面控制。根据结构体和结构面的具体形态,岩体的剪切变形可能有以下三种方式:沿结构面滑动,结构面的变形特性即为岩体的变形特性;结构面不参与作用,沿结构体岩石断裂,岩石的变形特性起主导作用;在结构面影响下,沿岩石剪断,此时,岩体的变形特性介于上述二者之间。

2. 循环荷载作用下岩体的变形特性

对于弹性材料,其加载和卸载曲线相同,在循环加载和卸载条件下这两条曲线也相同,并且互相重合。

岩体属于非线性材料,如果卸载点超过了其屈服点,则卸载曲线和加载曲线不重合,形成塑性滞回环。如果经过多次反复加载与卸载,且每次施加的最大荷载与第一次加载的最大荷载一样,则每次加载、卸载曲线都各自形成一个塑性滞回环,如图1-7所示。这些塑性滞回环随着加载、卸载次数的增加而越来越窄,最后加载、卸载曲线重合,近似于一条直线,岩体近似于弹性体。若在高于弹性极限的某一应力下,反复加载、卸载,将导致岩体进一步变形,直至发生破坏,破坏时的峰值应力低于其单轴抗压强度,这一应力常被称为疲劳强度。由此可见,在高于疲劳强度的应力反复作用下,其累积的变形也将导致岩体的破坏。

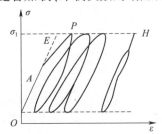

图1-7 典型岩体全应力-应变曲线

3. 岩体的强度

通过上述分析可知,岩体和岩石的变形、破坏机理差异很大,前者主要受宏观的结构面所控制,而后者则受岩石的微裂隙所制约。因而岩体的强度要比岩石的强度低得多,并具有明显的各向异性。例如,志留纪泥岩的单轴抗压试验结果将能很好地说明这个问题,当层面倾角大于50°时,以层间剪切形式破坏;32°~45°时,为轴向劈裂和层间剪切混合形式破坏;小于32°时,为轴向劈裂形式破坏。因此,岩体的抗压强度不仅因层面倾角增大而减小,同时其破坏形式也发生变化。只有当岩体中结构面的规模较小,结合力很强时,岩体的强度才与岩石的强度相接近。一般情况下,岩体的抗压强度只有岩石抗压强度的70%~80%,结构面发育的岩体,仅有5%~10%。

同抗压强度一样,岩体的抗剪强度也主要取决于岩体内结构面的形态,包括岩体的力学性质、充填状况、产状、分布和规模等;同时还受剪切破坏方式所制约。当岩体沿结构面滑移时,多属于塑性破坏,峰值剪切强度较低,其强度参数φ(内摩擦角)一般变化于10°~45°,c(黏结力)变化于 0~0.3MPa,残余强度和峰值强度比较接近。沿岩石剪断属于脆性破坏,剪断的峰值剪切强度较上述的高得多,其 φ 值在 30°~60°,c 值有的高达几十兆帕,残余强度与峰值强度之比随峰值强度的增大而减小,变化于 0.3~0.8。

4. 岩体的构造-力学特性

众所周知,岩体是整个地质母体的一部分,这些岩体内部有着许多结构面,有的是构造作用形成,有的是其他原因形成,如风化、变质等,这些结构面把岩体分割成各种类型和尺寸的岩块,因此,岩体也可以说是各种类型和尺寸的岩块的集合体。它们在初始应力作用下,彼此联锁在一起而处于平衡状态。岩体是由不同尺寸和类型的岩块、结构面、岩块间的充填物构成的,所以,岩体的生成及其埋藏条件赋予它一定的构造-力学特性。在这里所指的岩体是地壳处于工程作用范围内的那一部分,它决定了施工条件及结构物的使用条件,了解这种特性极为重要。

从岩体构造-力学特性上看,大体上可分为无裂隙岩体和裂隙岩体两大类。地下工程在多数情况下是修筑在裂隙岩体中的,因此,许多研究重点都放在裂隙岩体的构造-力学特征上。

裂隙岩体的地质构造特征是结构面的存在,结构面是由各种地质原因形成的,有的是原生的(节理、层面等),有的是次生的(构造的、风化的等)。结构面的存在使岩体的力学变形的各向异性极为显著,不均质性、不连续性也很突出。

结构面使岩体变成不同岩块的集合体,从而赋予岩体以不同的结构形态和破碎状态呈现,这种结构形态和破碎状态对岩体稳定有着重要的影响。

视结构形态不同,裂隙岩体基本上可以分为两大类:规则的裂隙岩体,如明显层状构造的岩体,一些被规则裂隙切割的大块状岩体等;非规则的裂隙岩体,如被多组裂隙分割成的碎块状岩体,处于一些断裂带、风化带的散粒岩体等。

应该指出,在各种类型的结构面中,软弱面对岩体稳定性影响很大,是决定岩体强度的基本条件。对地下工程来说,围岩中存在单一的软弱面,一般并不会影响坑道的稳定,只有出现两组或两组以上的断裂系统时,才能形成分离岩块。另外,在进行稳定分析时,还要对结构面的性质进行判断,要判断哪些是弱面。有些虽然是结构面,但不一定是软弱面,如硅质、钙质胶结的节理面、岩脉接触面等,它们的强度很高。因此,软弱面基本上是指那些断层、剪切带、破碎带、泥质充填的节理、软弱夹层等控制岩体强度的结构面,其强度较岩石强度低。

由此可见,岩石只是岩体构成的一部分,它的性质不能代表岩体的物性,这一点是必须明确的。由上述条件决定的岩体构造-力学特性是它的非连续性、非均质性、各向异性和突变性。

连续性的数学概念是要求应力和变形的连续。岩石结构内的颗粒、层理、裂隙等,都破坏了岩体的连续性,结果把岩体分割成层状、块状等单元体,但是,如果这些单元体像一个整体似的变形,则在这个概念的数学意义上来说,可视为连续介质。

岩体的天然不均质性及各向异性也是它的显著特征。在建立一个物理方程时要划分均质的和非均质的、各向异性的和各向同性的。岩体物理模型的这种分类是与反映它的构造缺陷(首先是反映裂隙和层理)的要求相联系,均质(或似均质)岩体的性质是它的性质在不同点是相同的(或几乎是相同的),裂隙、层理、片理及各种类型的夹层破坏了岩体的均质性。这样,把它看成是均质的或准确地说看成是似均质的,只是一定程度上的理想化,而在其他情况下,都应视为非均质的,因此出现了岩体的几何和物理各向异性问题,即在应力作用下不同方向上性质各异的现象。

在裂隙岩体中发生的力学过程的特点是它的易变形性增大了,这主要是由于岩块彼此间的位移所造成,同时,在它们的接触面(可能是全面接触、点接触或一般接触)上还发生摩擦力,沿岩块接触面位移(滑动和转动)的可能性有时会导致破坏其变形的一般规律。岩体的应力-轴向应变的曲线关系与试件获得的典型关系图有很大的不同。

在试验室条件下决定的变形特性与直接在岩体中决定的特性有很大的不同。根据一些条件,一般试验室决定的与直接在岩体中决定的变形模量的比值平均为2.8;特殊情况下,这个比值可达4.4。动弹性模量和变形模量的比值还更大,平均为3.2。在变形模量上这种明显的不同,基本上是和岩体中有大裂隙有关,而这种裂隙在试件中则没有。有些资料指出,裂隙闭合0.002mm,就会使变形模量减小2.5倍。

裂隙岩体的变形及强度性质的研究是目前岩体力学研究的重大课题之一,迄今为止,各国都对此进行了大量的试验和理论分析,但还没有得到完善的解决。从已进行的试验研究结果看,裂隙对岩体强度和变形性质影响的规律是:随着裂隙程度的增加,强度和变形性质的指标则减小;裂隙的倾角对这些性质有很重要的影响;在多向应力状态下,随着各向压力的增加,裂隙的影响也减小,如不连续面的岩体强度,使裂隙倾角在岩石的最大强度和残余强度之间变动。裂隙岩体强度随着裂隙组数的增加,有较大的降低,当组数超过一定值后,强度不再降低,这时的强度与试件的残余强度相当。

裂隙岩体强度受到许多因素的影响,从宏观的构造一直到微观的结构,很难形成一个公认的标准;其次是关于岩体强度的试验方法也存在着相当大的技术困难。因此,根据岩体的状态,用经验的方法加以估计,有时是很现实的,也是可取的。

目前,通常采用以下经验公式初步估计岩体的强度:

$$R_M = R_b \cdot k \tag{1-1}$$

式中:R_M——岩体强度;

R_b——岩石强度;

k——岩石强度降低系数。

估计岩体强度的关键是如何确定岩石强度降低系数值。目前,有多种方法进行判定。如前苏联建议的值,列于表1-1,供参考。

岩体强度降低系数 k 值　　　　表1-1

岩 体 状 态	k
层厚大于1.0m,有一组裂隙,间距1.5m	0.9
层厚大于0.5~1.0m,不超过2组裂隙,间距1~1.5m	0.7
层厚大于0.5~1.0m,有3、4组裂隙,间距0.5~1m	0.5
层厚小于0.5m,裂隙小于6组,间距小于0.5m	0.3
层厚小于0.3m,裂隙小于6组,间距小于0.3m	0.1~0.2

裂隙岩体的变形特性与完整岩体也不同。用平板试验获得的荷载-变形曲线表现出其特征为:在反复加载、卸载时有较大的变形,在初期加载阶段,由于裂隙等不连续面的影响,有很大变形,曲线坡率较缓;但随着荷载逐渐增大,裂隙逐渐闭合,曲线坡率也逐渐变陡。总之,裂

隙岩体的变形系数比岩石的弹性系数要小。一些花岗岩的试验资料指出：视裂隙程度约小1~2倍，软质砂岩约小2~3倍等。

裂隙岩体的这种变形特性和节理的变形特性有关。例如，当把一个岩块轻轻地放在一个粗糙面上时，实际接触的表面积几乎等于零。全部的接触力是由三个或更多的点来承受的，当增加法向荷载时，由于弹性变形、压碎作用与张裂作用使其接触点的面积扩大，产生新的接触面，并使节理面闭合，但这个闭合是有限度的；当法向应力再行增加，则将使节理面两侧的岩块发生弹性变形，就像没有节理面一样；当卸载时，除了岩石的弹性变形可恢复外，节理面的闭合，本质上是不能恢复的，因而出现了较大的残余变形。

在剪切过程中，节理的扩容性会极大地提高节理的强度。所谓扩容性指由于节理粗糙不平，使节理面漂移或转动而发生的扩容现象，它使节理面强度有较大的变化。总之，在决定岩体节理面剪切强度时，必须考虑节理面光洁度的影响。

5. 岩体的破坏准则

理论和试验研究都表明，多数岩石在初始应力状态下处于弹性阶段，而在开挖成洞后，洞室周围岩体将产生松弛或进入塑性状态。

弹塑性模型的基本概念是认为岩石在屈服极限之前，只有可恢复的弹性变形，达到屈服极限以后，变形由可恢复的弹性变形和不可恢复的永久变形（塑性变形）两部分组成，弹性变形按弹性理论计算，塑性变形按塑性理论计算。

材料随着外力的增加由弹性状态过渡到塑性状态。当应力的数值等于屈服极限 σ_c 时材料屈服，开始产生塑性变形，而 $\sigma = \sigma_c$ 就是单向应力状态下的屈服条件，也称作"塑性条件"，是判断是否达到塑性状态的准则。

目前，在实际设计中，采用最多的是摩尔—库仑破坏准则。图1-8表示受到主应力（$\sigma_1 > \sigma_3$）作用时，材料屈服的应力圆，由图可知：

$$\sin\varphi = \frac{\sigma_1 - \sigma_3}{\sigma_1 + \sigma_3 + 2x} \tag{1-2}$$

$$x = \frac{\sigma_c}{2} \cdot \frac{1 - \sin\varphi}{\sin\varphi} \tag{1-3}$$

将式(1-3)代入式(1-2)中，并令：

$$\xi = \frac{1 + \sin\varphi}{1 - \sin\varphi}$$

则有：

$$\sigma_1 - \xi \cdot \sigma_3 - \sigma_c = 0 \tag{1-4}$$

这就是著名的摩尔—库仑的直线形破坏准则。

格里菲斯认为，内部有裂隙的材料，在裂隙的尖端部位将引起应力集中，从而导致材料强度的降低。当拉应力集中值超过材料的抗拉强度时，裂隙就会扩展，从而导致岩石破坏。

近年来由于量测技术的发展，使得应变推求成为可能，以应变为破坏准则的研究也得到了一定的发展。

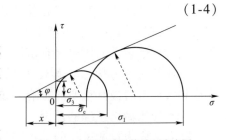

图1-8 材料强度包络线及应力圆

6. 隧道围岩失稳破坏性态

隧道围岩变形、破坏和岩体结构的关系十分密切，根据工程实践观察，大致有以下五种情况：

（1）脆性破裂

整体状和块状结构岩体，岩性坚硬，在一般工程开挖条件下表现稳定，仅产生局部掉块。但在高应力区，洞周应力集中可引起"岩爆"，岩石成碎片射出并发出破裂响声，属于脆性破裂。

（2）块状运动

当块状或层状岩体受明显的少数软弱结构面切割而形成块体或数量有限的块体时，由于块体间的联系很弱，在自重作用下有向临空面运动的趋势，逐渐形成块体塌落、滑动、转动、倾倒以及块体挤出等失稳破坏性态。块体挤出是块体受到周围岩体传来的应力作用的结果，在支护结构和围岩之间如有较大空隙而又未回填密实或根本没有回填，块体运动可能对支护结构产生冲击荷载，而使之破坏。

（3）弯曲折断破坏

层状岩体尤其是有软弱夹层的互层岩体，由于层间结合力差，易于错动，所以抗弯能力较低；洞顶岩体受重力作用易产生下沉弯曲，进而张裂、折断形成塌落体；边墙岩体在侧向水平力作用下弯曲变形而鼓出，也将对支护结构产生压力，严重时可使支护结构折断而塌落。

（4）松动解脱

碎裂结构岩体基本上是由碎块组合而成的，在张拉力、单轴压力、振动力作用下容易松动，溃散（解脱）而成碎块脱落。一旦在洞顶表现为崩塌，在边墙则为滑塌、坍塌。

（5）塑性变形和剪切破坏

散体结构岩体或碎裂结构岩体，若其中含有较多的软弱结构面，开挖后由于围岩应力的作用，将产生塑性变形和剪切破坏，往往表现为塌方、边墙挤入、底鼓以及洞径缩小等，而且变形的时间效应比较明显。有些含蒙脱土或硬石膏等矿物的膨胀性岩体或结构面，遇水膨胀并向洞内挤入，也属于塑性变形性质。

7. 围岩的初始应力场

地下工程的一个重要的力学特性就是：地下工程是在具有一定的应力历史和应力场的围岩中修建的，所以围岩的初始应力场的状态，极大地影响着在其中发生的一切力学现象，这一点与地面工程是极其不同的。

初始应力场（又称原始地应力场），是在坑道开挖前是客观存在的，在这种应力场中修建地下工程就必须了解它的状态及其影响。通常所指的初始应力场泛指由于岩体的自重和地质构造作用，在坑道开挖前岩体中就已经存在的初始静应力场，它的形成与岩体构造、性质、埋藏条件以及构造运动的历史等有密切关系，问题比较复杂。

岩体的初应力状态与施工引起的附加应力状态是不同的，它对坑道开挖后围岩应力分布、变形和破坏有着极其重要的影响。如果不了解岩体初应力状态就无法对坑道开挖后一系列力学过程和现象做出正确的评价。

随着地应力量测工作的进展，对围岩中存在地应力这一确切事实，已经没有什么人怀疑了，现在的主要问题是要搞清楚它的分布规律，以便最终能将它确定出来。但是，由于产生地应力的原因非常复杂,以至于到目前为止,仍不能完全认识它的规律而给出明确的定量关系,还有待我们继续探索。

(1)围岩初始应力场的组成

围岩初始应力场的形成与岩体的结构、性质、埋藏条件以及地质构造运动的历史等有密切关系。一般认为初应力场由自重应力和构造应力构成,从而将其分为自重应力场和构造应力场,这两类应力场的基本规律有明显的差异。围岩的自重应力场比较好理解,它是地心引力和离心惯性力共同作用的结果。围岩的构造应力场比较复杂,按其形成时间,可以分为以下几种:

①由于过去地质构造运动,譬如断层、褶曲、层间错动等所引起的,虽然外部作用力移去后有了部分恢复,但现在仍残存在岩体中的应力;以及岩石在形成过程中,由于热力和构造作用所引起的,虽经过风化、卸载、部分释放,现在仍残存着的原生内应力。这两种都称为构造残余应力。

②现在正在活动和变化的构造运动,譬如地层升降、板块运动等所引起的应力,称为新构造应力,地震的产生正是新构造应力的反映。

围岩初始应力场中究竟是以自重应力为主还是以构造应力为主,历来都是有争论的。一种观点认为岩体内的应力主要是在自重作用下产生的垂直应力,水平应力则是由岩体的泊松效应引起的,最大只能等于垂直应力(即取泊松系数等于0.5)。这种观点实质上是否认地质构造运动能改变岩体的应力状态,这显然与实际情况不符。现今大量的地应力量测资料表明,围岩初始应力场中水平应力与垂直应力之比常常大于1,有的甚至高达7~8,而且主应力方向与当地区域构造的迹象非常一致。这一切都说明地质构造运动不仅改变了岩体原生的结构特征,而且也改变了岩体原生的应力状态。

另一种观点则认为岩体中的应力主要是地球自转和自转速度变化而产生的离心惯性力,因此,应以水平应力为主。李四光教授认为,地球自转及自转速度变化是地壳新构造运动的主要动力,是形成岩体中地应力的重要原因之一,但不能说是唯一的,因为在很多地区发现它的地应力场与最新构造运动所产生的变形场并不一致。

这一切都说明了现阶段围岩的初始应力场主要是构造残余应力场,晚期构造运动的强度如不超过早期构造运动强度的话,则新构造运动可以影响,但很难改变它。只有在埋深较浅而又比较破碎的岩体中,由于构造变动引起的剥蚀作用使构造应力释放殆尽,才以自重应力场为主。当然,在那些从未遭到过较大构造运动的沉积岩体中,也可能是自重应力占主要地位。

(2)围岩初始应力场的影响因素

围岩的初始应力状态,一般受到两类因素的影响:第一类有重力、温度、岩体的物理力学性质及构造、地形等经常性的因素;第二类有地壳运动、地下水活动、人类的长期活动等暂时性的或局部性的因素。

在上述因素中,目前主要研究的是由岩体的体力或重力形成的应力场,称为自重应力场,而其他因素只认为是改变了由重力造成的初应力状态。一般来说,重力应力场的估计可以采用连续介质力学的方法,它的可靠性则决定于对岩石的物理力学性质及岩体的构造-力学性质的研究,其误差通常是很大的;而其他因素造成的初应力场,主要是用试验(现场试验)方法完成的。

此外,在众多的因素中还要特别研究下面几点:

①地形和地貌。地应力实测和有限元分析都表明了地形的变化并不产生新的地应力场,

只对应力起调整作用。在靠近山坡部位,最大压应力方向近似平行山坡表面;在山谷底部,最大压应力方向几乎成水平的了。从主应力的量值来看,在接近山谷岸坡表面部分是应力偏低的地带,往里则转变为应力偏高带,再往山体深部逐渐过渡到应力稳定区,在山谷底部则有较大的应力集中。

②岩体的力学性质。如上所述,现阶段围岩中的应力状态是经过历次构造运动的积累和后来剥蚀作用的释放而残存下来的。按照强度理论,岩体中的应力状态不能超出岩体强度,所以,岩体强度越高地应力值越大。一般可用垂直应力与岩体单轴抗压强度的比值(定义为应力度 $S = \dfrac{\gamma H}{R_c}$)来表示岩体在开挖前的状态,应力度越小,说明岩体的潜在能力还很大,开挖后就越稳定,引起的位移就越小。

③地温。温度变化,尤其是围岩内部各处温度不相同时,温度应力的一部分会残留下来。此外,地壳内岩浆固结或受高温高压再结晶时,将伴随着体积膨胀或收缩,由于受到相邻岩块的约束作用会产生残余应力。

④人类活动。人类活动如大堆渣场的形成,深的露天开采和地下开挖,水库、抽水、采油以及高坝建筑等都可能局部地影响围岩的初始应力场,有时候影响甚至很大,如水库蓄水而诱发地震就是一个例子。

只有详尽了解影响围岩初始应力场的各种因素,才能较可靠地确定围岩的初始应力状态。

四、隧道围岩分级

经过长期工程实践,发现主要反映岩石强度的 f 值分级法不能全面地反映隧道围岩的稳定特征和状态。2001 年,以围岩结构特征和完整状态为分类基础,并参考了国内外有关围岩分级成果,将围岩分级的部分内容与《铁路工程地质勘察规范》(TB 10012—2001)进行了协调修改,颁布了新的隧道围岩分级方案。下面对这一新的隧道围岩分级作一介绍。

1. 围岩分级的基本因素及围岩基本分级

(1)围岩分级的基本因素

围岩基本分级应由岩石坚硬程度和岩体完整程度两个基本因素确定。岩石坚硬程度和岩体完整程度应采用定性划分和定量指标两种方法确定。岩石坚硬程度划分为极硬岩、硬岩、较软岩、软岩和极软岩五类(表1-2),岩体完整程度划分为完整、较完整、较破碎、破碎和极破碎五类(表1-3)。

岩石坚硬程度的划分　　表1-2

岩石类别		单轴饱和抗压极限强度 R_b(MPa)	代 表 性 岩 石
硬质岩	极硬岩	>60	花岗岩、闪长岩、玄武岩等岩浆岩; 硅岩、钙质胶结的砾岩及砂岩、石灰岩、白云岩等沉积岩; 片麻岩、石英岩、大理岩、板岩、片岩等变质岩
	硬岩	30~60	
软质岩	较软岩	15~30	凝灰岩等喷出岩; 沙砾岩、泥质砂岩、泥质页岩、炭质页岩、泥灰岩、泥岩、煤等沉积岩; 云母片石或千枚岩等变质岩
	软岩	5~15	
	极软岩	<15	

岩 体 完 整 程 度 表1-3

完整程度	结构面特征	结构类型	岩体完整性指数 K_v
完整	结构面1~2组,以构造型节理或层面为主,密闭型	巨块状整体结构	$K_v>0.75$
较完整	结构面2~3组,以构造型节理、层面为主,裂隙多呈密闭型,部分为微张型,少有充填物	块状结构	$0.75 \geq K_v > 0.55$
较破碎	结构面一般为3组,以节理及风化裂隙为主,在断层附近受构造影响较大,裂隙以微张型和张开型为主,多有充填物	层状结构、块石碎石结构	$0.55 \geq K_v > 0.35$
破碎	结构面大于3组,多以风化型裂隙为主,在断层附近受构造作用影响大,裂隙以张开型为主,多有充填物	碎石角砾状结构	$0.35 \geq K_v > 0.15$
极破碎	结构面杂乱无序,在断层附近受断层作用影响大,宽张裂隙全为泥质或泥夹岩屑充填,充填物厚度大	散体状结构	$K_v \leq 0.15$

(2)围岩基本分级

根据岩石坚硬程度和岩体完整程度将围岩分为6级(表1-4)。

围 岩 基 本 分 级 表1-4

围岩级别	岩体特征	土体特征	围岩弹性纵波速度(km/s)
Ⅰ	极硬岩,岩体完整	—	>4.5
Ⅱ	极硬岩,岩体较完整; 硬岩,岩体完整	—	3.5~4.5
Ⅲ	极硬岩,岩体较破碎; 硬岩或软硬岩互层,岩体较完整; 较软岩,岩体完整	—	2.5~4.0
Ⅳ	极硬岩,岩体破碎; 硬岩,岩体较破碎或破碎; 较软岩或软硬岩互层,且以软岩为主,岩体较完整或较破碎; 软岩,岩体完整或较完整	具压密或成岩作用的黏性土、粉土及砂类土,一般钙质、铁质胶结的碎(卵)石土、大块石土、黄土(Q_1、Q_2)	1.5~3.0
Ⅴ	软岩,岩体破碎至极破碎; 全部极软岩及全部极破碎岩(包括受构造影响严重的破碎带)	一般第四系坚硬、硬塑黏性土,稍密及以上、稍湿、潮湿的碎(卵)石土、圆砾土、角砾土、粉土及黄土(Q_3、Q_4)	1.0~2.0
Ⅵ	受构造影响很严重呈碎石、角砾及粉末、泥土状的断层带	软塑状黏性土、饱和的粉土、砂类土等	<1.0 (饱和状态的土<1.5)

2.围岩分级的影响因素及分级的修正

在围岩基本分级的基础上,结合考虑隧道工程的特点、地下水状态、初始应力状态等必要的因素进行修正。

(1)地下水

①隧道施工的大量实践证明,水是造成施工塌方、使坑道围岩丧失稳定的重要原因之一。在不同的围岩中水的影响是很不相同的,归纳有以下几种:

a.使岩质软化,强度降低,对软岩尤为明显,对土体则可促使其液化或流动。

b.在有软弱结构面的围岩中,会冲走充填物或使夹层液化,减少层间摩阻力促使岩块滑动。

c.在某些围岩中,如石膏、岩盐和蒙脱石为主的黏土岩中,遇水后产生膨胀,在未胶结或弱胶结的砂岩中可产生流沙和潜蚀。因此,在隧道围岩分级中水的影响是不容忽视的,在同级围岩中,遇水后则适当降低围岩级别。

②降低的幅度主要视以下两方面而定:

a.围岩的岩性及结构面的状态。

b.地下水的性质、大小、流通条件及对围岩浸润状况和危害程度。本围岩分级中关于地下水影响的修正参照表1-5和表1-6。

地下水状态的分级   表1-5

级别	状态	渗水量[L/(min·10m)]
Ⅰ	干燥或湿润	<10
Ⅱ	偶有渗水	10~25
Ⅲ	经常渗水	25~125

地下水影响的修正   表1-6

地下水状态级别 \ 围岩级别	Ⅰ	Ⅱ	Ⅲ	Ⅳ	Ⅴ	Ⅵ
Ⅰ	Ⅰ	Ⅱ	Ⅲ	Ⅳ	Ⅴ	—
Ⅱ	Ⅰ	Ⅲ	Ⅳ	Ⅴ	Ⅵ	—
Ⅲ	Ⅱ	Ⅲ	Ⅳ	Ⅴ	Ⅵ	—

(2)初始应力场

围岩的初始应力状态对岩体的构造-力学特征是有一定影响的。因此,围岩分级中考虑了初始应力状态的影响,将初始应力场采取修正系数的方法,对围岩级别予以降级(表1-7和表1-8)。

另外,若隧道洞身埋藏较浅,应根据围岩受地表的影响情况进行修正。当围岩为风化层时应按风化层的围岩基本分级考虑;当围岩仅受地表影响时,应较相应的围岩降低1~2级。

初始地应力状态评估   表1-7

初始地应力状态	主要现象		评估基准 (R_b/σ_{max})
极高应力	硬质岩:开挖过程中时有岩爆发生,有岩块弹出,洞壁岩体发生剥离,新生裂缝多,成洞性差		<4
	软质岩:岩心常有饼化现象,开挖过程中洞壁岩体有剥离,位移极为显著,甚至发生大位移,持续时间长,不易成洞		
高应力	硬质岩:开挖过程中可能出现岩爆,洞壁岩体有剥离和掉块现象,新生裂缝较多,成洞性较差		4~7
	软质岩:岩心时有饼化现象,开挖过程中洞壁岩体位移显著,持续时间长,成洞性差		

初始地应力影响的修正   表1-8

初始地应力状态＼围岩级别	Ⅰ	Ⅱ	Ⅲ	Ⅳ	Ⅴ
极高应力	Ⅰ	Ⅱ	Ⅲ或Ⅳ	Ⅴ	Ⅵ
高应力	Ⅰ	Ⅱ	Ⅲ	Ⅳ或Ⅴ	Ⅵ

第三节　隧道及地下工程线形设计

隧道内的线路是整条线路中的一个区段。隧道设计时,首先要满足线路明线所规定的各种技术指标。由于隧道的施工、运营养护及改建等工作条件均比明线差,所以在设计隧道内的线路时,除了遵照线路明线所规定的技术指标以外,还应附加一些为适应隧道内工作条件的技术要求。

1. 隧道平面设计

就城市轨道交通线路而言,是越直越好。线路顺直,车辆可以快速通过,走行的距离也较短,有利于车辆多拉快跑,提高线路的运营效率。

线路平面应结合地形、地貌、地质、水文、既有和规划地下管网、既有和规划地上地下构筑物、人防工程、既有和规划道路及交通状况进行设计,尽量减少拆迁,便于施工和交通疏解。

线路应尽量沿城市主干道敷设,平行于道路红线设站。

线路平面的最小曲线半径,应根据工程的具体情况尽量采用大半径,最小不宜小于表1-9的数值。

正线曲线半径小于或等于2000m时,圆曲线与直线间应根据曲线半径及其通过速度设置缓和曲线。

正线及辅助线的圆曲线,最小长度不宜小于20m,在困难地段不得小于一个车辆的全轴距。

最小曲线半径(cm)　　　　　　　　　　　　　　　　　　　　　　　　　　　表 1-9

车　型	正　线		辅　助　线	
	一般情况	困难情况	一般情况	困难情况
A 型车	350	300	300	150
B 型车	300	250	250	150

在困难地段,经过充分的技术经济比较后,可采用复曲线。当其两圆曲线的曲率差大于 1/2000 时,应设置中间缓和曲线,其长度应根据计算确定,但不应小于 20m。

相邻两曲线间的夹直线,最小长度为 20m,当曲线超高在夹直线上递减时,夹直线的最小长度还应计入超高递减长度。

车站内的站台段线路宜为直线。在困难地段可设在曲线上,当采用 A 型车时其半径不宜小于 1000m,采用 B 型车时其半径不宜小于 800m。

2. 隧道纵断面设计

线路纵断面应根据工程地质、水文地质、地下障碍物情况、车辆性能、运营特点和施工方法进行设计。

有条件时,线路纵断面宜按"高站位、低区间"的节能坡形进行设计。

跨河流的高架线路,其纵断面宜按当地洪水设防要求进行设计。

正线的最大设计坡度不宜大于 30‰,困难地段不应大于 35‰;辅助线的最大设计坡度不宜大于 35‰,困难地段不应大于 40‰。最大坡度值不含各种坡度折减值。

隧道内的区间最小坡度不宜小于 3‰,困难地段在确保排水的条件下可采用小于 30‰坡度。

地下车站站台段线路坡度宜采用 2‰~3‰,在困难条件下可设在小于 2‰或不大于 5‰的坡道上。

地下折返线、停车线或存车线应布设在面向车站的上坡道上,其坡度宜为 2‰。

高架区间最小坡度不宜小于 3‰。

地面和高架车站站台段线路宜设在平坡道上,在困难地段可设在不大于 5‰的坡道上。

地面和高架地段的折返线、停车线或存车线,宜布置在平坡道上;困难地段可设在不大于 5‰的坡道上。

道岔宜设在不大于 5‰的坡道上,困难地段可设在不大于 10‰的坡道上。

车站站台段线路应设在一个坡段上,并宜布置在纵断面的凸形部位上。

两相邻坡段的坡度差不小于 2‰时,应设竖曲线连接,竖曲线半径应采用表 1-10 的数值。

竖曲线半径(单位:m)　　　　　　　　　　　　　　　　　　　　　　　　表 1-10

线　别		一般情况	困难情况
正线	区间	5000	3000
	车站端部	3000	2000
辅助线		2000	

车站站台和道岔范围内,不得设置竖曲线。竖曲线离开道岔端部的距离不应小于5m。

有砟道床地段的竖曲线,不得与平曲线的超高顺坡地段重叠,但整体道床地段可不受此限。

坡段长度不应小于远期列车计算长度。

最大坡度地段的坡段最大长度,应根据车辆技术性能确定。

地下区间线路最低点的位置,宜与区间联络通道的位置相一致,并应方便区间废水泵站的排水。纵断面设计时,应注意不同轨道结构高度的差异。

3．隧道限界

隧道的限界包括车辆轮廓线、车辆限界、设备限界和建筑限界。城市轨道交通车辆的基本类型为A型车或B型车,与限界有关的技术参数见表1-11。

城市轨道交通车辆技术参数　　　　表1-11

技 术 参 数	车　型	
	A 型车	B 型车
轨距	1435mm	
最高运行速度	80km/h	
计算车辆长度	22100mm	19000mm
车体宽度	3000mm	2800mm
车顶高度(距轨面)	3800mm	
地板面高度(距轨面)	1130mm	1100mm
转向架中心距	15700mm	12600mm
转向架固定轴距	2500mm	2200mm
受电弓落弓高度(距轨面)	3810mm	
接触网导线洞内高度(距轨面)	4040mm	
接触网导线洞外最大高度(距轨面)	5000mm	
平面曲线最小半径	300mm	250mm
竖曲线最小半径	2000mm	
轨道最大超高值	120mm	

(1)车辆横断面外轮廓线

车辆横断面外轮廓线,是经过研究分析后确定,是作为确定车辆限界及设备限界的依据,也是车辆设计和制造的基本数据。车辆轮廓线指城轨隧道车辆在平直线路上,其车辆中心线与线路中心线重合时,车辆各部尺寸的标称值由车辆供货商提供。

目前,我国城市轨道交通车辆采用标准车型(B型)和宽体车型(A型)两种。上海、广州、南京采用宽体车型,北京、天津采用标准车型。尽管车型不同,但其制定限界的内容和方法是相同的。由于几个城市采用宽体车的车体外轮廓尺寸还没有完全统一,限界的具体数值稍有出入,现以标准车型为例说明各种限界,标准车型车辆轮廓线各点坐标值,见图1-9及表1-12。

车辆轮廓坐标值(mm)　　　　　　　　　　表1-12

坐标/点号	0	1	2	3	4	5	6	7
X	0	800	1100	1255	1325	1400	1400	1277
Y	3700	3700	3620	3535	3435	1860	600	600
坐标/点号	8	9	10	11	12	13	14	15
X	1277	1277	1473	1473	1220	1160	1140	1000
Y	350	210	185	105	105	105	150	150
坐标/点号	16	17	18	19	20	21	22	
X	1000	818	818	717.5	717.5	676.5	676.5	
Y	100	100	0	0	-25	-25	100	

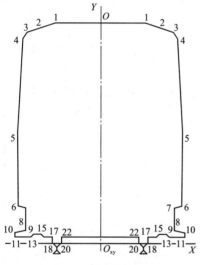

图1-9　车辆轮廓线坐标点

(2)车辆限界

车辆限界是车辆在基准坐标系中的一个轮廓。当以最高行车速度运行在具有最大标准公差和磨耗限度的平直轨道上,车辆任何部分应容纳在限界轮廓之内,不得超越。

直线地段车辆限界是以线路为基准的基准轮廓线的最外各点,按车辆在线路上运行时产生的最不利位置确定。其值必须根据车辆技术参数、最大行车速度、轨道参数、接触网(接触轨)参数,并计及各种磨耗值计算确定,一般由车辆供货商提供。

(3)设备限界

设备限界是车辆限界外在基准坐标系中的一个轮廓,在车辆限界的基础上加上车辆的偏移和倾斜,再加上设计、施工中不可预计的安全预留量形成。当车辆在最高速度运行时,车辆任何部分应容纳的限界轮廓,建筑物及安装的一切设备,均不得向内侵入此限界。

直线地段设备限界的外轮廓在车辆限界之外,自车体肩部横向加宽100mm、边梁下端横向加宽30mm、顶部加高60mm、受电弓加高50mm、车下悬挂物降低50mm后形成的。

曲线地段设备限界应在直线地段设备限界基础上按平面曲线半径和静态倾斜及侧滚角计算确定。

(4)建筑限界

建筑限界是隧道和高架桥等结构物的最小横断面有效内轮廓线。在建筑限界以内、设备限界以外的空间,应能满足固定设备和管线安装的需要。在进行隧道和高架设计时,必须考虑施工误差、测量误差、结构变形等因素,以保证竣工后隧道和高架桥的有效净空满足建筑限界的要求。

区间隧道的建筑限界是根据已定的车辆类型、受电方式、施工方法及以地质条件等按不同结构形式进行确定的。

区间直线段矩形隧道建筑限界、明挖施工的矩形隧道,其单洞单线隧道建筑限界宽度为 4100mm,高度为 4500mm,见图 1-10。

盾构施工的圆形隧道,不论在直线或曲线地段,只能采用同一直径的盾构,要想把直线和不同曲线半径的地段分别采用不同直径的盾构进行施工,是不可能的,所以应按最小曲线半径选用盾构直径进行施工,才能满足圆形隧道的建筑限界要求。如线路最小平面曲线半径 $R=300m$,圆形隧道建筑限界的直径宜为 $\phi=5200mm$,见图 1-11。

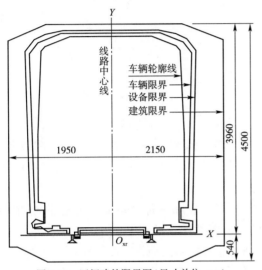

图 1-10　区间建筑限界图(尺寸单位:mm)　　图 1-11　圆形隧道建筑限界图(尺寸单位:mm)

第四节　隧道及地下工程结构构造

隧道及地下工程根据其功能、使用要求、设置位置的不同划分成车站、区间和车辆段三个部分,这三个部分的组合构成了一条完整的隧道线路运行系统,如图 1-12 所示。

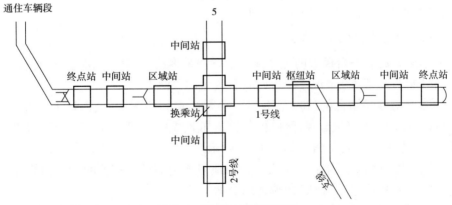

图 1-12　地及车站设置示意图

车站是地铁隧道系统中一个很重要的组成部分,供乘客乘降、换乘和候车的场所,是隧道工程中对外开放的重要窗口,与乘客的关系极为密切;同时它又集中设置了隧道运营中很大一部分技术设备和运营管理系统,对保证隧道安全运行起着很关键的作用。所以车站位置的选择、环境条件的好坏、设计的合理与否,都会直接影响隧道的社会效益和经济效益,影响到城市规划和城市景观。

区间是联结相邻两个车站的行车通道,直接关系到列车的安全运行。区间设计的合理性、经济性对城轨隧道总投资的影响很大,对乘客乘坐列车时的舒适感和列车运行速度的提高也有影响。

车辆段是城轨隧道车辆停放和进行日常检修维修的场所,又是技术培训的基地,由各种生产、生活、辅助建筑及各专业的设备和设施组成。

一、车站构造

1. 车站的类型与组成

(1)按车站功能,可分为:

①中间站(即一般站)是仅供乘客上、下车之用。功能单一,是城轨隧道最常用的车站。

②区域站(即折返站)是设在两种不同行车密度交界处的车站,站内设有折返线和设备,根据客流量大小,合理组织列车运行,在两个区域站之间的区段上增加或减少行车密度。区域站兼有中间站的功能。

③换乘站是位于两条及两条以上线路交叉点上的车站,它除具有中间站的功能外,更主要的是还可以从一条线上的车站通过换乘设施转换到另一条线路上的车站。

④枢纽站是由此站分出另一条线路的车站,该站可接、送两条线路上的乘客。

⑤联运站是指车站内设有两种不同性质的列车线路进行联运及客流换乘,具有中间站及换乘站的双重功能。

⑥终点站是设在线路两端的车站。就列车上、下行而言,终点站也是起点站(或称始发站),终点站设有可供列车全部折返的折返线和设备,也可供列车临时停留检修。

(2)按线路走向可分为:侧式站台候车与岛式站台候车。

(3)按结构的类型可分为:矩形箱式地下建筑、圆形或椭圆形的隧道式建筑。

(4)按建筑的形式可分为浅埋式和深埋式。

2. 典型城轨隧道车站构造

(1)岛式站台:岛式站台最大的优越性在于方便乘客换乘其他车次,其两根单线单隧道布线方式在城市地下工况复杂情况下穿行则具有较大的灵活性。

(2)侧式站台:侧式站台的特点是不利于乘客换乘其他车次,城市地下工况复杂的情况下,大隧道双线穿行反而又缺乏灵活性,但其轨道布置集中,有利于区间采用大的隧道或双圆隧道双线穿行,具有一定的经济性,如图1-13所示。

(3)矩形箱式车站:矩形箱式车站大都采用地下连续墙后大开挖的现浇钢筋混凝土结构,施工对周边环境影响大,土方量大,影响地面交通。

(4)圆形或椭圆形的隧道式车站:可采用盾构法施工,土方量减少,周边环境影响小,但技术要求较高。如图1-14所示。

(5)浅埋式车站:浅埋式车站修筑时土方量较小、技术难度减小、客流上下高度的减小、节省投资。

(6)深埋式车站:深埋式车站深基坑的技术难度增加、土方量增加、投资加大、客流上下高度的增加。

各种典型车站形式见图 1-15。

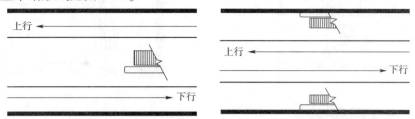

图 1-13　岛式和侧式站台
a)岛式站台；b)侧式站台

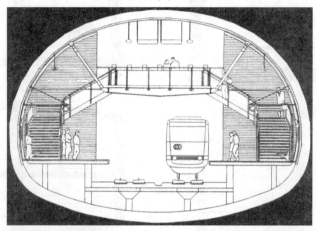

图 1-14　椭圆形隧道式车站构造

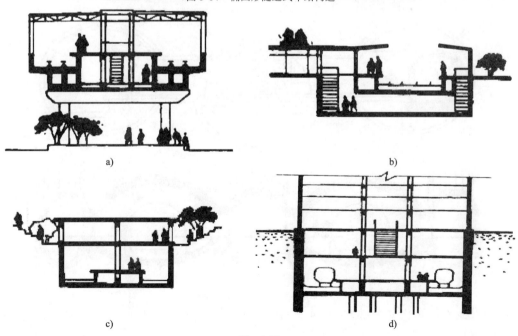

图　1-15

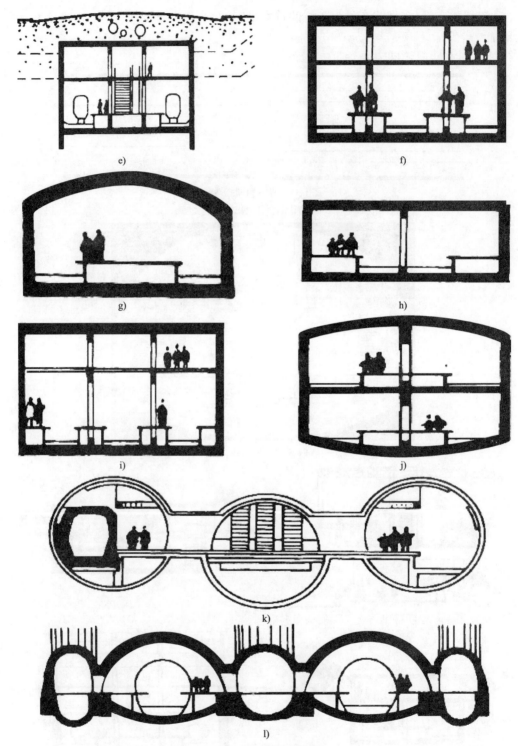

图1-15 各种典型车站构造

a)高架式;b)地面式;c)半地下式单柱双跨;d)浅埋式;e)双埋双柱三跨岛式;f)双柱三跨双岛式;g)单拱岛式;h)单层单柱双跨侧式;i)双柱三跨岛侧混合式;j)双层单柱双跨岛式;k)、l)塔柱式

一般情况下,车站由站厅层、站台层、设备及管理用房、人行通道、地面出入口、通风道、通风亭等组成。站厅层公共区是为乘客提供集散、售检票所必需的空间;站台层是为乘客提供候车、上下车和车辆停靠的空间;设备及管理用房是为改善站内环境、进行运营管理和为乘客服务设置的配套空间;人行通道、地面出入口是乘客进出站所需的空间,也是车站的重要组成部分;车站通风道、通风亭是改善车站内环境条件必不可少的建筑物。

如图 1-16 所示为上海城轨隧道标准车站的组合形式,车站直线段矩形隧道限界如图 1-17 所示。

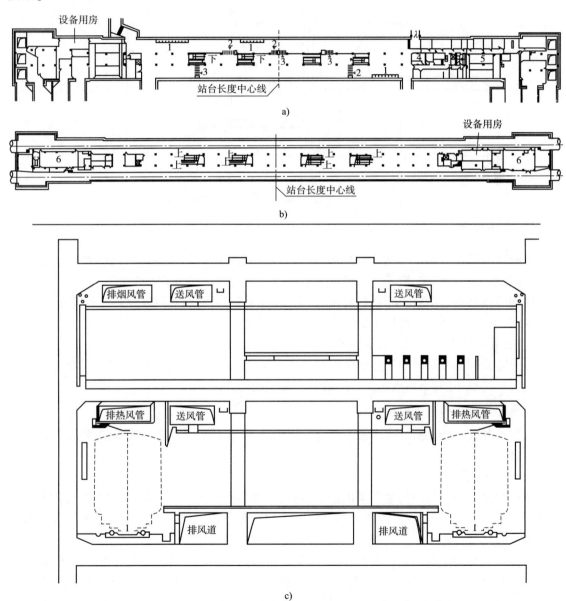

图 1-16 车站标准剖面示意
a)站厅层平面图;b)站台层平面图;c)车站总体剖面图

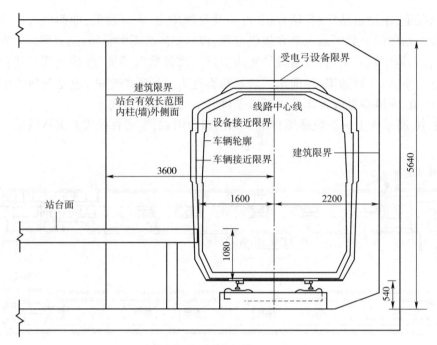

图 1-17　车站直线段矩形隧道限界图(尺寸单位:mm)

二、区间构造

区间隧道即连接两个车站之间的隧道。区间隧道的走向和埋深工程地质和水文地质条件、地面和地下环境影响、施工方法等直接关系到造价的高低和施工的难易。

区间隧道结构包括:行车隧道、渡线、折返线、地下存车线、联络线以及其他附属建筑物。

区间隧道衬砌结构与构造主要取决于隧道的用途、沿线地形、地物、水文地质、工程地质、施工方法、环境要求、维修管理、工期要求以及投资高低等因素。

区间隧道构造常用的施工方法可以归纳为明挖法、矿山法和盾构法等,不同的施工方法隧道结构的形式也不同,下面按施工方法的不同分别进行介绍。

1.明挖法修建的隧道衬砌结构

在场地开阔、建筑物稀少、交通及环境允许的地区,应优先采用施工速度快、造价较低的明挖法衬砌。

(1)结构形式

明挖法施工的隧道结构通常采用矩形断面,一般为整体现浇或装配式结构,其优点是其内轮廓与地下铁道建筑限界接近,内部净空可以得到充分利用,结构受力合理,顶板上便于敷设城市地下管网和设施。

①整体式衬砌结构。结构断面分单跨、双跨等形式,见图 1-18。由于其整体性好,防水性能容易得到保证,故可适用于各种工程地质和水文地质条件,但施工工序较多,速度较慢。

②预制装配式衬砌。预制装配式衬砌的结构形式应结合施工方法、起重条件、场地条件等因地制宜选择,目前以单跨和双跨较为通用,见图 1-19。

预制装配式衬砌整体性较差,对于有特殊要求(如防护、抗震等)的地段要慎重选用。

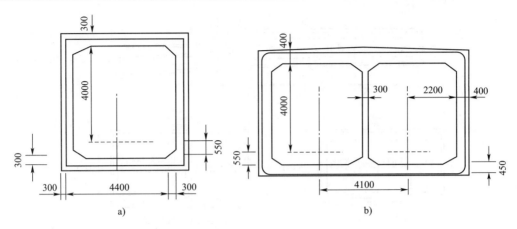

图 1-18 明挖法修建的整体式衬砌结构形式(尺寸单位：mm)

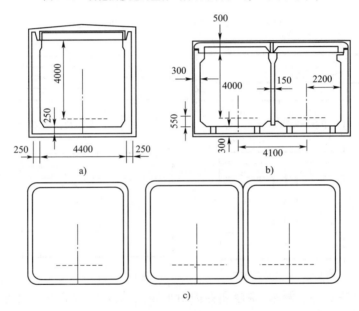

图 1-19 明挖法修建的装配式衬砌结构形式(尺寸单位：mm)

③区间喇叭口隧道。在岛式车站两侧行车道与正线双线区间隧道之间需设过渡段，区间隧道结构随线间距的加大而逐渐变化，形成喇叭口形状衬砌。

喇叭口衬砌衬砌通常都采用整体式钢筋混凝土结构，如图 1-20 所示为非对称型喇叭口结构。

④渡线隧道、折返线隧道。为满足运营要求，进行列车折返调度、换线、停车等作业，区间隧道内需设置单渡线、交叉渡线，见图 1-21、图 1-22。

⑤联络通道及其他区间附属结构。根据国内外地下铁道运营中的灾害事故分析发现，列车有可能在区间隧道内发生火灾而又不能牵引到车站时，乘客必须在区间隧道下车。为了保证乘客的安全疏散，两条单线区间隧道之间应设联络通道，见图 1-23、图 1-24，这样可使乘客通过联络通道从一条隧道疏散到安全出口，这种通道也可以供消防人员和维修养护人员使用或供敷设管线路等。

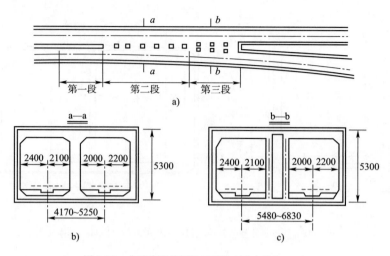

图 1-20 非对称型的喇叭口结构(尺寸单位:mm)

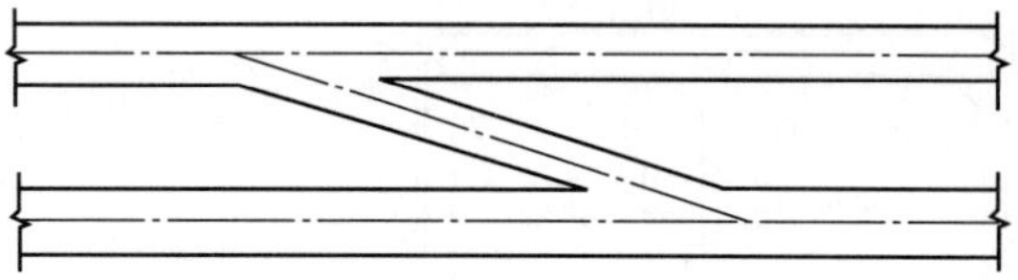

图 1-21 单渡线结构 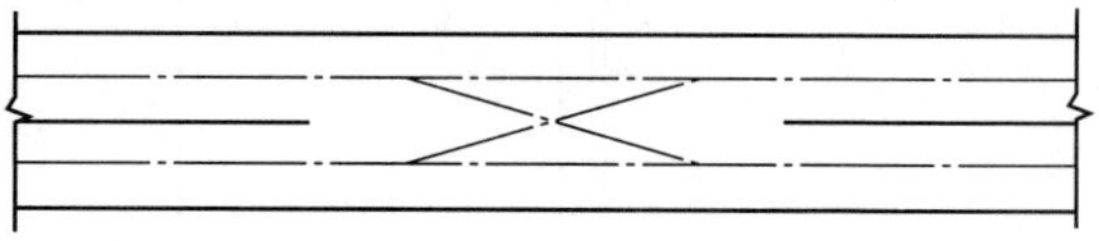　　　　图 1-22 交叉渡线结构

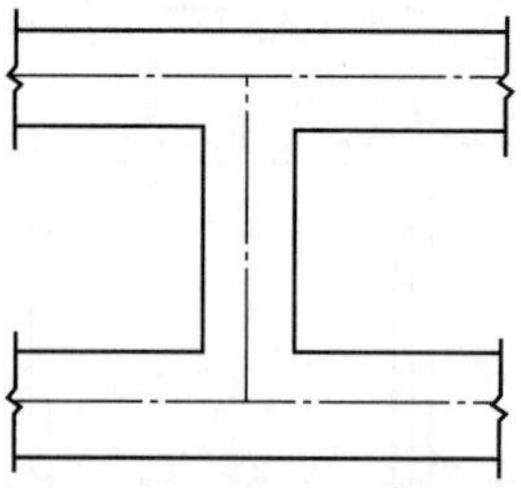

图 1-23 正交联络通道 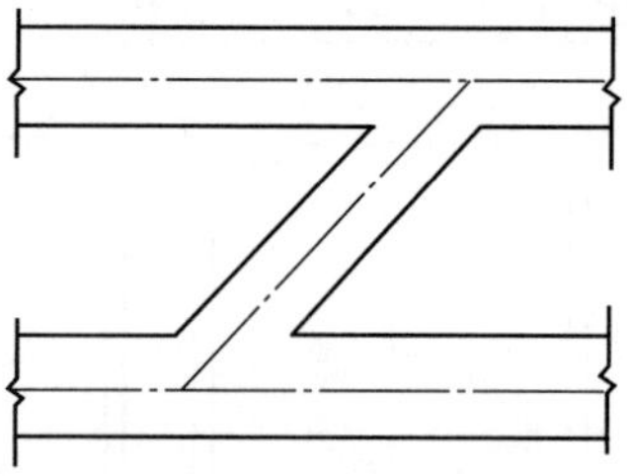　　　图 1-24 斜交联络通道

为了排除区间隧道的渗漏水、维修和养护用水等,在线路的最低点需设置排水站。根据通风环控系统的设计,有时还需设置区间风道等附属结构。

(2)截面几何尺寸的确定

区间隧道截面几何尺寸包括内部净空尺寸和结构断面厚度两部分,它是根据结构使用要求、限界尺寸、施工方法及工程地质与水文地质条件而确定的。

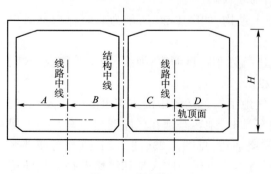

图 1-25 内部净空尺寸

①内部净空尺寸的确定。区间隧道内部净空尺寸根据建筑界限、曲线半径、超高、道床、曲线间安全距离、施工误差、结构变形等影响因素确定,其内部尺寸见图 1-25,并可利用下列各式求得:

$A=$ 建筑接近限界宽度$/2+$(至侧墙间的富余量)$+a$;

B = 建筑接近限界宽度/2 + (至中间柱或墙间的富余量) + b;

C = 建筑接近限界宽度/2 + (至中间柱或墙间的富余量) + 中间柱或墙宽/2 + a;

D = 建筑接近限界宽度/2 + (至侧墙间的富余量) + b;

H = 建筑接近限界高度 + (至顶板下表面间的富余量) + h。

式中：a——曲线内侧总加宽量；

b——曲线外侧总加宽量；

h——由曲线引起的超高量；

富余量——一般包括施工误差、测量误差及结构变形量等。

②隧道结构断面厚度尺寸的确定。计算箱形框架内力时，一般是根据设计经验或用类比法，先假设框架截面尺寸，然后进行计算，如果发现强度不足或配筋过大时，应重新进行断面尺寸拟定和计算。影响断面厚度的主要因素有混凝土和钢筋的设计强度，荷载状况，建筑物的高、宽尺寸以及钢筋的配置方式等。

断面尺寸的假设，大致可按以下步骤进行：首先假定顶板的截面厚度（大约为跨度的 1/10~1/8），再概略计算出顶板荷载和在该荷载作用下，产生的最大正、负弯矩，然后根据弯矩和配筋量进行必要的调整；底板的厚度根据地层有无地下水，其厚度为顶板厚度加、减 5cm；侧墙厚度根据施工、防水及结构的匀称要求，通常不宜小于 40cm。最后按照整体框架进行计算确定。由于区间隧道很长，其标准断面要进行多方案比较，以达到施工方便、造价最省的要求。

(3) 整体式钢筋混凝土框架结构配筋要求

①最小配筋率：墙、板中受拉钢筋的最小配筋率为 0.15%；受压钢筋的配筋率不少于 0.2%，也不少于同一断面受拉筋的 30%。

②钢筋直径：受力钢筋直径一般不宜大于 32mm，受弯构件中不宜小于 14mm，受压构件中不宜小于 16mm，一般构造钢筋直径不小于 12mm，箍筋直径不小于 8mm。

③钢筋间距：框架结构的受力钢筋间距应不大于 250mm，受力钢筋的水平净距亦不得小于钢筋直径或 30mm。

钢筋的弯起、锚固、搭接也应按规范设置。

2. 矿山法修建的区间隧道

在交通繁忙的市区修建区间隧道通常采用暗挖法，在工程地质和水文地质条件适宜时，暗挖法中的矿山法（为与传统矿山法区别，又可称为松散地层的新奥法或浅埋暗挖法）不失为一种最佳的施工方法。

在采用矿山法修建的区间隧道中，隧道衬砌又称为支护结构，其作用是加固围岩并与围岩一起组成一个有足够安全度的隧道结构体系，共同承受可能出现的各种荷载，保持隧道断面的使用净空，防止地表下沉，提供空气流通的光滑表固，堵截或引排地下水。因此，在设计隧道衬砌时应满足以下的基本要求：

①需能与围岩大面积牢固接触，保证衬砌与围岩作为一个整体进行工作。

②允许围岩能产生有限制的变形，能在围岩中形成卸载拱。

③隧道衬砌以封闭式为佳，尽可能接近圆形，一般都设置仰拱，以增强结构抵抗变形的能力和整体稳定性。

④隧道衬砌应能分期施工，又能随时加强，可根据施工量测信息，调整衬砌强度、刚度、施做时机以及仰拱闭和和后期支护的施工时间，以主动"控制"围岩变形。

（1）衬砌的结构类型与选择

地下铁道区间隧道采用矿山法施工时，一般采用拱形结构，其基本断面形式为单拱、双拱和多跨连拱，见图1-26。前者多用于单线或双线的区间隧道或联络通道，后两者多用在停车线、折返线或喇叭口岔线上。

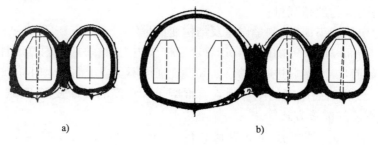

图1-26 矿山法修建的衬砌结构形式

根据上述对隧道衬砌结构的基本要求以及隧道所处的围岩条件、地下水状况、地表下沉的控制、断面大小和施工方法等，可以采用基本结构类型及其变化方案。

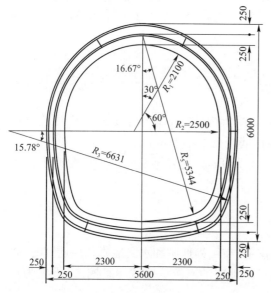

图1-27 复合式衬砌构造（尺寸单位：mm）

衬砌的基本结构类型——复合式衬砌。这种衬砌结构是由初期支护、防水隔离层和二次衬砌所组成，如图1-27所示为典型的复合式衬砌。外层为初期支护，其作用为加固围岩，控制围岩变形，防止围岩松动失稳，是衬砌结构中的主要承载单元，一般应在开挖后立即施作，并应与围岩密贴。所以，最适宜采用喷锚支护，根据具体情况，选用锚杆、喷混凝土、钢筋网和钢支撑等单元或并用而成。

目前常用的锚杆形式有：全长黏结型、端头锚固型和摩擦型等几种。国内用的较多的是全长黏结型锚杆，它是靠向钻孔内灌注水泥砂浆或树脂将锚杆与围岩黏结在一起而起到加固围岩的作用；同时，在锚杆端部有螺纹，用螺母将钢垫板压紧在围岩面，施加一定的预应力。锚杆布置一般为梅花形，根据围岩状况和锚固力要求，选择锚杆参数，围岩情况变化时，锚杆参数应作相应调整。在浅埋土质隧道中，上覆地层有可能会产生整体下沉，拱部系统锚杆的作用不明显，故常被省去。

喷混凝土则有素喷混凝土和钢纤维喷混凝土两种。因素喷混凝土抗拉和抗变形力低，抗裂性和延性差，故通常都配合钢筋网一起使用；钢纤维喷混凝土是在混凝土中掺入约占总体积1%～2%的短纤维而成的，其抗弯、抗裂和韧性比素喷混凝土高30%～120%，故一般不再加钢筋网。

钢筋网通常用 $\phi 6$ 的钢筋焊接而成,网格间距一般为 100mm×100mm 或 150mm×150mm。

(2)区间隧道预留变形量

用矿山法修建的区间隧道的界面尺寸应符合建筑限界要求,还要考虑施工、测量误差以及结构固有的变形量,结构变形量可根据围岩级别和隧道宽度按工程类比法确定,当无类比资料时按表 1-13 取值。Ⅱ、Ⅲ级围岩变形量很小,设计时不考虑变形,曲线段时内轮廓需加宽。

预留变形量(单位:cm)　　　　　　　　　　　　　　　　　　表 1-13

围 岩 级 别	单 线 隧 道	双 线 隧 道
Ⅳ	3~5	5~7
Ⅴ	5~7	7~10
Ⅵ	特殊设计	特殊设计

理论和实践经验证明,当区间隧道衬砌主要承受竖向荷载和不大的水平荷载时,衬砌拱部轴线采用单心圆弧线或三心圆弧线,墙部可采用直线。当衬砌承受竖向荷载的同时,还承受较大的水平荷载,结构轴线用多段圆弧连接而成,近似圆形,但又比圆形接近建筑限界,以减少土方开挖量。

(3)衬砌的设计参数

衬砌的设计参数包括确定初期支护的各设计参数:锚杆类型、直径、长度、间距;喷混凝土强度、厚度;格栅拱钢筋直径、间距;钢筋网直径和网格尺寸等以及二次衬砌的各设计参数:混凝土强度、厚度以及是否需要配筋。

初期支护采用工程类比法初步选定参数,如无类比资料可参照表 1-14。

复合衬砌初期支护的参数设计　　　　　　　　　　　　　　表 1-14

围岩级别	单　线	双　线
Ⅱ	喷射混凝土厚度 5~10cm 设置锚杆,长度 2.0m,间距 1~1.2m,必要时局部设置钢筋网	喷射混凝土厚度 10~15cm 设置锚杆,长度 2.5m,间距 1~1.2m,必要时配置钢筋网
Ⅲ	喷射混凝土厚度 10~15cm 设置锚杆,长度 2.0~2.5m,间距 1m,必要时配置钢筋网	喷射混凝土厚度 15cm 设置锚杆,长度 2.5~3.0m,间距 1m,设置钢筋网
Ⅳ	喷射混凝土厚度 15cm 设置锚杆,长度 2.5m,间距 0.8~1m,配置钢筋网,应施作仰拱	喷射混凝土厚度 20cm 设置锚杆,长度 3~3.5m,间距 0.8~1m,配置钢筋网,必要时设置钢支撑仰拱
Ⅴ	喷射混凝土厚度 20cm 设置锚杆,长度 3.0m,间距 0.6~0.8m,配置钢筋网,必要时设置钢支撑,应施作仰拱	通过试验或计算确定

关于二次衬砌的强度及厚度应根据其在隧道中的作用而定,若二次衬砌是在初期支护变形稳定后施作,对单线城轨隧道区间而言采用 C20 素混凝土,20~30cm 厚即可;若因工

期短需要提早施作,如果围岩有明显流变特性,则应通过力学分析来确定二次衬砌的强度和厚度。

在确定衬砌断面尺寸时一般将围岩较差地段的衬砌向围岩较好地段延伸 5~10m;在明显软硬地层分界处和区间隧道与车站接头处,都应设变形或沉降缝,初期支护与二次衬砌的结构缝应设在一起。

3. 盾构法修建的隧道衬砌结构

在松软含水地层中及城市地下管线密布、施工条件困难地段,采用盾构法更能显示其优越性:振动小、噪声低、施工速度快、安全可靠,对沿线居民生活、地下和地面构筑物和建筑物影响小等。

(1) 盾构隧道衬砌结构类型

盾构法修建的区间隧道衬砌有预制装配式衬砌、预制装配式衬砌和模筑钢筋混凝土整体式衬砌相结合的双层衬砌以及挤压混凝土整体式衬砌三类,主要为预制装配式衬砌。预制装配式衬砌是用工厂预制的构件,称为管片,在盾构尾部拼装而成的。目前采用最多的是钢筋混凝土管片,钢筋混凝土管片的耐压性和耐久性都比较好,目前已生产抗压强度达 60MPa,渗透系数小于 10^{-11} m/s 的管片;而且这种管片刚度大,由其组成的衬砌防水性能有保证,故在用盾构法修建的各种隧道中应用广泛。

(2) 横截面内轮廓和结构尺寸拟定

① 横截面内轮廓尺寸。

采用盾构法修建地下铁道区间隧道时,无论是在直线上还是曲线上,均使用同一台盾构机施工,中途无法更换。因此,其横截面的内轮廓尺寸全线是同一的,除了要根据建筑限界、施工误差、道床类型、预留变形等条件决定内轮廓尺寸外,还要按线路的最小曲线半径进行验算,以保证列车在最困难条件下也能安全通过。

广州地铁、上海地铁的圆形区间隧道内径为 5.5m,可以保证 3.0m 的宽体车在 $R=300$m,最大超高 $h=120$mm 的曲线上安全通过。

② 管片厚度。

管片的厚度取决于围岩条件、覆盖层厚度、管片材料、隧道用途、施工工艺等条件,为了充分发挥围岩自身的承载能力,现代的隧道工程中都采用柔性衬砌,其厚度相对较薄。根据日本经验,单层钢筋混凝土管片衬砌,管片厚度一般为衬砌环外径的 5.5% 左右。上海地下铁道区间隧道钢筋混凝土管片厚度为 350mm,广州、北京、深圳、南京地下铁道管片厚度为 300mm,约为衬砌环外径的 5%~6%。

③ 管片宽度。

管片宽度的选择对施工、造价的影响较大。当宽度较小时,在曲线上施工方便,但接缝增多,加大了隧道防水的难度,增加管片制作成本,而且不利于控制隧道纵向的不均匀沉降;管片宽度太大则施工不便,也会使盾尾长度增长而影响盾构的灵活性。因此,过去单线区间隧道管片的宽度控制在 700~1000mm,但随着铰接盾构的出现,管片宽度有进一步提高的趋势,目前,控制在 1000~1500mm。

上海地下铁道区间隧道的管片宽度为 1000mm,广州地下铁道区间隧道采用铰接式盾构施工,故其管片宽度为 1200mm。

④衬砌环的分块。

衬砌环的组成,一般有两种方式,一种是由若干标准管片(A)、两块相邻管片(B)和一块封顶管片(K)构成;另一种是由若干块 A 型管片、一块 B 型管片和一块 K 型管片构成,见图 1-28,相邻管片一端带坡面,封顶管片则两端或一端带坡面。从方便施工和提高衬砌环防水效果角度看,第一种方式较好。

⑤衬砌环的拼装。

衬砌环的拼装形式有错缝和通缝两种,见图 1-29。错缝拼装可使接缝分布均匀,减少接缝及整个衬砌环的变形,整体刚度大,所以是一种较为普遍采用的拼装形式;但当管片制作精度不够高时,管片在盾构推进过程中容易被顶裂,甚至顶碎。在某些场合,例如需要拆除管片修建旁通道处或某些特殊需要时,则衬砌环常采用通缝拼装形式,以便于结构处理。

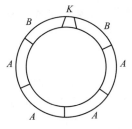
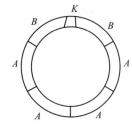

图 1-28 管片分块方法

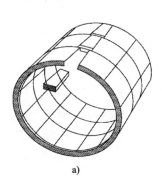
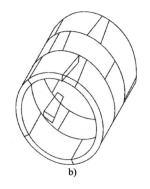

图 1-29 管片拼缝形式
a)通缝;b)错缝

从制作成本、防水、拼装速度等方面考虑,衬砌环分块数越少越好,但从运输和拼装方便而言,又希望分块数多些。在设计时应结合隧道所处的围岩条件、荷载情况、构造特点、计算模型(如按多铰柔性圆环考虑,分块数应多些,按弹性匀质圆环考虑,分块数宜少)、运输能力、制作拼装方便等因素综合考虑决定。通常直径 $D \geqslant 6m$ 的地下铁道区间隧道,衬砌环以分为 4~6 块为宜,$D > 6m$ 时,可分为 6~8 块。上海、广州城轨隧道都是分为 6 块。

⑥螺栓和注浆孔的配置。

组装管片用的螺栓分为纵向连接螺栓和环向连接螺栓两种,螺栓直径一般为 16~36mm,螺栓孔直径必须大于螺栓直径 4~8mm。为了均匀地向衬砌背后进行回填注浆,管片上还应设置一个以上的注浆孔,注浆孔直径一般由所用的注浆材料决定,通常其内径为 50~100mm。

三、附属设备

1. 供电系统

供电方式有集中式、分散式、混合式三种。主变电所应从城市电网取得两路独立的电源牵引变电所的分布和容量应满足高峰运营的需要,当系统中任何一座牵引变电所故障解列时,靠其相邻牵引变电所的过负荷能力,应仍能保证列车正常运行。牵引变电所应有两路独立电源,设两套整流机组,其容量按远期运量的牵引负荷计算。地下车站还应设应急照明,其持续时间应不少于1h。

2. 通信系统

为保证隧道安全、高效运营,必须建立安全可靠、有效的通信网,以传输和处理隧道运营所需的信息,以及对其进行监控,并在隧道出现异常情况时,能迅速转为供防灾救援和事故处理的指挥通信使用。通信系统应选用技术先进、可靠性高、价格合理、组网灵活的设备,并能适应一天24h不间断地运行。

3. 信号系统

信号系统由正线区段的列车自动控制(ATC)系统和车辆段信号设备组成。信号系统的设备配置,应有利于行车组织和运营管理,实现行车支撑的自动化和科学化,应尽量采用计算机技术、网络技术、数据传输技术、设备结构模块化,便于功能扩展和控制范围的延伸。采用的信号系统,除了必须满足安全、可靠、技术先进实用和经济上合理外,操作员还必须有成熟的使用经验。

4. 防灾报警和机电设备监控系统

防灾报警系统(FAS)应有防尘、防腐蚀、防潮、防霉、防震、防电磁干扰和静电干扰的能力。设备应选用技术先进、传输可靠、智能化程度高、保证不漏报误报并便于今后维修与管理。防灾报警系统(FAS)实行两级管理体制,由设置在控制中心的中央级防灾指挥中心和设置在各车站(段、点)的车站级防灾报警系统,以及连接控制中心和车站的通信通道构成。

5. 自动售检票系统

自动售检票系统(AFC)由中央计算机系统、中央编码系统、车站计算机系统、车站售检票设备和网络设备作为基本构成,实行中央计算机系统和车站计算机系统两级监控。AFC系统应能自动控制进出站客流,实行封闭式票务管理。

6. 通风空调系统

通风空调系统应能满足隧道车站内各种设备用房和管理用房不同温度和湿度及换气次数要求,保证隧道内的工作人员和运行设备有一个良好的工作环境,确保设备正常运行。列车发生阻塞事故时,通风空调系统应能向阻塞区间隧道内提供一定通风风速,并使列车周围环境温度满足要求,确保列车通风空调系统正常运行。隧道内发生火灾时,通风空调系统应能向疏散乘客提供一定风速的迎风新风,诱导乘客安全撤离事故现场,并迅速排除烟气。

7. 给排水及消防系统

隧道给水系统包括生产生活及消防给水系统,排水系统包括污水、废水及雨水系统,排水系统应能及时排除各站、点、段及区间产生的污、废、雨水,渗漏水;排水应通畅,并便于清通。

隧道消防系统包括水消防系统、气体灭火系统及建筑灭火器配置,应做到"安全有效,经济合理,技术先进"。

8. 车站其他机电设备

车站其他机电设备包括电梯、自动扶梯、屏蔽门系统、防淹门等。

复习思考题

1. 隧道的定义是什么？
2. 隧道有哪些类型？
3. 隧道由哪些部位组成？
4. 隧道围岩是如何分级的？影响围岩稳定的因素有哪些？
5. 隧道有哪些限界？
6. 常用的区间隧道施工方法有哪些？
7. 用明挖法、矿山法和盾构法修建区间隧道各有什么特点？

实训练习　识读隧道区间横断面图

1. 认识明挖法隧道横断面各部分位置、尺寸，并计算每延米工程数量（图1-30）。

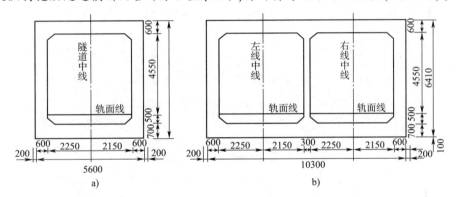

图1-30　隧道横断面图（明挖法施工）（尺寸单位：mm）
a)明挖法单洞单线横断面；b)明挖法单洞双线横断面

2. 认识盾构法隧道横断面各部分位置、尺寸，并计算每延米工程数量（图1-31）。

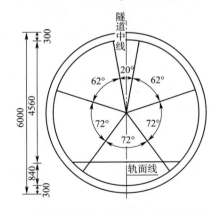

图1-31　隧道横断面图（盾构法施工）（尺寸单位：mm）

3. 认识矿山法隧道横断面各部分位置、尺寸，并计算每延米工程数量（图1-32）。

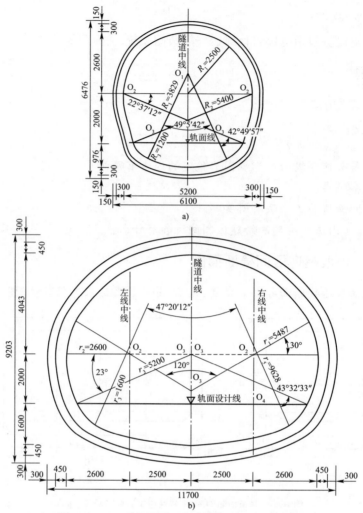

图1-32 隧道横断面图（矿山法施工）（尺寸单位：mm）
a）矿山法单洞单线横断面；b）矿山法单洞双线横断面

第二章 地下车站施工

教学目标
1. 具备盖挖法三种工法的施工基本知识,熟悉其工艺流程。
2. 能分析判断盖挖法施工时易出现的问题,提出应对措施及预防方案。
3. 能根据地层与场地条件合理放坡,应用支钉、喷锚、管撑、排桩支护等方法加固边坡。
4. 会应用常用的三种工法进行浅埋暗挖法施工。
5. 掌握地下连续墙法的施工原理、水下混凝土的浇筑和钢筋的整体制作安装工艺。
6. 具备地下连续墙的开挖钻孔基本技能。
7. 能对地下连续墙施工中易出现的问题提出对策。
8. 熟悉SMW工法的施工原理、基本技能要领、工艺流程等。

第一节 盖 挖 法

一、盖挖法概述

当车站位于现状道路或跨越路口,且处于比较繁华而狭窄的街道下,无明挖条件,但允许短时间中断交通或局部交通改移时,可采用盖挖法施工。盖挖法是当地下工程明做时需要穿越公路、建筑等障碍物而采取的新型工程施工方法。

盖挖法是由地面向下开挖至一定深度后,将顶部封闭,其余的下部工程在封闭的顶盖下进行施工,根据施作顺序可分为盖挖顺作法和盖挖逆作法和盖挖半逆作法,根据铺盖范围又可分为全盖挖法、半盖挖法、局部盖挖法。其主要特点是:封闭道路时间比较短,而且允许分段实施,一旦路面先期恢复(或盖挖系统完成后),后续施工对地面交通几乎不再产生影响。盖挖顺作法通过合理组织车行路线,可以保证施工期间路面的交通,车站防水质量也较好;对周围环境的干扰时间较短,对防止地面沉降及对周围建筑物和地下管线的保护具有良好的效果;挖土是在顶部封闭状态下进行,大型机械应用受到限制,施工工期较长;结构的主要受力构件常兼有临时结构和永久结构的双重功能;需设置中间竖向临时支承系统,与侧墙共同承受结构封底前的竖向荷载;对地下连续墙、中间支承柱与底板、楼盖的连接节点需进行处理;本工法的施工难度、施工工期及土建造价均属中等水平。

根据工程实际情况具体又可分为以下几种方法:

1. 盖挖顺作法

盖挖顺作法是在地表作业完成挡土结构后,以定型的预制标准覆盖结构(包括纵、横梁和路面板)置于挡土结构上维持交通,往下反复进行开挖和加设横撑,直至设计高程,依序由下而上,施工主体结构和防水措施,回填土并恢复管线路或埋设新的管线路,最后视需要拆除挡土结构外露部分并恢复道路。其施工步骤见图2-1。

在道路交通不能长期中断的情况下修建车站主体时,可考虑采用盖挖顺作法。

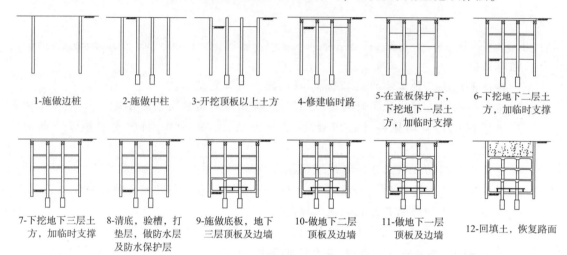

图2-1 盖挖顺作法施工步骤示意

2. 盖挖逆作法

盖挖逆作法是先在地表面向下做基坑的维护结构和中间桩柱,和盖挖顺作法一样,基坑维护结构多采用地下连续墙或帷幕桩,中间支撑多利用主体结构本身的中间立柱以降低工程造价,随后即可开挖表层土体至主体结构顶板地面高程,利用未开挖的土体作为土模浇筑顶板。顶板可以作为一道强有力的横撑,以防止维护结构向基坑内变形,待回填土后将道路复原,恢复交通。以后的工作都是在顶板覆盖下进行,即自上而下逐层开挖并建造主体结构直至底板。具体施工步骤见图2-2。如果开挖面积较大、覆土较浅、周围沿线建筑物过于靠近,为尽量防止因开挖基坑而引起临近建筑物的沉陷,或需及早恢复路面交通,但又缺乏定型覆盖结构,常采用盖挖逆作法施工。如南京地铁南北线一期工程的区间隧道在地质条件和周围环境允许的情况下,以造价、工期、安全为目标,经过分析、比较,选择了全线区间施工方法。其中,三山街站,位于秦淮河古河道部位,位于粉土、粉细砂、淤泥质黏土土层中,因为是第一个车站,又位于十字路口,因此采用地下连续墙作围护结构。除人口结构采用顺作法外,其余均为盖挖逆作法。

3. 盖挖半逆作法

盖挖半逆作法与逆作法的区别仅在于顶板完成及恢复路面后,向下挖土至设计高程后先浇筑底板,再依次向上逐层浇筑侧墙、楼板。在半逆作法施工中,一般都必须设置横撑并施加预应力,其施工步骤见图2-3。

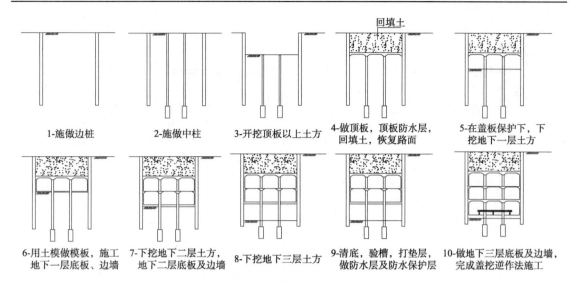

图 2-2 盖挖逆作法施工步骤示意

二、结构施工及防水

1．施工准备

（1）完成地质补勘专项工作。

（2）基坑范围内地表建筑物已清除，地下管线已进行迁改或采取了保护措施，作业面已具备施工条件。

（3）相应方案已编制并审批完毕，手续齐全。

（4）已按照施工方案，合理安排了施工人员、材料、机械设备等。

2．测量放样

依据甲方提供的平面、高程控制点（经复核无误）进行本工程的平面及高程控制网的布设，布设完毕后即开始进行施工放样，放样结果须经监理及第三方测量单位复核。

（1）施工放样前将施工测量方案报告监理审批，其内容包括施测方法、操作规程、观测仪器设备的配置和测量专业人员的配备等。

（2）固定专用测量仪器和工具设备，建立专业测量组，专人观测和成果整理。

（3）建立测量复核制度，按"三级复核制"的原则进行施测，每次施测后，须经测量工程师及技术主管复核。

（4）施工所用的导线点、水准点、轴线点要设置在工程施工影响范围之外、坚固稳定、不易受破坏且通视良好的地方，定期对上述各桩点进行检测，测量标志旁要有明显持久的标记或说明，定期对导线点、水准点进行复核。

（5）用于本工程的测量仪器和设备，应按照规定的日期、方法送到具有检定资格的部门检定和校准，合格后方可投入使用。

（6）用于测量的图纸资料，测量技术人员必须认真核对，必要时应到现场核对，确认无误无疑后，方可使用，如发现疑问做好记录并及时上报，待得到答复后，才能按图进行测量放样。

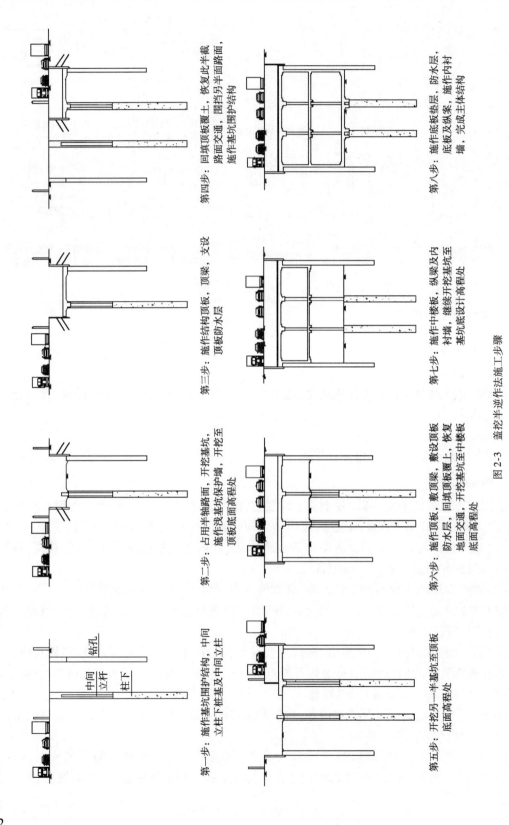

图 2-3 盖挖半逆作法施工步骤

(7)原始观测值和记事项目,应在现场用钢笔或铅笔记录在规定格式的外业手簿中,测量技术人员要认真整理内业资料,保证所有测量资料的完整;资料必须一人计算,另外一人复核;抄录资料,亦须认真核对。

(8)积极和测量监理工程师进行联系、沟通和配合,满足测量监理工程师提出的测量技术要求及意见,并把测量结果和资料及时上报监理及第三方监测单位,测量监理工程师经过内业资料复核和外业实测确定无误后,方可进行下步工序的施工。

3. 围护结构施工

在做好各种准备工作后,将施工基坑围护结构。围护结构有钻孔灌注桩、地下连续墙等承载能力大、刚度大的支护结构,具体施工作业,根据施工图的围护结构类型,见相应的作业指导书。

4. 基坑降水

根据基坑围护结构的不同,选择进行坑内降水和坑外降水。

降水方法适用条件:开挖基底低于地下水位的基坑,如果环境条件允许,应根据基坑地质条件及工程特点,采取措施降低地下水位,然后才能开挖。基坑降水的主要方法有管井降水、轻型井点降水、喷射井点降水、电渗井点降水。电渗井点降水一般用于淤泥或淤泥质黏土等渗透系数非常小的地层;喷射井点降水深度大,但需要双层井点管,安装工艺复杂,造价高;轻型井点设备简单,安装快捷,是常用方法,但降水速度慢,影响半径小;管井降水深度大,降水速度大。

管井降水一般布置在基坑开挖范围外或基坑内部边坡平台上,分为疏干井和降压井。疏干井用于降低潜水水位,降压井用于降低承压水位。基坑开挖中一般采用管井疏干井降水,并可以先开挖地下水位以上的土方,然后形成边坡平台,在基坑内部边坡平台上进行井点降水,降低造价。

5. 中间柱施工

中间柱是盖挖逆作法施工的地下车站之重要的工程构件,由中柱及基础中桩两部分组成,一般为永久立柱,为主体结构的承载结构。

为了减少围护结构及中间桩柱的入土深度,可以在做围护结构和中间桩柱之前,用暗挖法预先做好它们下面的底纵梁,以扩大承载面积。当然,这必须在工程地质条件允许暗挖施工时才可能实现,而且在开挖最下一层土和浇筑底板前,由于围护结构和中间桩柱都无入土深度,故必须采取措施,如设置横撑以增加它们的稳定性。

6. 施工顶板及顶板回填恢复路面

顶板回填碾压密实度应满足地面工程设计要求,如设计无要求时,按表 2-1 要求。

基坑回填碾压密实度表 表 2-1

基础底以下高程	最低压实度(%)	
(cm)	快速和主干道路	地下管线
0~60	96/98	96/98
60~150	95/96	95/96
150 以下	90/93	90/93

每层回填做成不少于2%的横坡和向未填方向形成纵下坡,以利雨期排水。回填时集中力量,取、运、填、平、压各环节紧跟作业,抓紧晴天突击作业。

7. 基坑开挖

基坑开挖在降水施工完毕并降水20d后,进行土方施工。由于盖挖法施工时已经限定了出土口的位置,土方开挖必须根据出土口的位置,向下、左右单向推进开挖,基坑开挖竖向分层、对称平衡开挖。

开挖过程中应充分发挥机械的施工效率。一个工作面上,采用小型挖掘机进行作业,并配置小型的出土车进行出土作业,每台挖机均设专人指挥。

(1) 基坑顶有动载时,坑顶缘与动载间应留有1m的护道,如地质、水文条件不良或动载过大,应进行基坑开挖边坡验算,根据检算结果确定采用增宽护道或其他加固措施。

(2) 土方开挖过程中注意保护坑内降水井,确保降水、排水系统的正常运转。

(3) 开挖中须遵循"在完成上步支护前不得继续开挖"的原则,开挖一段后及时网喷支护,然后进行下一段的开挖,直至支护完毕。

(4) 基坑开挖过程中严禁超挖,基坑纵向放坡不得大于安全坡度,严防纵向滑坡。安全坡度须按照设计图纸规定取值,无规定时,参照《建筑边坡工程技术规范》(GB 50330—2002)进行计算。

(5) 加强基坑稳定的观察和监控量测工作,以便发现施工安全隐患,并通过监测反馈及时调整开挖程序。

(6) 为防止超欠挖,基坑内设计坡面0.2m范围内的土方采用人工开挖。

8. 出土口

出土口的主要工程是出土、下料和调运设备,应根据地质情况、基坑大小、施工工期等布置出土口。为了便于安装提升设备(龙门吊、电动葫芦、汽车吊)和堆土等,出土口靠近地面运输道路设置,布置在基坑端头或侧边。出土口结构施工应预留钢筋,出土完成后进行封闭。

9. 上下入口

在施工初期,由于各个工作面还没有连通,一般出土口兼作上下入口,当各个工作面扩大连通之后,应设置专门的上下入口,深基坑的上下入口应安装步梯。一般情况下,根据上下人的多少,确定步梯的宽度。一般不宜小于3m,对于深度超过20m的基坑除安装步梯外,应安装电梯。一般情况下,一个出土口宜对应一个上下入口,上下入口可同时兼作消防口、通风口、排水口等。

10. 基坑清理

基坑开挖后,采用人工清除坑底松土,铲平凸起部分,修正边坡。以铲为主,超挖部分须报告监理、设计单位等共同研究处理。

基坑底土方采用人工开挖,人工开挖期间测量组跟班进行高程测量,确保基坑底开挖高程符合设计要求,严禁超挖。

11. 基坑检查

(1) 基坑开挖到基坑底高程后,必须进行基底检验,方可进行下道工序施工。基坑检验合格后,应尽快进行下道工序施工,尽量缩短暴露时间。

(2)利用测量控制系统,对基底进行放样,测设基础底面中心十字线、轮廓线和基坑底高程。桩点应设置牢固并挂线,以备检查。

12. 基底处理

当基底以下地质不符合地基承载力要求时,应通过变更设计采取处理措施,处理方法随地基土质不同而异。

如遇到地基软硬不均、溶洞、裂隙、泉眼等特殊情况,应采用换土法、土桩法、砂桩法、重锤夯实法、强夯法、旋喷法、塑料排水法、振动水冲法、化学液体加固法等特殊的处理方法。对于粉质土、黄土、砂土、小粒径等基底,也可采用旋喷桩加固。

13. 监控量测反馈程序

地铁车站沉降变形监测资料均采用计算机配专业技术软件进行自动化分析、处理。根据实测数据分析、绘制各种表格及曲线,当曲线趋于平衡时推算最终值。

监测人员按时向施工监理、设计单位提交监控量测周报和月报,并综合分析监测成果,对当月的施工情况进行评价并提出施工建议,及时反馈指导信息,调整施工参数,保证安全施工。

14. 基坑监测

为了基坑开挖施工的安全,保证工程质量,为使周围已有建筑物、市政设施、地下管线等不受损伤、少受干扰,必须对基坑开挖全过程进行系统监测。

基坑放坡开挖监测工作主要有地表沉降值、坡面位移值和地下水位监测值。通过监测,随时掌握边坡的稳定状态、安全程度,为设计和施工提供信息。

(1)基坑土体、地表建筑物及地下管线沉降观测:采用精密的水准仪进行量测。主要采用精密水准测量方法进行,沉降观测点直接设置在被观测对象的特征点上,并在远离基坑或稳定的位置设置基准点。施工初期每天观测1~2次,施工后期可每隔7d观测1次。

(2)降水观测:利用井点降水井作为水位观察井,采用水位仪进行监测,施工出去每天观测1次,后期可1~2d观测一次。根据水位变化情况调整抽水泵的开闭。

(3)在基坑开挖支护施工过程中,每次监测结果及时向项目部和监理工程师报告。提交阶段成果资料包括:沉降观测成果表、水平位移观测成果表、水位监测成果表。当基坑变形出现异常情况时,加密监测次数,对监测数据进行分析研究,提出基坑安全的合理化建议。

三、施工易出现的问题及对策

盖挖法施工浅埋地铁车站时,在实施过程中需要解决的关键问题有:施工期间地面交通的处置;侧壁支护;中间竖向临时支撑系统。

1. 施工期间地面交通的处置

采用盖挖法施工时,施工期间地面交通的处置,可有以下基本选择:

(1)临时断道或封闭部分宽度的路面。

(2)分条施工临时路面或结构顶板。

(3)夜间施工、白天恢复交通。

(4)地面交通照常。

以上选择的工程难度随对地面交通干扰的减少而增大,并对结构形式、工期、造价等产生重大影响,必须经过慎重比较后确定。实际工程中大多采用前两种方式。我国大陆已用逆作法施工的车站全部采用第一种方式,视地层条件和环境条件的不同,封路时间为6~12个月。台北地铁的盖挖车站大量采用了第二种方式,可以保证施工期间道路始终具备一定的通过能力,由于施工场地及临时出土口均设在顶板范围内,还减少了房屋拆迁量。第三种方式一般可在盖挖顺作法中采用,该方案的特点是结构顶板与路面结构合一,并采用装配配件,侧墙支护为分离式钻孔灌注桩,故而对地面交通处置的适应能力较强。

当需要限制施工占用道路宽度时,可分条施工顶板;若不允许白天占用道路,则可将地面作业安排在夜间。采用灌注桩支护,施工机具进出场较灵活,可以做到每晚成桩1~2根。为了充分发挥盖挖法的特点,必须把尽可能减少施工对地面交通的干扰作为盖挖地铁车站总体设计的重要内容,减少破路、改移地下管线、施作侧壁支护、中间柱及顶板、回填及恢复路面等项作业占用道路的时间和空间。

2. 侧壁支护

现代盖挖车站侧壁支护基本可分为两大类:一类是由灌注桩与内衬墙组成的桩墙结构,另一类是地下连续墙或地下连续墙与内衬组成的结构。在无水地层中,可选用分离式灌注桩,在保证桩间土稳定(必要时可施作喷层)的前提下,选择较大的桩径而采用较大的桩距总是经济的。人工挖孔桩可实现多工作面平行作业,有利于减少施工占路时间,尤其适用于基坑深度范围内为半岩半土地层或卵石含量高的地层。当有地下水时,可结合注浆形成止水帷幕或改用相互搭接的灌注桩;但在饱和软土或流沙地层中,从提高支护的强度、刚度、止水性和保护环境等方面考虑,尤其当挖深超过10m时,多采用地下连续墙。侧壁支护与内衬墙之间的构造视传力方式的不同,分为两种基本形式:

(1)分离式结构。当侧壁支护与内衬墙之间需敷设防水夹层时,为了保证防水效果,在支护与内衬墙之间、支护与楼板之间一般不用钢筋拉结。例如,北京永安里等用灌注桩护壁的车站及台北地铁用连续墙支护的大多数车站均采用这一形式,但当水压力大时,内衬墙很厚,显得不够经济。若采用逆作法施工,为保证中楼板在施工过程中的强度和稳定,需在顶板和楼板间设置拉杆,如图2-4所示为两种做法。

(2)复合式结构。需要通过对连续墙的凿毛、清洗,必要时在连续墙和内衬之间设置拉结钢筋以保证两者之间的剪力传递,但从上海地铁明挖车站的实践来看,内衬墙裂缝较多,可能与其收缩变形受到连续墙的约束及连续墙槽段之间的不均匀沉降等因素有关。

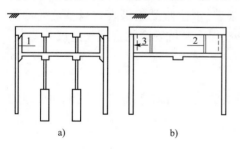

图2-4 中楼板的支撑方案
a)以内衬墙作拉杆(永安里站);b)设临时钢拉杆(台北地铁)

从控制施工引起的墙体水平位移来看,逆作法比顺作法有利。但当车站置于极其软弱的土层且邻近地面建筑时,除以顶、楼板作为墙体的支撑外,还需设置一定数量的横撑,并对墙体施加不小于支撑设计轴力70%~80%的预应力。常熟路站与淮海大楼邻近的区段,同时在坑底还采用了地层加固措施。

3. 中间竖向临时支撑系统

中间临时立柱是结构封底前承受竖向荷载的主要受力构件。在盖挖顺作车站中,至今仍多采用在永久柱两侧单独设置临时柱支撑路面的做法,而逆作地铁车站则多使临时柱和永久柱合一,以简化施工和降低造价。当需要严格限定封路时间或车站宽度较窄及设置中间临时竖向支撑很不经济时,可将车站设计为单跨结构。采用临时柱与永久柱合一的方案时,需首先在永久柱的位置施工临时柱及其基础,这时,车站立柱的纵向间距是一个重要的设计参数,除考虑建筑效果外,还要结合地层条件通过技术经济及工期方面的比较后确定。为了顺利地将荷载传给地基,并把地基沉降控制在结构变形的允许范围内,必须合理选定竖向支撑及其下部结构的形式和施工方法。施工阶段的临时柱通常采用钢管柱或H钢柱,后者还作为永久柱的劲性钢筋,钢管柱则直接作为永久柱或外包钢筋混凝土后成为永久柱。柱下基础可采用条基或桩基。条基是施作中柱前,在车站底部的暗挖小隧道内完成,最早见于慕尼黑地铁。北京天安门东站将其扩展到边桩之下,可较常规方法缩短桩长3~7m,不仅避免了水下成孔的困难,而且缩短了施工占路时间。柱下基础采用最多的是灌注桩,其中扩底桩具有承载能力高,可提高施工效率和节约混凝土用量等优点,在国外已被广泛用于地铁工程。在上海淤泥质地层中,无论采用条基或灌注桩基础均有一定困难。由于单桩设计轴力高达6000~8000kN,要示桩端贯入地表以下60~80m,施工质量难以控制,而采用钢管打入桩,不仅可减少桩长与桩径,而且解决了桩的沉降控制及立柱对中时需采取护壁措施,工人才能解决下到柱底的难题,省掉了清淤、桩底注浆、吊放钢筋笼及浇筑水下混凝土等工序;缺点是用钢量大、废弃多且造价较高。为了提高承载能力,有时也采用异形桩。

第二节 明 挖 法

一、围护结构施工

基坑开挖时,对不能放坡或由于场地限制不能采用搅拌桩支护的情况,可采取排桩支护。排桩支护可采用钻孔灌注桩、人工挖孔桩、预制钢筋混凝土板桩、钢板桩等。

排桩支护结构可分为柱列式排桩支护、连续排桩支护和组合式排桩支护三种。柱列式排桩支护。当边坡土质较好、地下水位较低时,可利用土拱作用,以稀疏的钻孔灌注桩或挖孔桩支挡土坡,如图2-5a)所示;连续排桩支护如图2-5b)所示。在软土中一般不能形成土拱,支护桩应该连续密排。密排的钻孔桩可以互相搭接,或在桩身混凝土强度尚未形成时,在相邻桩之间做一根素混凝土树根桩把钻孔桩排连起来,如图2-5c)所示。也可以采用钢板桩,钢筋混凝土板桩,如图2-5d)和图2-5e)所示;组合式排桩支护。在地下水位较高的软土地区,可采用钻孔灌注桩排桩与水泥土桩防渗墙组合的形式,如图2-5f)所示。

1. 钻孔灌注桩

(1)钻孔灌注桩干作业成孔施工

对于地下水位以上的一般黏性土、砂土及人工填土地基的钻孔灌注桩,可采用干作业成孔法施工,即非泥浆无循环钻进法。

一般采用螺旋钻孔机进行成孔。螺旋钻孔机由主机、滑轮、螺旋钻杆、钻头、出土装置等部分组成。主要利用螺旋钻头切削土体,被切出的土块随钻头旋转,并沿螺旋叶片上升而被推出孔外。该类钻机结构简单,使用可靠,成孔作业效率高,质量好,无振动、无噪声,最宜用于匀质黏性土,并能较快穿透砂层。

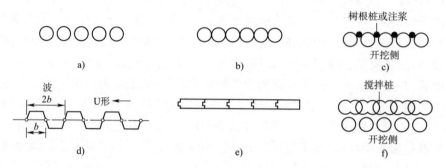

图 2-5 排桩支护的类型

干作业成孔中,螺旋式成孔应用最多,其施工工艺流程如图 2-6 所示。为了保证最终成桩后的质量,在施工中应注意以下问题:

①钻机就位检查无误后,使钻杆慢慢向下移动,当钻头接触土面时,再开动电动机,且开始钻速要慢,以减少钻杆的晃动,又易于校正桩位及垂直度。

②如发现钻杆不正常的摆动或难于钻进时,应立即提钻检查,排除地下块石或障碍物,避免设备损坏或桩位偏斜。

③遇硬土层时,应慢速钻进,以保证孔形及垂直度。

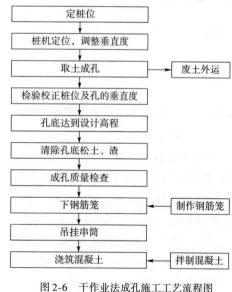

图 2-6 干作业法成孔施工工艺流程图

④钻到设计高程时,应在原深度处空转清土,停钻后,提出钻杆弃土;孔转清土时,不可进钻,提钻弃土时,不可回转钻杆。

⑤钻取出的土不可堆放在孔口边,应及时清运。

⑥吊放钢筋笼时,应防止变形和碰撞撞孔壁。钢筋笼外侧应设有预制的混凝土垫块,以保证混凝土保护层厚度。

⑦经检查合格的孔,应及时浇筑混凝土。混凝土从吊持的串桶内注入一般深度大于 6m 时,靠混凝土自身重力下冲压实;小于 6m 时,应以长竹竿人工插捣;当只剩下 2m 时,用混凝土振捣器捣实。常采用的混凝土坍落度为:一般黏性土宜用 5~7cm,砂类土宜用 7~9cm,黄土为 6~9cm。混凝土强度等级不低于 C15。

⑧桩顶高程低于地面时,孔口应有盖板,以防人、物坠落等。

最近引起国内重视的是从日本、意大利等国家引进的钻斗钻进设备,主要适用于土层中,特别是软土层中,其最大的优点是避免泥浆大量外运和泥浆造成的污染。钻斗既是土的切削破碎工具,又是暂时存土的容器,钻进时不采用泥浆循环,但钻进时为了保护孔壁稳定,孔内要注满优质泥浆(又叫稳定液),钻斗机对黏性土、粉土、部分砂性土及淤泥有很高的效率。

(2)钻孔灌注桩湿作业成孔施工

钻孔灌注桩的湿作业成孔法,适用于一般黏性土、淤泥和淤泥质土、砂性土和碎石类土,尤其适用于地下水位较高的土层中。

灌注桩湿作业成孔施工工艺流程如图 2-7 和图 2-8 所示。

湿作业主要施工过程如下:

①成孔施工。

成孔工艺应根据工程特点、地质条件和设计要求合理选择。成孔直径必须达到设计桩径,钻头应有保径装置,钻头直径应根据施工工艺和设计桩径合理选定,在成孔施工过程中应经常检查钻头尺寸,必要时应进行修理。

在正式施工前应进行试成孔,数量不少于 2 个。核对地址资料,检验所选的设备、机具、施工工艺以及技术要求是否适宜,如孔径、垂直度、孔壁稳定和沉淤等检测指标不能满足设计要求时,应拟定补救技术措施或重新选择成孔工艺。

成孔施工应一次不间断地完成,成孔完毕至灌注混凝土的间隔时间不应大于 24h。

护壁泥浆可采用原土造浆或人工造浆。根据不同的成孔工艺和地质情况,在表 2-7 范围内选定。

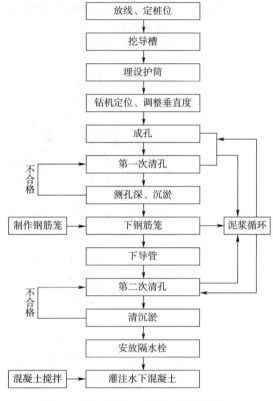

图 2-7 灌注桩湿作业成孔施工工艺流程

成孔至设计深度后,应对孔径、孔深、垂直度及泥浆密度进行检查,确认符合要求后,方可进行下一道工序施工。

②清孔。

清孔应分二次进行,第一次清孔在成孔后立即进行,第二次在下钢筋笼和安装导管后进行。

常用的清孔方法有正循环清孔、泵吸反循环清孔和压缩空气法清孔,通常随成孔时采用的循环方式而定。清孔过程中应测定泥浆指标,清孔后的泥浆相对密度应小于 1.15,清孔结束时应测定孔底沉淤,孔底沉淤厚度对支护桩一般应小于 30cm。第二次清孔结束后孔内应保持水头高度,并应在 30min 内灌筑混凝土,若超过 30min,灌筑混凝土前应重新测定孔底沉淤厚度,并满足规定要求。

③钢筋笼施工。

钢筋笼宜分段制作,分段长度应按成笼的整体刚度、来料钢筋的长度及起重设备的有效高度等因素来确定。为了保证保护层厚度,钢筋笼上应设保护层垫块,设置数量每节钢筋笼不应少于 2 组,长度大于 12m 的,中间应增设一组。每组块数不得少于 3 块,且应均匀的分布在同一截面的主筋上,保护垫块可采用混凝土滑轮块或扁钢定体。

钢筋笼在起吊、运输和安装过程中应采取保护措施防止变形。起吊点宜设在加强箍筋部位,钢筋笼用分段沉放法时,纵向主筋的连接必须用焊接,要特别注意焊接质量,同一截面上的接头数量不得大于纵筋数量的50%,相邻接头间距不小于500mm。对于非均匀配筋的钢筋笼,在安装时应注意方向性。

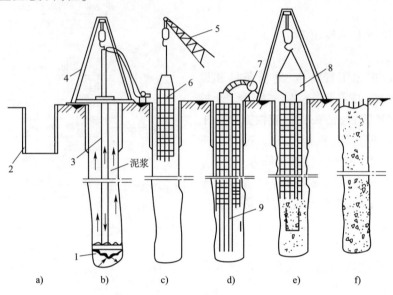

图 2-8 钻孔桩成桩施工工艺图

a)埋设护口管;b)回转成孔;c)吊放钢筋笼;d)二次清孔底沉渣;e)灌水下混凝土;f)拔出护口管,灌混凝土结束
1-钻头;2-护口管;3-钻杆;4-钻机;5-吊车;6-钢筋笼;7-高压泵;8-漏斗;9-导管

④水下混凝土施工。

正式拌制混凝土前应进行试配,试配的混凝土强度比设计桩身强度高15%～25%,坍落度16～20cm,含砂率40%～50%,水泥用量不得少于370kg/m³,最多用量不宜大于500kg/m²。应具有良好的和易性和流动度,坍落度损失应满足灌筑要求,混凝土初凝时间应为正常灌筑时间的2倍。

水下混凝土浇筑是确保成桩质量的关键工序,浇筑前应做好一切准备工作,以保证混凝土浇筑连续紧凑的进行,单桩混凝土浇筑时间不宜超过8h。混凝土浇筑桩的充盈系数不得小于1,也不宜大于1.3。

混凝土浇筑用的导管内径应按照桩径和每小时灌筑量确定,一般为200～250mm,壁厚不小于3mm,导管第一节底管应大于4.0m,导管标准节长度以3m为宜。浇筑水下混凝土所用的隔水塞可采用混凝土浇制,混凝土强度不低于C20,外形应规则光滑并配有橡胶垫片。

混凝土浇筑时,导管应全部安装入孔,安装位置应居中。导管底口距孔底高度以能放出隔水塞和混凝土为宜,一般控制在50cm左右。隔水塞应采用铁丝悬挂于导管内。混凝土浇筑前应先在灌斗内灌入0.1～0.2m³的1:1.5水泥砂浆,然后再灌入混凝土,等初灌混凝土足量后,方可截断隔水塞的系结铁丝将混凝土灌至孔底。混凝土初灌量应能保证混凝土灌入后,导管埋入混凝土深度不少于0.8m,导管内混凝土柱和管外泥浆柱压力平衡。

在水下混凝土灌筑中,导管埋入深浅对于浇筑能否顺利进行从而保证成桩质量至关重要。导管埋入过浅,操作稍一疏忽则会将导管拔出混凝土面,或因孔深压力差大,导管埋入浅可能发生新灌入混凝土冲翻顶面,造成夹泥甚至断桩事故;导管埋入过深,会发生或因顶升阻力大而产生局部涡流造成夹泥,或因混凝土出管上泛阻力大,上部混凝土长时间不动,流动度损失而造成浇筑不畅或其他质量问题。因此,混凝土浇筑过程中导管应始终埋在混凝土中,严格控制导管不能提出混凝土面。导管埋入混凝土面的深度以 3~10m 为宜,最小埋入深度不得小于 2m,导管应勤提勤拆,一次提管拆管不得超过 6m。

混凝土浇筑中应防止钢筋笼上浮。

混凝土实际浇筑高度应比设计桩顶高程高出一定高度。高出的高度应根据桩长,地质条件和成孔工艺因素确定,其最小高度不宜小于桩长的 5%,且应保证支护结构圈梁底高程处及以下的桩身混凝土强度满足设计要求。

当然,用浇筑桩作为排桩支护,桩体排列应是一条直线,以便开挖后坑壁整齐。桩的施工一般应间隔两根,按桩号的次序先是 1、4、7、10 号,然后是 2、5、8、11 号。

2. 挖孔桩

挖孔桩作为基坑支护结构与钻孔浇筑桩相似,是由多个桩组成桩墙而起到挡土作用,可使用简单的机具进行开挖,不受设备和工作面限制,可若干孔同时开挖。施工时无振动、无噪声、无泥浆,对周围环境不会产生污染;适用于建筑物、构筑物拥挤的地区,对邻近结构和地下设施的影响小,场地干净,造价较经济。

挖孔桩适用于无水或少水的较密实的土质中,对流动性淤泥、流沙和地下水较丰富的地区不宜采用。桩的直径(或边长)不宜小于 1.4m,最大可达到 5.0m,孔深一般不宜超过 20m。

挖孔桩施工,必须在保证安全的基础上不间断地快速进行。每一桩孔开挖、提升出土、排水、支撑、立模板、吊装钢筋骨架、浇筑混凝土等作业都应事先准备好,紧密配合,及时完成。

人工挖孔桩是采用人工挖掘桩孔土方,随着桩孔的下挖,逐段浇捣钢筋混凝土护壁,直到所需深度,如图 2-9 所示。土层好时,也可不用护壁,一次挖至设计高程,最后在护壁内一次浇筑混凝土,主要施工程序如下。

(1)开挖桩孔

一般采用人工开挖,开挖之前应清理、整平场地,做好孔口四周临时围护和排水措施。孔口应采取措施防止土石掉入孔内,并安排好排土提升设备(卷扬机或绞车等),布置好运土通道及弃土地点,必要时孔口应搭雨棚,挖空过程中要随时检查桩孔尺寸和平面位置,防止误差。应注意施工安全,下孔人员必须佩戴安全帽和安全绳,提取土渣的机具必须经常检查。孔深超过 10m 时,应经常检查孔内二氧化碳浓度,如超过 0.3 应增加通风措施。孔内如用爆破施工,应采用浅眼爆破法,且在炮眼附近要加强支护,以防止振塌孔壁。桩孔较深时,应采用电引爆,爆破后应通风排烟,经检查孔内无毒后施工人员方可下孔。

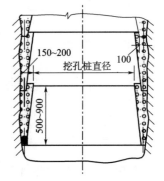

图 2-9 人工挖孔桩(单位:mm)

(2)护壁和支撑

挖孔桩开挖过程中,开挖和护壁两个工序,必须连续作业,以确保孔壁不塌。挖孔桩能否顺利施工,护壁起决定性作用,应根据地质、水文条件、材料来源等情况因地质宜选择支撑及护壁方法。当遇孔桩较深、地质较差、出水量较大或流沙等情况时,宜采用就地浇筑混凝土护壁,每下挖1~2m浇筑一次,随挖随支。护壁厚度一般采用0.15~0.20m,混凝土强度等级为C15~C20,必要时可配置少量的钢筋,也可采用下沉预制钢筋混凝土圆管护壁;如土质松散而渗水量不大时,可考虑用木料作框架式支持或在木框架后面铺架木板做支撑。

(3)排水

孔内渗水量不大,可采用人工排水;渗水量较大,可用高扬程抽水机或抽水机调入孔内抽水。遇到混凝土护壁坍塌或漏水时,用水泥干堵塞,效果较好。

(4)吊装钢筋骨架及灌注桩身混凝土

挖孔达到设计深度后,应检查和处理孔底护壁,清除孔壁及孔底浮土,孔底必须平整,符合设计条件及尺寸,以保证桩身混凝土与孔壁及孔底密贴,受力均匀。遇到地下水难抽干,但可清孔干净时,可采用先铺砌条石,砌石封底或采用水下混凝土封底。浇筑桩身混凝土时应一次浇筑完毕,不留施工缝。

挖孔桩在挖空过深(超过15~20m)、孔壁土质易于坍塌或渗水量较大的情况下,都应慎重考虑。

3. 板桩

板桩墙支护结构中,常用的板桩类型有钢板桩、钢筋混凝土板桩等。

钢板桩常用的截面形式有U形、Z形和直腹板式,如图2-10所示。

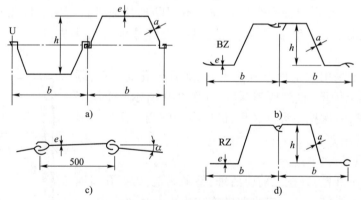

图2-10 常用钢板桩截面形式(尺寸单位:mm)

钢板桩支护结构是将钢板打入土层,设置必要的支撑或拉锚,抵抗土压力和水压力并保持周围地层稳定。钢板桩支护优点,是板桩材料质量可靠,在软弱土层中施工速度快,施工也较简单,并且有较好的挡水性,临时性结构的钢板桩可拔出多次重复使用,降低成本。

钢筋混凝土板桩如图2-11所示,钢筋混凝土板桩采用矩形截面槽楔结合形式,桩尖部分做成三面斜坡以利于打入并使桩能挤紧。这种板桩的槽和楔不能做到全长紧密结合,因为再打入土中时,往往有小块泥沙在槽口内嵌紧,迫使桩逐步分离。因此在实际工作中,椎只能在桩脚上部做1.5~2.0m高度,其余部分槽口留出空隙,使两块板桩合拢后形成孔洞;孔洞内可压水泥浆等填塞。钢筋混凝土板桩施工简易,造价相对低廉,往往在工程结束后不再拔出,不致因拔桩对附近建筑物产生影响和危害,但打桩时对邻近建筑物的影响必须充分考虑。

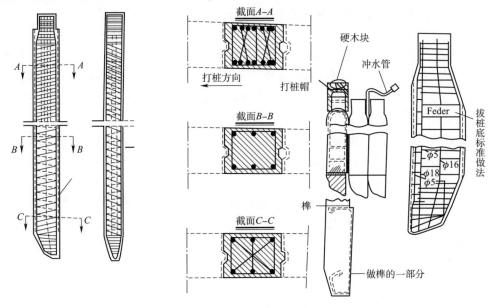

图 2-11　钢筋混凝土板桩图

目前在基坑支护中,多采用钢板桩,下面以钢板桩为例介绍板桩施工的主要程序。

(1)钢板桩的施工机具

钢板桩施工机具有冲击打桩机(包括自由落锤、柴油锤、蒸汽锤等)和振动打桩机(可用于打桩及拔桩),此外,还有静力压桩机等。

为使钢板桩施工顺利进行,应选择合适的施工机械。其主要依据是钢板桩的重量、长度及数量;土质情况,应有利于钢板桩的打入和拔出;满足噪声、振动等公害控制要求。

(2)钢板桩的打入

钢板桩的位置应在基础最突出的边缘外留有支模、拆模的余地,便于基础施工。在场地紧凑的情况下,也可利用钢板作底板或承台侧模,但必须配以纤维板(或油毡毡)等隔离材料,以利钢板桩拔出。

钢板桩在使用前应进行检查整理,尤其对多次利用的板桩,在打拔、运输、堆放过程中,容易受外界因素影响而变形,在使用前均应进行检查,对表面缺陷和挠曲进行矫正。

为确保施工后的板桩轴线应设置导向装置。导向桩或导向梁可采用型钢,也可用木材代替,导向梁间的净距即板桩墙宽度,导向装置在用完后,可拆出移至下一段连续使用。钢板桩的打入方法主要如下:

①单根桩打入法:是将钢板桩一根根地打入至设计高程,施工法速度快,但容易倾斜,当打设要求精确较高、长度较长(大于10m)时,不宜采用。

②屏风式打入法:将10~20根钢板桩成排插入导架内,使之成屏风状,然后桩机来回施打,并使两端先打到要求深度,再将中间部分的板桩顺次打入。这种屏风施工法可防止板桩的倾斜与转动,对要求闭合的围护结构常用此法,缺点是施工速度比单桩施工法慢且桩架较高。

(3) 钢板桩的拔除

钢板桩拔出时的拔桩阻力由土对桩的吸附力与桩表面的摩擦阻力组成,拔桩方法有静力拔桩、振动拔桩和冲击拔桩三种,不论何种方法都是从克服拔桩阻力考虑。

钢板桩拔除的难易,多数场合取决于打入时顺利与否。如果在硬土或密实砂土中打入板桩,则板桩拔除也很困难,尤其当一些板桩的咬口在打入时产生变形或垂直度很差,在拔除时会碰到很大阻力。此外,在开挖基坑时,支撑不及时,使板桩变形很大,拔除也很困难。

①拔桩起点和顺序:可根据沉桩时的情况确定拔桩起点,必要时也可以用间隔拔的方法。拔桩的顺序最好与打桩时相反。

②拔桩过程中必须保持机械设备处于良好工作状态,加强受力钢索检查,避免突然断裂。

③当钢板桩拔不出时,可用振动锤或柴油锤再复打一次,来克服土的黏着力或将板桩上的铁锈等消除,以便顺利拔出。

④拔桩会带出土粒形成空隙,并使土层受到扰动,特别在软土地层中,会使基坑内已施工的结构和管道发生沉降,并引起地面沉降而严重影响附近建筑和设施的安全。对此必须采取有效措施,对拔桩造成的土的空隙要及时用中粗砂填实,或用膨润土浆液填充,当控制土层位移有较高要求时必须采取在拔桩时跟踪注浆等填充法。

4. 工字钢桩

作为基坑围护结构的工字钢桩,一般采用50号、55号和60号的大型工字钢,基坑开挖前,在地面用冲击式打桩机沿基坑设计边线逐根打入地下,桩间距一般为1.0~1.2m。若地层为饱和淤泥等松软土层,也可采用静力桩机和振动打桩机进行沉桩。基坑开挖时,随挖土方随在桩间插入5cm厚的水平木背板,以挡住桩间土体。基坑开挖至一定深度后,若悬臂工字钢的强度和刚度不够则需要加设腰梁、横撑或锚杆(索),腰梁多采用大型槽钢、工字钢制成,横撑则可采用钢管或组合钢梁,其支撑截面形式如图2-12所示。

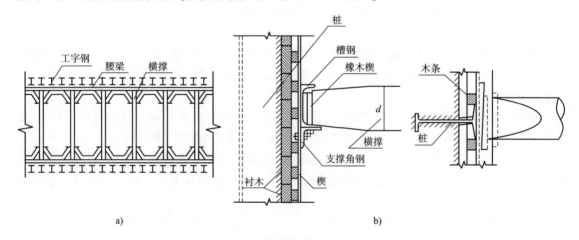

图2-12 工字钢桩维护结构支护

工字钢桩围护结构适用于黏性土、砂性土和粒径不大于10cm的砂卵石地层,当底下水位较高时,必须配合人工降水措施,而且打桩时,施工噪声一般较大,大大超过了环保法规定的限值,因此,这种维护结构只宜用于郊区距居民点较远的基坑施工。

二、基坑开挖

1. 基坑土方开挖

(1) 基坑土方开挖应具备的条件

①已有按要求经过审查的开挖施工实施方案。

②基坑内地下水水位已降至开挖面以下 0.5m 以上。

③弃(存)土地点已经落实。

④地下道管线已经改移或做好加固处理。

⑤运输道路及行走路线已经确定并且取得了有关管理部门的同意和认可。

⑥现场拆迁工作已经完成,场地清洁干净,排除地面水井,并做好量测工作。

⑦施工机械,车辆已经维修保养好。

⑧相关准备工作已经完成。

(2) 基坑开挖常用的机械设备和车辆

一般常用的机械设备有推土机、挖掘机、铲运机和大型翻斗运输车等。

(3) 土方开挖

土方开挖应分层开挖、每层开挖深度一般不超过3m,如果采用有围护结构的基坑,土方开挖尚需要与支撑、铺顶杆的施工相配合。为防止基底挠动和超挖,当机械挖至设计高程以上10~20cm 时,应采取人工清底。

①土方开挖的基本原则如下:

a. 采用分段、分块、分层、对称开挖、均匀开挖且不得超挖。

b. 尽量缩短基坑开挖卸荷后无支撑暴露时间。

c. 每步开挖所暴露的部分地下墙体宽度宜控制在 3~6m,每层开挖深度不大于3m,严禁在一个工况条件下,一次开挖到底。

②基坑开挖时应注意以下几点:

a. 纵向放坡开挖时,在坡顶外设置截水沟,防止地表水冲刷坡面和基坑外排水在回流深入坑内。

b. 基坑开挖导坑底高程后,总体基坑纵向坡度控制为1:3,并在坡地设置 300mm×300mm 的排水沟,防止坑底积水。

c. 机械挖土至基坑垫层 300mm 时,进行基坑验收,并采用人工挖除剩余土方,挖至设计高程后应及时平整基坑,疏干坑内积水,施做泄水盲管及接地网,防止坑底土挠动,并及时施做垫层。

d. 采用人工开挖时,两人操作间距应大于 3.0m,不得对头挖土;挖土面积较大时,没人工作面应不小于 $6m^2$。

e. 每开挖至支撑位置时,先按要求设置支撑,待支撑全部加固完毕后,再向下开挖,以确保基坑稳定。

f. 经常对平面控制桩、水准点、高程、基坑平面尺寸等进行复制,及时安装基坑支护结构的横撑,防止基坑变形。基坑两侧 20m 范围内不得存土。

g. 冬季施工应及时用保温材料覆盖,基底不得受冻;基底超挖、扰动、受冻、水浸或发现异物、杂土、淤泥、土质松软及软硬不均等现象时,应做好记录,并会同有关单位研究处理。

(4)基坑验收允许偏差与检验方法

具体见表2-2,经检查合格后应及时施工混凝土垫层。

基坑验收允许偏差与检验方法表　　　　表2-2

序号	项目	允许偏差（mm）	检验频率		检查方法
			范围	点数	
1	中线偏位	30	10m	1	用经纬仪检测
2	基底高程	0, -20	10m 一个断面	3	用水准仪检测
3	宽度	不小于设计规定			钢尺检查
4	基底平整度	20			2m靠尺检查

2.基坑开挖安全保证措施

开挖基坑时,如对邻近(构)建筑物或临时设施有影响,要采取安全防护措施,并按照有关机械操作规定和特定信号,由专人指挥。

3.基坑回填

基坑回填前,应选好土料、清理基底,做好质量控制等准备工作。

基坑回填应分层并从低处开始逐层回填,地下管线处应从两侧用细土均匀回填,特殊部位处理好之后,再采用机械进行大面积回填。为确保回填密实度,在回填过程中,应根据相关规定进行密实度检查,合格后方可回填上土层。

三、基坑支护施工

目前内支撑系统主要包括围檩(亦称腰梁)、支撑、立柱及其他附属构件,支撑可以分为钢管支撑、型钢支撑和钢筋混凝土支撑。

钢结构支撑具有自重小、安装和拆除方便,而且可以重复使用的优点,根据土方开挖进度,钢支撑可以做到随挖随撑,并可以施加预应力,因此,在一般情况下应该优先考虑使用钢支撑。但是钢支撑也具有整体刚度较差,安装结点较多,当结点构造不合理或施工不当不符合设计要求时,往往容易造成因结点变形导致钢支撑变形,进而造成基坑过大的水平位移,有时甚至由于结点破坏,造成断一点而破坏整体的后果。对此应通过合理设计、严格现场管理和提高施工技术水平等措施加以控制。

现浇钢筋混凝土结构支撑具有较大的刚度,适用于各种复杂平面形状的基坑,现浇结点不会产生松动而增加墙体位移。工程实践表明,在钢结构支撑施工技术水平不高的情况下,钢筋混凝土支撑具有更高的可靠性,但是混凝土支撑有自重大、材料不能重复使用、安装和拆除需要较长工期的缺点。当采用爆破方法拆除支撑时,会出现噪声、振动以及碎石飞出等危害,在市区施工时应充分注意这个问题。

(1)内支撑体系的结构形式

①单跨压杆式支撑。当基坑平面形状为窄长条式,短边的长度不是很大时,采用这种形式具有受力明确、施工安装方便等优点,如图2-13所示。

②多跨压杆式支撑。当基坑宽度较大时,就需要在支撑杆件中部设置中间立柱,组成了多

跨压杆式支撑系统,如图 2-14 所示。

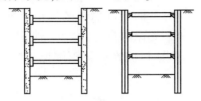

图 2-13 单跨压杆式支撑

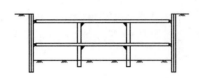

图 2-14 多跨压杆式支撑

(2)支撑布置的基本形式

一般情况下,支撑布置的基本形式有水平支撑、水平斜支撑和竖向斜支撑。

①水平支撑。水平体系由围檩和立柱组成,水平支撑整体性好,水平力传递可靠,平面刚度大,适合于大小深浅不同的各种坑基,适用范围广。

②水平斜支撑。在坑基的转角处,不宜设置水平支撑时,可沿基坑拐角设置水平斜向(对角)支撑。

③竖向斜支撑。竖向斜支撑体系由围檩、竖向支撑、水平联系杆及立柱等组成,竖向斜支撑体系要求土方采取"盆型"开挖,即先开挖中部土方,沿四周围护边预留土坡,待斜支撑安装好之后,再挖除四周土坡。基坑变形收到土坡和斜支撑基础变形的影响,一般适用于环境保护要求不高,开挖深度小于 7m 的基坑。

(3)支撑结构的构造

①钢支撑的构造。

钢围檩的常用截面有 H 形刚、工字形钢和槽形钢以及其组合截面,如图 2-15 所示。

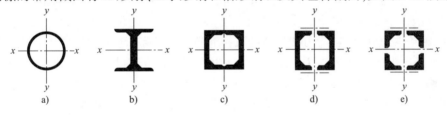

图 2-15 钢支撑的常用截面形式

结点构造是钢支撑设计中需要充分注意的一个重要内容,不合适的结点构造容易使基坑产生过大变形。

H 钢和钢管的拼接方法有螺栓连接和焊接。焊接连接一般可以达到截面等强度的要求,传力性能好,但是现场工作量大。螺栓连接的可靠性不如焊接,但是现场拼接方便。

用 H 钢作围檩时,虽然在其主平面内抗弯性能很好,但是它的抗剪和抗扭性能较差,需要采用合适的构造措施加以弥补。在钢围檩和围护墙之间填充细石混凝土可以使围檩受力均匀,避免受偏心力作用和产生扭转;在围檩和支撑的腹板上焊接加劲板可以增强腹板的稳定性和提高截面的抗扭刚度,防止局部压屈破坏。

②现浇钢筋混凝土支撑的构造。

钢筋混凝土支撑体系应在同一平面内整浇,支撑及围檩一般采用矩形截面。支撑截面高度应满足受构件的长细比要求(不大于 75)外,且不应小于其竖向平面内计算跨度的 1/20。围檩的截面高度(水平向尺寸)不应小于其水平方向计算跨度的 1/8,围檩的截面宽度(竖向尺寸)不应小于支撑截面高度。

混凝土围檩与围护墙之间不应留水平间隙,在竖向平面内围檩可采用吊筋与墙体连接。吊筋的间距一般不大于1.5m,直径可以根据围檩级水平支撑的自重,由计算决定。

当混凝土围檩与地下连续墙之间需要传递水平剪力时,应在墙体沿围檩长度方向预留剪力筋或剪力槽。

③立柱构造。

一般情况下,在基坑开挖面以上采用格构式钢柱,以方便主体工程基础底板钢筋施工,同时也便于和支撑构建连接。为防止立柱沉降或坑底土回弹对支撑结构的不利影响,立柱的下端应支撑在较好的土层中。在软土地区,设置立柱桩基础。

(4)内撑结构施工要点

内撑结构设置布置合理后,确保施工质量也是很重要的。支撑的安装和拆除顺序必须与支护结构的工况相符合,并与土方开挖和主体结构的施工顺序密切配合。所有支撑应在地基上开槽安装,在分层开挖原则下做到先安装支撑,后开挖下部土方。在主体结构底板或楼板完成后,并达到一定的设计强度,可借助底板或楼板构件的强度和平面刚度,拆除相应的支撑,但在此之前必须在围护墙与主体结构之间设置可靠的传力构件,传力构件的截面应按锲撑工况下的内力确定,当不能利用主体结构锲撑时,应按锲撑工况下的内力先安装好新的支撑系统后,才能拆原来的支撑系统。

对于采用混凝土支撑的基坑,一般应在混凝土强度达到设计强度的80%以上后,才能开挖支撑以下的土方。混凝土支撑拆除一般采用爆破方法,爆破作业应事先做好施工组织设计,严格控制药量和引爆时间,并对周围环境和主体结构采取有效的安全防护措施。

支撑的施工,必须制定严格的质量检查措施,保证构件和连接节点的施工质量。

根据现场条件、其中设备能力和具体的支撑布置,尽可能在地面把构件拼装成较长的安全段,以减少在基坑内的拼装节点。对于使用多年的钢支撑,应通过检查确认其尺寸等符合使用要求方能使用。钢围檩的坑内安装长度不宜小于相邻4个支撑点之间的距离,拼装点宜设置在柱支撑点位置附近,支撑构件穿越主体工程地板或外墙时,应设计止水片。

钢支撑安装就位后,应按设计要求施加预应力,有条件时应在每根支撑上设置计量装置的千斤顶,这样可以防止预应力松弛,当逐根加压时,应对邻近支撑预应力采取复校。当支撑长度超过30m时,宜在支撑两端同时加压,支撑预应力应分级施加,重复进行。一般情况下,预应力应控制在轴力的50%,不宜过高;当预应力取支撑轴里的80%以上时,应防止围护结构外倾、损坏和对抗外环境的影响。

四、防排水施工

在深基坑和地下构筑物的开挖过程中往往会遇到地下水位高于施工作业面的情况,地下水的涌入及流沙的产生等会影响施工进度和质量,甚至无法施工。人工降低地下水位的常用方法可分为基坑明排和井点降水两类。具有一定规模的地下构筑物或深基础工程在地下水位以下的含水层施工时,如果采用大开口开挖施工,基坑明沟排水,常会遇到大量地下水渗入或出现较严重的边坡滑塌和流沙问题,使基坑或地下构筑物无法施工,甚至影响邻近建筑物的安全,遇此情况,一般须采用井点(垂直)和水平井点(包括辐射井)降水法进行降水。井点(垂直)常沿基坑外围布设,水平井点则尚可穿越于基坑底部,井点深度大于基坑深度,通过井点抽水降低地下水位,保证工程顺利施工。

当降排水工程距离已有建筑物很近时,将引起邻近建筑物的沉降,危及安全时,应采取防治措施,可应用同样的井点施工工艺,在已有建筑物附近布设井点,进行回灌,保持已有建筑物下部原有的地下水位,从而降低或防止建筑物沉降。

井点降水在基础工程与地下工程中的作用日益得到重视与发展,为了充分发挥井点降水的应有作用,并降低其对环境的影响,必须很好地研究降水地区的水文地质条件,熟悉各种降水技术的原理方法,结合工程特点,采用合理的降水方案与施工工艺,进行严格的科学管理,以达到降水的理想效果。

1. 基坑明沟排水

基坑明排即明沟排水法,又称集水明排法,常应用于一般工程中,其设备费和保养费均较井点排水法低,同时也能适合于各种土层,然而这种方法由于集水井通常设置在基坑内部以排出流向基坑的各种水流(如边坡和坑底渗出的水、雨水等),最后将导致细粒土边坡面被冲刷而塌方。尽管如此,如能仔细施工以及采用支撑系统,所抽水量能及时排除基坑内的表面水,明沟排水未尝不是经济的方法,其适用于密砂、粗砂、级配砂、硬的裂隙岩石和表面径流来自黏土时较好;但若在松散、软黏质土、软岩石时则将遇到边坡稳定问题。

明沟排水法是在开挖基坑时,在坑底设置集水井,并沿坑底周围或中央挖掘排水沟,使水流入集水井中,然后用水泵排至坑外(图2-16)。在挖掘基坑过程中要随挖土的深度,不断加深排水沟和集水井,使坑底高程保持高于排水沟中水位0.5m。明沟排水法可根据排水沟和集水井的设置不同分为普通明沟法、分层明沟排水法、深沟排水法、板桩支撑集水井排水法等,在工程实际中,可根据具体情况选择确定排水沟和集水井的设置。

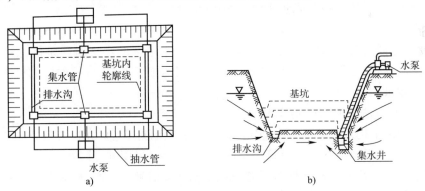

图2-16 集水明排法示意图
a)平面布置图;b)剖面图

开挖基坑时,可根据现场地形状况,在基坑四周挖掘截水沟和构筑防水堤,以防止降水时地表水流入基坑。场地的排水应尽量利用原有的沟渠排泄,施工用水和废水要用临时排水管泄水,基坑附近的灰池和防洪疏水等储水构筑物不得有漏水,一般各种设施与基坑之间要有一定的安全距离,同时,在基坑内要设置集水沟,并保证水流通畅,以便定时将积水排出。

①四周排水沟和集水井应设置在基坑坡顶面0.5m以外,并设在地下水走向的上游。根据地下水量大小、基坑平面形状及水泵能力,集水井每隔30~40m设置一个。

②排水沟深为 0.3~0.4m,沟底宽度不小于 0.3m,坡度为 0.1%~0.5%。

③集水井距构筑物边线的距离必须大于井的深度。为防止井壁塌落,可用挡土板加固或用砖干砌加固。集水井的深度随着挖土的加深而加深,要经常低于挖土面 0.7~1.0m,当基坑挖到设计高程后,井底应低于坑底 1~2m,并铺设 20cm 碎石作反滤层,以免在抽水时将泥沙抽出,并防止坑底的土被搅动。

④当基础较深且地下水位较高以及多层土中上部有渗水性较强的土层时,可在基坑边坡上设置多层明沟,分层排除上部土中的地下水,以避免上层地下水流出冲刷土的边坡造成塌方。

⑤沟、井截面根据排水量确定。常用于排水的水泵有离心泵和潜水泵,水泵的总排水量一般为基坑总涌水量的 1.5~2.0 倍,当涌水量小于 20m³/h 时,可用隔膜式泵、潜水泵;涌水量为 20~60m³/h 时,可用隔膜式泵、离心泵、潜水泵;涌水量大于 60m³/h 时,用离心泵。选择时应按水泵技术条件选用。

2. 井点降水

具有一定规模的地下构筑物或深基础工程在地下水位以下的含水层施工时,如果采用大开口开挖施工,基坑明沟排水,常会遇到大量地下水渗入或出现较严重的边坡滑塌和流沙问题,使基坑或地下构筑物无法施工,甚至影响邻近建筑物的安全。遇此情况,一般需采用井点(垂直)和水平井点(包括辐射井)降水法进行降水。井点(垂直)常沿基坑外围布设,水平井点则尚可穿越于基坑底部,井点深度大于基坑深度,通过井点抽水降低地下水位,保证工程顺利施工。

当降排水工程距离已有建筑物很近时,将引起邻近建筑物的沉降,危及安全时,应采取防治措施,可应用同样的井点施工工艺,在已有建筑物附近布设井点,进行回灌,保持已有建筑物下部原有的地下水位,从而降低或防止建筑物沉降。

井点降水在基础工程与地下工程中的作用日益得到重视与发展,为了充分发挥井点降水的应有作用,并降低其对环境影响,必须很好地研究降水地区的水文地质条件,熟悉各种降水技术的原理方法,结合工程特点,采用合理的降水方案与施工工艺,进行严格的科学管理,以达到降水的理想效果。

(1)井点降水方法类型和适用范围

在深基坑和地下构筑物的施工中,几乎每年都有因流沙、管涌、坑底失稳、坑壁坍塌而引起的工程事故,造成周围地下管线和建筑物不同程度的损坏,采用井点降水可以防范这类工程事故。井点降水是目前地下工程开挖施工的一项重要辅助措施,作为一种必要的工程措施,其在避免流沙、管涌和底鼓,保持干燥的施工环境,提高土体强度与基坑边坡稳定性方面都有着显著的效果,在实际工程中被广泛使用。

井点降水方法有轻型井点、喷射井点、电渗井点、管井井点和深井井点等,其中以轻型井点采用较为普遍,各种井点的适用范围见表 2-3。施工中根据土层的渗透系数、降低水位的深度、现场的施工条件等选用不同方法。

(2)井点降水方法

①轻型井点。

轻型井点是沿基坑的四周或一侧将直径较细的井点管沉入深于坑底的含水层内,井点管上部与总管连接,通过总管利用抽水设备,由真空作用将地下水从井点管内不断抽出,使原有的地下水位降低到坑底以下。本法适用于渗透系数为 0.10~80.0m/d 的土层,而对土层中含有大量的细砂和粉砂层特别有效,可以防止流沙现象和增加土坡稳定,且便于施工,如土壁采用临时支撑还可减少作用在其上的侧向土压力。

各类井点的适用范围　　　　　　　　　　　　　　　表 2-3

井点类型	渗透系数(m/d)	降低水位深度(m)	适用岩(土)性
一级轻型井点	0.1~80	3~6	轻亚黏土、细砂、中砂和粗砂
二级轻型井点	0.1~80	6~9	轻亚黏土、细砂、中砂和粗砂
喷射井点	0.1~50	8~20	轻亚黏土、细砂、中砂和粗砂
管井井点	20~200	3~5	黏土、亚黏土、粗砂、砾石、卵石
电渗井点	<0.1	5~6	黏土、亚黏土、粗砂、砾石、卵石
深井井点	10~80	>15	中、粗砂、砾石

轻型井点系统由井点管、连接管、集水总管及抽水设备等组成,轻型井点降低地下水位全貌如图 2-17 所示。

采用轻型井点降水,其井点间的间距小,能有效地拦截地下水流入基坑内,尽可能地减少残留滞水层厚度,对保持边坡和桩间的稳定比较有利,因此降水效果较好;其缺点是占用场地大、设备多、投资大,特别是对于狭窄的施工场地,其占地和施工费用一般使建设和施工

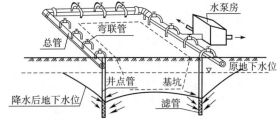

图 2-17　轻型井点降水示意图

单位难以接受,在较长的降水过程中,对供电、抽水设备的要求高,维护管理费用复杂等。

轻型井点系统的平面布置由基坑的平面形状、大小、要求降水深度、地下水流向和地基岩性等因素决定,可布置成环形、U 形或线形等,一般沿基坑周围 1.0~1.5m 布置,井点系统可设置多级。

在地铁施工过程中,对于区间部分,其降水一般是沿线路两侧布置井点;对于车站部分,常采用 U 形或环形封闭式井点布置。当降水深度在 6m 以内时,采用单级井点降水,当降水深度较大时,可采用下卧降水设备或多级井点降水。一般情况下,降水深度不大于 8m 时,采用下卧降水设备较好,即先挖土 1~2m 后再布置井点;降水深度大于 8m 时,采用多级井点降水,每级以阶梯状接力抽水来降低地下水位,每级井点的降水深度可按照 4.5~5.0m 设计。

轻型井点的间距应根据场地的水文地质条件(如渗透系数、含水层厚度和含水层底板埋深等)和降水深度及降水面积综合考虑确定。

②喷射井点。

喷射井点由高压水泵、供水总管、井点管、喷射器、排水总管及循环水箱组成,如图 2-18 所示。

喷射井点是采用高压水泵将压力工作水经供水管压入井点内外之间环形空间,并经过喷射器两边的侧孔流向喷嘴。由于喷嘴截面的突然变小,喷射水流加快(一般流速达 30m/s 以

上),这股高速水流喷射之后,在喷嘴射出水柱的周围形成负压,从而将地下水和土中空气吸入并带至混合室,这时地下水流速加快,而工作水流速逐渐变缓,而二者流速在混合室末端基本上混合均匀。混合均匀的水流射向扩散管,扩散管截面是逐渐扩大的,其目的是减少摩擦损失,当喷嘴不断喷射水流时,就推动水沿管内不断上升,混合水流由井点进入回水总管至循环水箱,部分作为循环水用,多余部分(地下水)溢流排至现场之外,如此循环,以达到深层降水的目的。

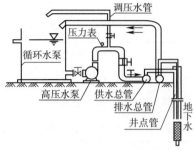

图 2-18 喷射井点降水系统

喷射井点主要适用于渗透系数较小的含水层和降水深度较大(8～20m)的降水工程。其主要优点是降水深度大,但由于需要双层井点管,喷射器设在井孔底部,有两根总管与各井点管相连,地面管网敷设复杂,工作效率低,成本高,管理困难。

喷射井点的平面布置和轻型井点基本相同,纵向上因其抽水深度较大,只需要单级井点降水即可,井点间距一般为 3～5m,井点深度视降水深度而定,一般应低于基坑底板 3～5m。

③电渗井点。

电渗井点降水是利用轻型井点和喷射井点的井点作为阴极,另埋设金属棒(钢筋或钢管)作为阳极,在电动势的作用下构成电渗井点抽水系统。

当接通电流在电势的作用下,使带正电荷的孔隙水向阴极方向流动,使带负电荷的黏土颗粒向阳极方向移动,通过电渗和真实抽吸的双重作用,强制黏土中的水向井点管汇集,并由井点管吸取排出,使地下水为逐渐下降,达到疏干含水层的目的。

电渗井点一般只适用于水层渗透系数较小(<0.1m/d)的饱和黏土,特别是在淤泥和淤泥质黏土之中的降水。由于黏性土的颗粒较小,地下水流动十分困难,其中仅自由水在孔隙中流动,其他部分地下水则处于被毛细管吸附的约束状态,不能在压力水头作用下参与流动,增加了孔隙水流动的有效断面,其渗透系数提高数倍,从而缩短降水时间,提高降水效果。

电渗井点工程在与轻型井点或喷射井点结合降水时,将井点管沿基坑周围 1～2m 布设;另外,以直径 38～50mm 的钢管或直径不小于 20mm 的钢筋作阳极,埋设在井点管排的内侧,与井点管保持垂直平行,但不能与井点管相接触,上部露出地面 0.2～0.3m,下部应比井点管深 0.5m 左右。井点管的间距和深度与采用轻型井点或喷射井点降水时相同,在非降水段或渗透性能稍大的地层中无需电渗时,可在这些部位给电极涂上绝缘材料,使之与地面隔绝,以节省电能。井点管(阴极)与阳极平行排列,其数量应相等,必要时阳极数量可多于阴极,将阴、阳极分别用电线或钢筋连接成通路,并接到直流发电机的相应电极上。井点管与阳极的间距一般为:采用轻型井点时取 0.8～1.0m;采用喷射井点时取 1.2～1.5m。

④管井井点。

管井降水即利用钻孔成井,多采用单井单泵(潜水泵或深井井点)抽取地下水的降水方法。当管井深度大于 15m 时,也称为深井井点降水。

管井井点直径较大,出水量大,适用于中、强透水含水层,如沙砾、砂卵石、基岩裂隙等含水层,可满足大降深、大面积降水要求。

管井的结构如图 2-19 所示,管井的孔径一般为 400～800mm,管径为 200～500mm;当井深较浅,地层水量较大时,孔径可为800～1200mm,管径为500～800mm。井管一般采用钢管、铸铁管、水泥管、塑料管或竹木管,滤水管有穿孔管和钢筋骨架管外缠铁丝或包尼龙网或金属网的,也有水泥砾石滤水管,目前用于降水的管井点多采用后者。

抽降管井一般沿基坑周围距基坑外缘1～2m布置,如场地宽敞或采用垂直边坡或有锚杆和土钉护坡等条件下,应尽量距离基坑边缘远一点,可用3～5m;当基坑边部设置围护结构及止水帷幕的条件下,可在基坑内布置管井,采用坑内降水方法。

管井的间距和深度应根据场地水文地质条件、降水范围和降水深度确定,其间距一般为10～20m。当降水层为中等透水层或降水深度接近含水层底板时,其间距可为8～12m;当降水层为中等到强透水层或降水深度接近含水层底板时,可采用12～20m;当降水深度较浅,含水层为中等以上透水层,具有一定厚度时,井点间距可大于20m。井点深度要大于设计井中的降水深度或进入非含水层中3～5m,井中的降水深度由基坑降水深度、降水范围等计算确定。

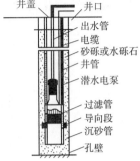

图2-19 管井结构示意图

⑤深井井点。

深井井点是将深井井点放入管井内,依靠水泵的扬程把地下水送至地面,从而达到降低地下水位的目的,适用于水量大、降水深的场合。当土粒较粗、渗透系数很大,而透水层厚度也大时,一般用井点系统或喷射井点不能奏效,此时采用深井井点较为适宜,其优点是降水的深度大、范围也大,因此可布置在基坑施工范围以外,使其排水时的降落曲线达到基坑之下,深井井点可单用,亦可和其他井点系统合用。

(3)降水时邻近建筑物的影响与预防措施

①基坑开挖与降水对邻近建筑物的危害。

基坑开挖与降水必须考虑邻近建筑物安全,特别是在细颗粒的软弱土层中,必须认真对待。在软弱土层中降水,由于地下水位的下降,使土层中含水率减小,浮托力减少,等于增加了附加荷重,使土产生固结、压缩,使建筑物基础和地面发生不均匀沉降,其沉降量应控制在建筑物允许限度以内,不得超出。

在粉土和粉细砂层中降水,井点钻探施工,应防止塌孔、涌砂,过滤器设计加工不应产生涌砂、松动土层,防止构筑物基础局部下沉,影响安全。

②防止降水对建筑物影响的措施。

防止土颗粒带出的措施:加长井点管的长度,减慢降水速度,使降水曲线较为平缓,使邻近建筑物均匀沉降,以防裂缝产生;合理设计加工井点过滤器,防止抽水涌砂;控制抽水量,减缓抽降速度。

在建筑物沿基坑一侧采用防护措施:采用旋喷柱、混凝土桩、钢板桩形成阻水帷幕;采用回灌井技术,即在建筑物沿基坑一侧钻探一排回灌井,在基坑降水的同时,向回灌井点注入一定水量,形成一道阻渗水幕,使基坑降水的影响范围,不超过回灌井点排的范围,组织地下水向降水区的流失,保持已有建筑物所在地原有的地下水位,土压力仍处于原有平衡状态,从而有效地防止降水的影响,使建筑物的沉降达到最小程度。

如果建筑物离基坑稍远,且为较均匀的透水层,中间无隔水层,则可采用最简单的回灌沟的方法进行回灌,这较为经济易行,如图2-20所示。

如果建筑物离基坑近,且为弱水层或透水层中间夹有弱透水层和隔水层时,则须用回灌井点进行回灌,如图2-21所示。

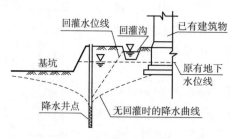

图2-20 井点降水与回灌沟回水示意图

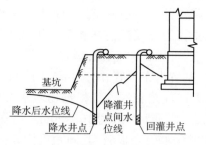

图2-21 井点降水与井点回灌示意图

回灌井点系统的工作条件恰好和抽水井点系统相反,将水注入井点以后,水从井点向四周土层渗透,在井点周围形成一个和抽水相反的倒转漏斗。有关回灌系统的设计,亦应按地下水动力学理论进行计算和优化。

回灌井点的结构应利于注入的水向降水深度内渗流,回灌井点的滤水管工作部分的长度应大于抽水井点,最好从自然水位以下直至井点管底部均为过滤管。

回灌井点的施工技术要求与降水井点相同。

回灌井点与抽水井点之间应保持一定的距离,一般不宜少于5cm。回灌井点的埋设深度根据透水层的深度而定,以确定基坑施工安全和回灌效果为准,回灌水量应根据实际地水位的变化及时调节,保持抽、灌平衡,既要防止回灌水量过大而渗入基坑影响施工,又要防止因灌水量过小,使地下水位失控影响回灌效果,因此,要求在其附近设置必要数量水位观测孔和沉降观测点,定时进行观测和分析,以便及时调整回灌水量。回灌水量一般通过水箱造水位差自流注入回灌井中,回灌水箱的高度,可根据回灌水量来配置,调节水箱高度来控制回灌水量。回灌水必须是清水,以防回灌井点过滤器的堵塞,影响回灌渗透能力。

回灌井点必须在降水井点抽水前或在抽水同时向土中注水,不得中断,如其中一方因故停止工作,另一方亦停止工作,恢复工作亦同时进行。

受降水影响不太严重的建筑物,也可采取快速施工,缩短降水时间,以减轻降水影响;或在已有建筑物旁施作隔水墙,以减缓地下水的渗透流速;或对已有建筑物基础与上部结构进行加固处理。这需要根据具体情况采取不同的预防措施。

第三节　浅埋暗挖法

一、浅埋暗挖法概述

浅埋暗挖法是在距离地表较近的地下进行各种类型地下洞室暗挖施工的一种方法。

浅埋暗挖法沿用新奥法(New Austrian Tunneling Method)基本原理,初次支护按承担全部基本荷载设计,二次模筑衬砌作为安全储备;初次支护和二次衬砌共同承担特殊荷载。应用浅埋暗挖法设计、施工时,同时采用多种辅助工法,超前支护,改善加固围岩,调动部分围岩的自承能力;并采用不同的开挖方法及时支护、封闭成环,使其与围岩共同作用形成联合支护体系;在施工过程中应用监控量测、信息反馈和优化设计,实现不塌方、少沉降、安全施工等,并形成多种综合配套技术。

浅埋暗挖法施工的地下洞室具有埋深浅(最小覆跨比可达0.2)、地层岩性差(通常为第四纪软弱地层)、存在地下水(需降低地下水位)、周围环境复杂(邻近既有建、构筑物)等特点。

由于造价低、拆迁少、灵活多变、无需太多专用设备及不干扰地面交通和周围环境等特点,浅埋暗挖法在全国类似地层和各种地下工程中得到广泛应用。

同时,经过许多工程的成功实施,其应用范围进一步扩大,由只适用于第四纪地层、无水、地面无建筑物等简单条件,扩大到非第四纪地层、超浅埋(埋深已缩小到0.8m)、大跨度、上软下硬、高水位等复杂地层及环境条件下的地下工程中去。

信息化技术的实施,实现了浅埋暗挖技术的全过程控制,有效地减小了由于地层损失而引起的地表移动变形等环境问题,不但使施工对周边环境的影响降低到最低程度,由于及时调整、优化支护参数,提高了施工质量和速度,使浅埋暗挖法特点得到更进一步的发挥,为城市地下工程设计、施工提供了一种非常好的方法,具有重大的社会效益和环境效益,该方法在总体上达到国际领先水平。

近年来,采用浅埋暗挖法施工的地铁工程已越来越多,它的优越性也越来越明显,且已经成为城市地铁施工采用的主要方法之一。

浅埋地下工程的特点主要是覆地浅、地质条件差(多数是未固结的土砂、黏性土、粉细砂等)、自稳能力差、承载力小、变形快,特别是初期增长快,稍有不慎极易产生坍塌或过大的下沉,而且在地下工程附近往往有重要的地面建筑物或地下管线,给施工带来严格的要求等。浅埋暗挖法是以超前加固、处理软弱地层为前提,采用初期支护和二次衬砌为基本支护结构,用于软土地层近地表地下工程的暗挖施工方法,它以施工监测为手段,指导设计与施工,保证施工安全,控制地表沉降。在应用范围上,不仅可用于区间、大跨度线段、通风道、出入口和竖井的修建,而且可用于多跨、多层大型车站的修建;在结构形式上,不仅有圆拱曲墙、大跨度平拱直墙,还有平顶直墙等形式;在与其他施工方法的结合上,有浅埋暗挖法与盖挖法的结合,还有与半断面插刀盾构的结合。

浅埋暗挖法的特点是:适用于多种地质条件和地下水条件;具有适合各种断面形式(单线、双线及多线车站等)和变化断面(过渡段、多层断面等)的高度灵活性;通过分布开挖和辅助施工方法,可以有效地控制地表下沉和坍塌;与盾构法相比较,在较短的开挖地段使用,也很经济;与明挖法相比较,可以极大地减轻对地面交通的干扰和对商业活动的影响,避免大量的拆迁;从综合效益观点出发,是比较经济的一种施工方法。

二、浅埋暗挖法的施工原则

(1)管超前:指采用超前管棚或小导管注浆保护,实际上就是采用超前支护的各种手段,提高掌子面的稳定性,防止围岩松弛和坍塌。

(2)严注浆:指在导管超前支护后,立即进行压注水泥浆或其他化学浆液,填充围岩空隙,在隧道周围形成一个具有一定强度的壳体,以增强围岩的自稳能力。

(3)短开挖:限制一次进尺的长度,减少对围岩的扰动。

(4)强支护:指在浅埋的松软地层中施工,初期支护必须十分牢固,具有较大的刚度,以控制开挖初期的变形。

(5)快封闭:指在台阶法施工中,如台阶过长时,变性增加较快,为及时控制围岩松弛,开挖后,必须及时封闭,提高初期支护的承载能力。

(6)勤量测:指对隧道施工过程安要求进行监控量测,掌握施工动态,及时反馈。

三、浅埋暗挖法的类型

当地层条件差、断面特大时,一般设计成多跨结构,跨与跨之间有梁、柱连接,一般采用中洞法、侧洞法、柱洞法及洞桩法等施工,其核心思想是变大断面为中小断面,提高施工安全度。

1. 中洞法施工

中洞法施工就是先开挖中间部分(中洞),在中洞内施作梁、柱结构,然后再开挖两侧部分(侧洞),并逐渐将侧洞顶部荷载通过中洞初期支护转移到梁、柱结构上。由于中洞的跨度较大,施工中一般采用 CD、CRD 或双侧壁导航法进行施工。中洞法施工工序复杂,但两侧洞对称施工,比较容易解决侧压力从中洞初期支护转移到梁柱上时的不平衡侧压力问题,施工引起的地面沉降较易控制。其特点是初期支护自上而下,每一步封闭成环,环环相扣,二次衬砌自下而上施工,施工质量容易得到保证。

2. 侧洞法施工

侧洞法施工就是先开挖两侧部分(侧洞),在侧洞内做梁、柱结构,然后再开挖中间部分(中洞),并逐渐将中洞顶部荷载通过初期支护转移到梁、柱上,这种施工方法在处理中洞顶部荷载转移时,相对于中洞法要困难一些。两侧洞施工时,中洞上方土体经受多次扰动,形成危及中洞的上小下大的梯形、三角形或楔形土体,该土体直接压在中洞上,中洞施工若不够谨慎就可能发生坍塌。

3. PBA(洞桩暗挖法)工法

PBA 工法的物理意义是:P—桩(pile)、B—梁(beam)、A—拱(arc),即由边桩、中桩(柱)、顶底梁、顶拱共同构成初期受力体系,承受施工过程的荷载。其主要思想是将盖挖及分步暗挖法有机结合起来,发挥各自的优势,在顶盖的保护下可以逐层向下开挖土体,施作二次衬砌,可采用顺作和逆作两种方法施工,最终形成由初期支护和二次衬砌组合而成的永久承载体系。

PBA 工法也是浅埋暗法方法的一种,用于地铁暗挖车站。当地质条件差、断面特大时,一般设计成多跨结构,跨与跨之间、有梁、柱连接,比如常见的三跨两柱的大型地铁站常采用洞桩法施工。

桩柱法就是先开挖导洞,在洞内制作挖孔桩或钻孔桩,梁柱完成后,再施作顶部结构,然后在其保护下施工,实际上就是将盖挖法施工的挖孔桩梁柱等转入地下进行,因此也称作地下式盖挖法。

该工法施工工序较多,且地下工作环境较差,但施工引起的地面沉降较易控制,多在无水、地层相对较好、周边环境复杂的情况下应用。

PBA 工法的核心思想在于设法形成由侧壁支撑结构和拱部初期支护组成的整体支护体系,代替传统的预支护和初期支护结构,以保证在进行洞室主体部分开挖时具有足够的安全度,并有效地控制地层沉降。

该工法具有以下特点:

①桩、梁、拱、柱先期形成,首先形成了主受力的空间框架体系,后面的开挖都是在顶盖的保护下进行,支护转换单一,不但安全,而且大大减小了对地面沉降的影响,同时节省了大量的圬工。

②PBA 工法施工灵活,施工基本不受层数、跨数的影响,底部承载结构可根据地层条件做成底纵梁(条基)或桩基。

③小导洞施工技术成熟、安全可靠,由于各导洞间具有一定距离,故可同步进行导洞施工,施工干扰小,各导洞内的柱、纵梁也可同时作业。

④扣拱后内部一般无需进行地层加固等辅助措施,施工空间开阔,可采用机械开挖,作业效率高,整体施工速度快,精度高,施工中也便于地下水的处理。

⑤直墙式结构内有效净空大,节省了曲墙及仰拱结构工程投入。

⑥PBA 工法因需在两侧施作灌注桩而提高了造价,且在一个十分狭窄的小导洞内完成一系列的钢筋、立模、浇筑、吊装等操作,作业环境恶劣。

浅埋暗挖法常用的三种施工方法重要指标的对比见表 2-4。

浅埋暗挖常用的三种施工方法重要指标的对比 表 2-4

施工方法	示意图	重要指标比较					
		适用条件	沉降	工期	防水	一次支护拆除量	造价
中洞法		小跨度,连续使用可扩成大跨度	小	长	效果差	拆除多	较高
侧洞法		小跨度,连续使用可扩成大跨度	大	长	效果差	拆除多	高
柱洞法		多层多跨	大	长	效果差	拆除多	高

四、浅埋暗挖法的施工程序及工艺

浅埋暗挖法施工程序如图 2-22 所示。

1. 超前支护与地层预处理施工

在城市地铁浅埋暗挖法中,经常遇到砂砾石、黏性土或强风化基岩等不稳定地层。这类地层在隧道开挖过程中自稳时间短暂。隧道开挖工程中往往引起较大的地面沉降,初期支护也往往未来得及施作,或喷射混凝土还未获得足够强度时,拱墙的局部地层已经开始坍塌,为此需要采用地层预支护和预加固方法,来提高地层自稳能力,减少地表沉降。在工程中,常用的预支护和预加固方法主要有:小导管超前注浆、开挖面深孔注浆和管棚超前支护。

2. 开挖作业

地铁车站施工中,开挖方法是影响围岩稳定的重要因素之一,因此,在选择开挖方法时,应对车站断面大小及形状、围岩的工程地质条件、支护条件、工期要求、工区长度、机械配备能力、经济性等相关因素进行综合分析,采用恰当的开挖方法,尤其应与支护条件相适应。

地铁车站开挖方法实际上是指开挖成型方法。按开挖地铁车站的横断面分部情形来分,开挖方法可分为全断面开挖法、台阶法、分部开挖法、单侧壁导坑法、双侧壁导坑法、洞桩暗挖法、侧洞法、中洞法等。

(1)开挖

在松散不稳定地层中采用浅埋暗挖法开挖作业时,所选用的施工方法及工艺流程,应保证最大限度的减少地层的扰动,提高周围地层自承作用和减少地表的沉降。根据不同的地质及隧道断面,选用不同的开挖方法,但其总原则是预支护、预加固一段,开挖一段;支护一段;支护一段,封闭成环一段。初期支护封闭成环后,隧道处于暂时稳定状态,通过监控测量,确认达到基本稳定状态时,可以进行二次衬砌的混凝土灌注工作。如果测量结果尚未稳定,则

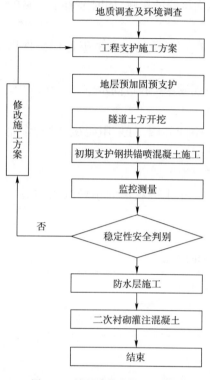

图 2-22 浅埋暗挖法施工程序框图

需继续监测;如检测结果表明支护有失稳的趋势时,则需及时对支护进行补强或提前施作二次衬砌。

当周围地层稳定性较好时,可采用台阶法,施工机械可布置到上台阶进行施工,加快施工进度。但拱部初期长时间无法封闭,当拱部地层压力较大,拱脚土体不能够提供足够反力时,整个拱部将连同支护一起下沉,严重时拱脚部位土体将产生滑移,引起塌方。当遇到这种不利情况时,可施作临时仰拱,形成半断面临时封闭结构,促使地层稳定,临时仰拱的安设与拆除必然将增加工程量,增大工程费用。

(2)装砟

即把开挖下来的石砟装入运输车辆。

(3)运输

地铁车站施工的洞内运输(出砟和进料)分为有轨运输和无轨运输。有轨运输铺设轻轨线路,用轨道式运输车出砟。小型机车牵引,适用于各种地铁车站开挖方法,尤其适用于较长的地铁车站运输,是一种适应性较强和较为经济的运输方式。

无轨运输是采用各种无轨运输车出砟,其优点是机动灵活,不需要铺设轨道,适用于弃砟场离洞口和道路坡度较大的场合;缺点是由于多采用内燃机驱动,废气排放量大,污染洞内空气,故一般适用于大断面开挖和短中等长度的地铁车站中,并应注意加强通风。

3.初期支护施工

地铁车站是围岩与支护结构的综合体,其开挖破坏了地层的初始应力平衡,产生围岩应力释放和洞室变形,过量变形将导致围岩变形甚至倒塌。在开挖后的洞室周边,施作钢、混凝土等支撑物,向洞室周边提供抗力、控制围岩变形,这种开挖后地铁车站内的支撑体系,称为地铁车站支护。为控制围岩应力适量释放和变形,增加安全度和方便施工,地铁车站开挖后立即实作刚度较小并作为永久承载结构一部分的结构层,称为初期支护。

初期支护一般由锚杆、喷射混凝土、钢架、钢筋网等及它们的其他的组合组成,是现在地铁车站工程中最常用的支护形式和方法。

初期支护施作后即成为永久性承载结构的一部分,它与围岩共同构成了永久的地铁车站结构承载体系,在这一点上,初期支护不同于传统施工方法中采用的钢木构件支撑。构件支撑在建筑铸模整体式的衬砌时,通常应予以拆除,即不作为永久承载构件,称为临时支撑。

(1)锚喷支护

锚喷支护较传统的构件支撑,无论在施工工艺还是作用机理上都有如下特点。

①灵活性。锚喷支护是喷射混凝土、锚杆、钢筋网、钢架等联合支护的简称,它们可以单独使用,也可以组合使用,其组合形式和支护参数可以依据围岩的稳定状态,施工方法和进度,地铁车站形状和尺寸等加以选择和调整。它们既可以用于局部的加固,也易于实施整体加固,可以一次完成,也可以分次完成,充分体现了先柔后刚、按需提供的原则。

②及时性。锚喷支护能在施作后迅速发挥其对围岩的支护作用,这不仅体现在时间上,即喷射混凝土和锚杆都具有早强性,需要它时,它就能起作用;而且表现在空间上,即喷射混凝土和锚杆可以最大限度的跟紧开挖而施工,甚至可以利用锚杆进行超前支护。虽然构件支撑的最大优点是即时承载,而锚喷支护同样具有即时维护甚至超前维护的作用,且能容纳必要的支撑构件如格栅钢架参与工作。

③密贴性。喷射混凝土能与坑道周边的围岩全面、紧密地黏贴,因而可以抵抗岩块之间沿节理的剪切和张列。从整体结构看,喷射混凝土填补了洞壁凹穴,使洞壁变得圆顺,从而减少了应力集中。也能使锚杆和钢筋网的点约束作用得以分配和改善,使其发挥协同作用,从而增强了支护围岩的有效约束。

④深入性。锚杆能深入岩体内部一定深度,对围岩起到约束作用,这种作用尤其是以适当密度的径向锚杆群(称为系统锚杆)的效果最为明显。系统锚杆在围岩中形成一定厚度的锚固区,锚固区内的岩体强度和整体性得以加强,应力分布状态得以改善,其承载能力和稳定能力显著增强。此时地铁车站的稳定性实际上就是指锚固区的承载能力和稳定能力。在围岩中加以锚杆相当于在混凝土中加入钢筋形成钢筋混凝土,也可以成为加筋岩石或加筋土。

另外,沿地车站轴线方向有一定外插角的超前锚杆或钢管,同样具有深入岩层内部对围岩起预支护的作用。它们也经常与系统锚杆、喷射混凝土一起发挥协同作用,这对于处理一般的工作面不稳定的问题颇有效果。

⑤柔性。锚喷支护属于柔性支护,可以比较便利地调节围岩变形,允许围岩做有限的变形,即允许在围岩塑性区有适度的发展,以发挥围岩的自承能力。

前已述及,根据大量工程实践和理论分析表明,对绝大多数的一般松散岩体,在地铁车站开挖后,适度的变形有利于发挥围岩的自承受能力,而过度的变形会导致坍塌。因此就要求支护既能允许有限变形又能限制过度变形且自身不被破坏。锚喷支护就很好地满足了这一要求,一方面因为喷射混凝土工艺上的特点,使其能与岩体紧密黏贴,且喷得很薄,故呈现柔性(尽管喷射混凝土是一种脆性材料),而且这柔性还可以通过分层分次喷射和加钢纤维或钢筋网来进一步发挥;另一方面,锚杆也有一定的延性,可以允许岩体有较大的变形,甚至同被加固岩体一起整体位移,而仍能继续工作不失效。

⑥封闭性。喷射混凝土能全面即时的封闭围岩,这种封闭不仅阻止了洞内潮气和水对围岩的侵蚀作用,减少了膨胀性岩体的潮解软化和膨胀,而且能及时有效地阻止围岩变形,使围岩较早地进入变形收敛状态。

(2)联合支护

工程中常用锚杆(系统锚杆或局部锚杆)、喷射混凝土、钢筋网喷射混凝土或纤维喷射混凝土、钢拱架(型钢拱架或格栅钢架)等支护方法。在地铁车站工程中,为适应地质条件和结构条件的变化,常将各种单一支护方法进行恰当组合,共同构成较为合理的、有效的和经济的支护结构体系。但不论何种组合形式,将其通称为联合支护。

目前在地铁车站工程中,作为初期支护,使用最多的组合形式是锚杆(主要指系统锚杆)加喷射混凝土(素喷或网喷),因此,初期支护可以称为锚喷支护,它是一种最基本的组合形式。联合支护的施工不仅满足各部件安设施工的技术要求,还应注意以下事项:

①联合支护宜连不宜散,彼此要直接地牢固相连,以充分发挥联合支护效应。

②钢筋网及钢拱架要尽可能多地与锚杆头焊连,锚杆要有适量的露头。

③钢筋网及钢拱架要被喷射混凝土所包裹、覆盖,即喷射混凝土要将钢筋网和钢拱架包裹密实。

④分次施作的联合支护,要尽快将其相连,如超前锚杆与系统锚杆及钢拱架的联结。

⑤分次施作的联合支护,要在两侧指导下进行,以做到及时、有效,并作适当的调整。

五、施工易出现的问题及对策

前面介绍了地铁车站开挖方式、方法和初期支护的多种类型,应该说这些方式、方法、类型及其组合是能够适应绝大多数的围岩地质条件和工程结构条件的,但这种适应在工程实际中并非绝对,之所以这样说,是基于下面几个方面的原因:

(1)在施工、设计过程中,对围岩性质判断不准或情况不明。

(2)支护类型实际要求不适应。

(3)支护的时机和方法不恰当。

(4)其他的不明原因。

由于以上原因的存在,使得在实际施工过程中,经常出现不良变形甚至松弛坍塌等异常现象。对此,一方面应进行地铁车站动态信息的反馈分析,对施工方法、支护时机、各支护参数等加以调整;另一方面只能针对一些不能明确原因的现象采取及时有效的处理措施,并加以总结和防范,以利于施工安全和顺利进行,现将这些问题总结归纳见表2-5。其中A项是指进行比较简单的改变就可解决问题的措施,B项是指需要改变支护方法等比较大的变动才能解决问题的措施。

施工中的现象及其处理措施　　　　　　　　　　　　　　　　　　　　　　表 2-5

	施工中的现象	措　施　A	措　施　B
开挖面及其附近	正面变得不稳定	(1)缩短一次掘进长度； (2)开挖时保留核心土； (3)向正面喷射混凝土； (4)用插板或并排钢管打入地层进行预支护	(1)缩小开挖断面； (2)在正面打锚杆； (3)采取辅助施工措施对地层进行预加固
	开挖面顶部掉块增大	(1)缩短开挖时间及提前喷射混凝土； (2)采用插板或并排钢管； (3)缩一次开挖长度； (4)开挖面暂时分部施工	(1)加钢支撑； (2)预加固地层
	开挖面出现涌水或者涌水量增加	(1)加速混凝土硬化(增加速凝剂等)； (2)喷射混凝土前做好排水； (3)加挂网格密的钢筋网； (4)设排水片	(1)采取排水方法(如排水钻孔、并点降水等)； (2)预加固围岩
	地基承载力不足，下沉增大	(1)注意开挖，不要损害地基围岩； (2)加厚地脚处喷混凝土，增加支承面积	(1)增加锚杆； (2)缩短台阶长度，及早闭合支护环； (3)用喷混凝土作临时底拱； (4)预加固地层
	产生底鼓	及早喷射底拱混凝土	(1)在底拱处打锚杆； (2)缩短台阶长度，及早闭合支护环
喷混凝土	喷混凝土层脱离甚至塌落	(1)开挖后尽快喷射混凝土； (2)加钢筋网； (3)解除涌水压力； (4)加厚喷层	打锚杆或增加锚杆(居中)
	喷混凝土层中应力增大，产生裂缝和剪切破坏	(1)加钢筋网； (2)在喷混凝土层中增设纵向伸缩缝	(1)增加锚杆(用比原来长的锚杆)； (2)加入钢支撑
锚杆	锚杆轴力增大，垫板松弛或锚杆断裂		(1)增强锚杆(加长)； (2)采用承载力大的锚杆； (3)为增大锚杆的变形能力，在垫锚板间夹入弹簧垫圈等
钢支撑	钢支撑中应力增大，产生屈服	松开接头处螺栓，凿开喷混凝土层，使之可自由伸缩	(1)增强锚杆； (2)采用可伸缩的钢支撑，在喷混凝土层中设纵向伸缩缝
	净空位移量增大，位移速度变快	(1)缩短从开挖到支护的时间； (2)提前打锚杆； (3)缩短台阶、底拱一次开挖的长度； (4)当喷混凝土开裂时，设纵向伸缩缝	(1)增强锚杆； (2)缩短台阶长度，提前闭合支护环； (3)在锚杆垫板间夹入弹簧垫圈等； (4)采用超短台阶法或在上半断面建造临时底拱

第四节 地下连续墙

一、地下连续墙概述

地下连续墙是一种较为先进的地下工程结构形式和施工工艺,是利用成槽机械,沿着开挖工程的周边(如地下结构的边墙),在泥浆(又称稳定液,如膨润土泥浆)护壁的情况下,开挖一定长度(一个单元槽段)的沟槽,待开挖至设计深度并清除沉淀下来的泥渣后,再将制作好的钢筋笼放入槽段内,采用导管法进行水下混凝土浇筑,形成一个单元的墙段,各墙段之间采用特定的接头方式(如用接头管或接头箱做成的接头)相互连接,形成一道连续的地下钢筋混凝土墙。地下连续墙围护结构呈封闭状,基坑开挖后,地下连续墙可以挡土和止水,为主体结构的施工提供了方便和保证;若采用了"二墙合一"技术,则地下连续墙除可作围护结构外,还可作为主体结构的外墙。

(1)地下连续墙工艺具有如下优点:
①墙体刚度大、整体性好,因而既可用于基坑围护,也可用于主体结构。
②适用各种地质条件。
③可减少工程施工时对环境的影响,地下连续墙施工时,振动小,噪声低。
④可进行逆筑法施工,有利于加快施工速度,缩短工期。

(2)但是地下连续墙施工方法也有一些不足之处,主要表现在以下3点:
①对泥浆废液的处理,不但会增加工程费用,而且如果泥水分离技术不完善或处理不当,会造成新的环境污染。
②槽壁坍塌问题,如地下水位急剧上升、护壁泥浆液面急剧下降、土层中有软弱疏松的砂性夹层、泥浆的性质不符合要求或已经变质、施工管理不善等,均可能引起槽壁坍塌,引起地面沉降。
③地下连续墙如果仅用作施工时的临时挡土结构,则造价可能较高,不够经济。

一般来说,当在软土地质条件下基坑开挖深度大于10m,基坑周围建筑或地下管线对位移和沉降要求较高,或用作主体结构的一部分,或工期紧、拟采用逆筑法施工时,可采用地下连续墙。

(3)地下连续墙采用逐段施工方法,且周而复始地进行。每段的施工方法大致可分为以下5个步骤(图2-23):
①利用专用挖槽机械开挖地下连续墙槽段,在进行挖槽过程中,沟槽内始终充满泥浆,以保证槽壁的稳定。
②当槽段开挖完成后,在沟槽两端放入接头管(又称锁口管)。
③将事先加工好的钢筋笼插入槽段内,下沉到设计高度。当钢筋笼太长,一次吊沉有困难时,需将钢筋笼分段焊接,逐段下沉。
④待插入用于水下灌注混凝土的导管后,即可进行水下混凝土灌注。
⑤待混凝土初凝后,及时拔去接头管,便形成一个单元的地下连续墙。

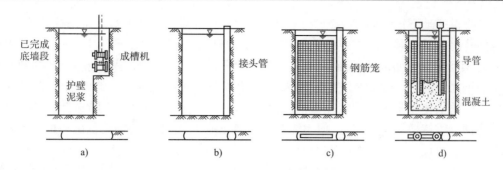

图 2-23 地下连续墙施工程序示意图
a)成槽;b)放入接头管;c)放入钢筋笼;d)浇筑混凝土

二、地下连续墙结构

地下连续墙,按其受力特性,又可分为四种形式:仅用来挡土的临时围护结构;既是临时围护结构又作为永久结构的边墙,即所谓单层墙;作为永久结构边墙一部分的重合墙;作为永久结构边墙一部分的复合墙。由于地下连续墙的作用不同,所以它和主体结构的连接方式也就不同,如图 2-24 所示。

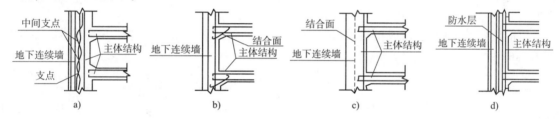

图 2-24 地下连续墙与主体结构结合方式
a)临时墙;b)单层墙;c)复合墙;d)重合墙

1. 现浇钢筋混凝土壁板式连续墙

连续墙厚度视地质条件、基坑深度、挖槽设备而定,有 40cm、60cm、80cm、120cm 等多种。

国内多采用普通钢筋混凝土结构,为了保证混凝土在钢筋间自由流动,其间距应不小于 80mm,保护层通常设计成:临时墙大于 60mm,永久性墙体大于 100mm,为了增强连续墙的抗弯能力,可采用预应力钢筋混凝土墙体。

2. 预制钢筋混凝土连续墙

预制墙板一般都是预应力钢筋混凝土,其形状和尺寸应符合墙的使用要求。其形状虽有多种变化,但其尺寸则受吊装能力限制。

三、地下连续墙的分类

地下连续墙按其填筑的材料分为土质墙、混凝土墙、钢筋混凝土墙(又有现浇和预制之分)和组合墙(预制钢筋混凝土墙板和现浇的混凝土的组合,或预制钢筋混凝土墙板和自凝水泥膨润土泥浆的组合);按其成墙方式分为排桩式、壁板式、桩壁组合式;按其用途分为临时挡土墙、防渗墙、用作主体结构兼作临时挡土墙的地下连续墙、用作多边形基础兼作墙体的地下连续墙。

所谓排桩式地下连续墙,实际上就是把钻孔灌注桩并排连接所形成的地下连续墙,其施工工艺与钻孔灌注桩相同。壁式连续墙指在专用挖槽机械挖成的狭长槽段中(一般充满护壁泥浆),现浇钢筋混凝土而成的平面形墙,各幅墙体之间用锁口管或钢筋钢板搭接,连接成整体。

预制钢筋混凝土连续墙是在挖好的沟槽内,相互连续地依次插入预制的钢筋混凝土墙板,然后用特殊的固化泥浆将其固定在沟槽内而成的。这种固化泥浆所固有的固化性能为:成槽时充满沟槽以维持槽壁的稳定性,但不能对挖槽造成障碍,也不允许妨碍预制墙板的插入。待预制墙板安装就位后,沟内泥浆逐渐硬化,但在下一个相邻槽段开挖时,不能过硬以致妨碍成槽作业。也就是说,经过一定时间后,随着固化泥浆强度的逐渐增加,才能将墙板固定在槽内。由此可知,预制地下连续墙成败的关键是对固化泥浆的管理,这是法国 Soletanche 公司的专利。

目前,我国应用最多的还是现浇钢筋混凝土壁板式连续墙,也是本节介绍的主要内容。

四、成槽设备

成槽机是地下连续墙施工的主要设备。由于地质条件变化很多,目前还没有一种可以适合所有地质条件的成槽机,因此,根据不同的土质条件和现场情况,选择不同的成槽机是极为重要的。

目前使用的成槽机,按成槽机理可分为抓斗式、回转式和冲击式三种。主要成槽机的分类见表 2-6。

主要成槽机分类　　　　　表 2-6

分 类	操 作 方 式			代表性机种
	成槽装置	挖土操作	升降方式	
抓斗式	蛤式抓斗	机械式、油压式	钢索、钢索导杆	重力式抓斗
回转式	垂直多轴头 水平多轴头	反循环式	钢索	BW 型 多头钻牙轮钻
冲击式	重锤凿具	正反循环	钢索导杆	自制简易锤

1. 抓斗式成槽机

抓斗式成槽机,以其斗齿切削土体,将土渣收容在斗体内,从沟槽内提出到地面,开斗放出土渣,再返回到挖土位置,重复往返动作,完成挖槽作业,这种机械是最简单的成槽机械。

2. 回转式成槽机

以回转的钻头切削土体进行挖掘,钻下的土渣随循环的泥浆排出地面。钻头回转方式与挖槽面的关系有直挖和平挖两种;按钻头数目来分,有单钻头和多钻头之分,单钻头多用来钻导孔,多钻头多用来挖槽。

多钻头是由日本一家公司研制并生产出来的,称为 BW 钻机。我国参考 BW 钻机结合我国实际,设计制造了 SF 型多钻头钻,这种钻是一种采用动力下放、泥浆反循环排渣、电子测斜纠偏和自动控制钻进槽的机械,具有一定的先进性。

回转式成槽机的排土方式,一般均为反循环形式,排泥浆为潜水式,功率较高,钻机用钢索吊住,边排泥边下放,泵的能力可以选择,大的可以将卵石、漂石吸出,挖槽的速度是极快的。

与其他挖槽机相比,这类机械的机械化程度较高,零部件很多,维修保养要求较高,需要有熟练的操作技术。

3. 冲击式成槽机

冲击式成槽机有各种形式的钻头,通过上下运动或变换运动方向,冲击破碎地基土,借助泥浆循环把土渣带出槽外。

冲击钻机是依靠钻头的冲击力破碎地基土,所以不但对一般土层适用,对卵石、砾石、岩层等地层也适用。另外,钻头的上下运动保持垂直,所以挖槽精度也可以保证。

五、地下连续墙的施工工序

地下连续墙的施工由诸多工序组成,其中修筑导墙、泥浆的制备和处理、钢筋笼的制作与吊装以及水下混凝土浇筑是主要的工序。

1. 导墙施工

(1) 导墙的作用

导墙作为地下连续墙施工中必不可少的构筑物,具有以下作用:

①控制地下连续墙施工精度。导墙与地下连续墙中心相一致,规定了沟槽的位置走向,可作为量测挖槽高程、垂直度的基准。

②成槽时起挡土作用。由于地表土层受地面超载影响,容易塌陷,导墙起到挡土作用。为防止导墙在侧向土压力作用下产生位移,一般应在导墙内侧每隔1~2m架设上下两道支撑。

③重物支承台。施工期间承受钢筋笼、灌注混凝土用的导管、接头管以及其他施工机械的静、动荷载。

④维持稳定泥浆液面的作用。导墙内存储泥浆,为保证槽壁的稳定,要使泥浆液面始终保持高于地下水位1m左右。

(2) 导墙的形式

导墙一般采用现浇钢筋混凝土结构,但也有钢制的或预制钢筋混凝土的装配式结构,目的是能多次重复使用。但根据工程实践,采用现场浇筑的混凝土导墙容易做到底部与土层贴合,防止泥浆流失,而其他预制式导墙较难做到这一点。如图2-25所示为各种形式的现浇钢筋混凝土导墙。

其中,如图2-25a)和图2-25b)所示的导墙断面最简单,适用于表层土质良好(如密实的黏性土等)和导墙上荷载较小的情况。

如图2-25c)和图2-25d)所示的导墙为应用较多的两种,适用于表层土为杂填土、软黏土等承载能力较弱的土层。

如图2-25e)所示的导墙适用于作用在导墙上的荷载很大的情况,可根据荷载大小计算,确定其伸出部分长度。

如图2-25f)所示的导墙适用于有邻近建筑物的情况,有相邻建筑物的一侧应适当加强。

当地下水位很高而又不采用井点降水时,为确保导墙内泥浆液面高于地下水位1m以上,需将导墙上提而高出地面,在这种情况下,需在导墙周边填土,可采用形式如图2-25g)所示的导墙。

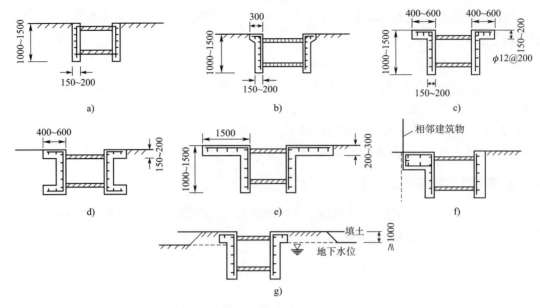

图 2-25 各种形式的导墙(尺寸单位:mm)

在确定导墙形式时,应考虑如下因素:

①表层土的特性。如表层土是密实的还是松散的,是否为回填土,土体的物理性质如何,有无地下障碍物等。

②荷载情况。如成槽机械的质量与组装方法,钢筋笼的质量,挖槽与浇筑混凝土时附近的静载与动载情况。

③地下连续墙施工时对邻近建筑物可能产生的影响。

④地下水位的高低及地下水位的变化情况。

(3) 导墙的施工

导墙一般采用 C20 混凝土浇筑,配筋通常为 $\phi 12 \sim \phi 14$,间距 200mm。当表土在导墙施工期间能保持外侧土壁垂直自立时,则以土壁代替外模板,避免回填土,以防槽外地表水渗入槽内;如表土开挖后外侧土壁不能垂直自立,外侧需设模板。导墙外侧的回填土应用黏土回填密实,防止地表水从导墙背后渗入槽内,引起槽段塌方。

地下连续墙两侧导墙内表面之间的净距,应比地下连续墙厚度略宽,一般为 40mm 左右,导墙顶面应高于地面 100mm 左右,以防雨水流入槽内稀释及污染泥浆。

现浇钢筋混凝土导墙拆模以后,应沿其纵向每隔 1m 左右设上、下两道木支撑,将两片导墙支撑起来,在导墙的混凝土达到设计强度之前,禁止任何重型机械和运输设备在旁边行驶,以防导墙受压变形。

2. 泥浆护壁

(1) 泥浆的组成与作用

在地下连续墙挖槽过程中,泥浆的作用为护壁、携砂、冷却机具和切土润滑,其中以护壁最为重要。泥浆的正确使用,是保证挖槽成败的关键。

泥浆具有一定的密度,在槽内对槽壁有一定的静水压力,相当于一种液体支撑,泥浆能渗入土壁形成一层透水性很低的泥皮,有助于维护土壁的稳定性。

泥浆具有较高的黏性,能在挖槽过程中将土渣悬浮起来,这样就可使钻头时刻钻进新鲜土层,避免土渣堆积在工作面上影响挖槽效率,又便于土渣随同泥浆排出槽外。

泥浆可降低钻具因连续冲击或回转而上升的温度,有可减轻钻具的磨损消耗,有利于提高挖槽效率并延长钻具的使用时间。

挖槽筑墙所用的泥浆不仅要有良好的固壁性能,而且要便于灌注混凝土。如果泥浆的膨润土浓度不够、密度太小、黏度不大,则难以形成泥皮、难以固壁、难以保证其携砂作用;但如黏度过大,也会发生泥浆循环阻力过大、携带在泥浆中的泥沙难以去除、灌注混凝土的质量难以保证以及泥浆不易从钢筋笼上去除等弊病。泥浆还应有一定的稳定性,保证在一定时间内不出现分层现象。

目前,在我国地下连续墙用的护壁泥浆主要是膨润土泥浆,其成分为膨润土、水和一些掺和物,配合比见表2-7。

膨润土泥浆的通常配合比 表2-7

成 分	材料名称	通常用量(%)	成 分	材料名称	通常用量(%)
固体材料	膨润土	6~8	分散剂	Na_2CO_3、FCl	0~0.5
悬溶液	水	100	加重剂	重晶石粉	必要时才用
增黏剂	CMC(甲基纤维素)	0~0.05	防漏材料	石、锯末、化纤短料	必要时才有

(2)泥浆的性能指标

泥浆对地下连续墙的施工影响很大,新配置的泥浆和循环泥浆的性能及质量控制指标应满足表2-8的要求。

泥浆性能指标表 表2-8

指标名称	新制备的泥浆	测定方法	使用过的循环泥浆	测定方法
黏度	19~21Pa·s	500/700mL漏斗法	19~25Pa·s	500/700漏斗法
密度	<1.05g/cm³	泥浆重度计	<1.20g/cm³	泥浆重度计
失水量	<10mL/30min	失水量计	<20mL/30min	失水量计
泥皮厚度	<1mm	失水量计	<2.5mm	失水量计
稳定性	100%	500mL量筒	—	—
pH值	8~9	pH试纸	11	pH试纸

(3)成槽

成槽是地下连续墙施工中的关键工序,因为槽壁形状基本决定了墙体外形,所以挖槽的精度又是保证地下连续墙施工质量的关键之一,特别是垂直度必须保证设计要求。我国地铁设计规范中规定,连续墙墙面倾斜度不宜大于1/150,局部突出也不宜大于100mm,且墙体不得侵入主体结构隧道净空,同时成槽约占地下连续墙施工工期的一半,因此,提高其成槽效率也能加快施工进度。

①槽段长度的确定。

地下连续墙施工,预先沿墙体长度方向把墙体划分若干个某种长度的施工单元,这种施工

单元称为单元槽段。在实际施工中,确定单元槽段长度时应综合考虑以下因素:

a. 地质条件。当土层不稳定时,为减少槽壁坍塌,应减少槽段长度,以缩短成槽时间。

b. 地面荷载。如附近有高大建筑物和较大的地面荷载时,应缩减槽段长度,以缩小槽壁的开挖面和暴露时间。

c. 起重机械的起重能力。根据起重机的起重能力估算钢筋笼的尺寸和质量,以此推算槽段的长度。

d 单位时间内供应混凝土的能力。一般情况下一个槽段长度内的混凝土,宜在2h内浇筑完毕,即槽段长度(m)等于4h混凝土的最大供应量与单位槽段长度所需混凝土之比。

e. 泥浆池(罐)的容积。一般情况下泥浆池(罐)的容积应不小于每一槽段容积的2倍。

f. 工地所占用场地面积以及能够连续作业的时间。如在交通繁忙而又狭窄的街道上施工,或仅允许在晚上进行作业的情况,为缩短每道工序施工时间,不得不减少槽段的长度。

此外,槽段的划分,应考虑槽段之间的接头位置,一般情况下接头应避免设在转角处及地下连续墙与内部结构的连接处,以保证地下连续墙有较好的整体性。槽段的长度多取3~8m,但也有取10m甚至更长的情况。

②槽壁的稳定。

地下连续墙施工时,应始终保持槽壁的稳定,自成槽开始到浇筑混凝土完毕不应发生槽壁坍塌。槽壁稳定主要靠泥浆的静水压力,在目前只能用泥浆的静水压力和理论计算的土压力值比较,以此来判断槽壁的稳定。

泥浆护壁仍是目前地下连续墙施工中保持槽壁稳定的主要方法。选用适当的材料和配合比,能得到良好性能的泥浆,保持与外压平衡,可保持槽壁稳定。但实际上随着泥浆在沟槽内搁置时间的延长,其性质会发生变化。因此,尽管地基土压力和地下水压力没有发生变化,如长时间搁置,泥浆压力也会减少,泥浆和外压之间的平衡将丧失。

在地下连续墙施工安排中,不可忽略泥浆在槽内放置的时间,所谓放置的时间指成槽结束到浇筑混凝土前的这段时间,一般为2~3d。在这段时间内无需采取特别措施,但是要控制泥浆的性质、泥浆液面的高度以及地下水位的变化等;如需搁置较长的时间,应增加膨润土的掺量,增加密度,同时应防止因为沉淀使密度减少,以便使泥浆形成良好的泥皮或渗透沉积层,在搁置时间内仍需进行泥浆质量控制,注意泥浆液面和地下水的变化,防止雨水的流入。

a. 泥浆相对密度。泥浆相对密度是泥浆的一项极为重要的指标,必须严格控制,泥浆密度宜每2h测定一次。一般新制备的泥浆相对密度应小于1.05;在成槽过程中由于泥浆混入泥土,相对密度上升,但为了能顺利的浇筑混凝土,希望在成槽结束后,槽内泥浆的相对密度不大于1.15,槽底部不大于1.25。泥浆相对密度过大,不但影响混凝土的浇筑,而且由于其流动性差而使泥浆循环设备的功率消耗增大。

b. 泥浆的黏度。泥浆要有一定的黏度,才可确保槽壁稳定,黏度可用漏斗形黏度计进行测定。不同的土质、有无地下水、挖槽方式、泥浆循环方式等对泥浆的黏度有不同的要求。砂质土中的黏度应大于黏性土,地下水丰富的土层应大于无地下水层。泥浆静止状态下的成槽,尤其是用大型抓斗上下提拉的成槽方式,因为容易使槽壁坍塌,故黏度要大于泥浆循环成槽时的数值。下面分别将静止状态下使用的泥浆黏度实例和循环状态下使用的实例列于表2-9和表2-10,供参考(当地下水丰富或槽壁放置时间较长时,要取较大值)。

泥浆漏斗黏度　　　　　　　　　　表2-9

地基条件	泥浆性能	对策	漏斗黏度经验值(mm^2/s)
$N>0\sim2$,软弱的黏土,粉土层(N—表惯击数,下同)	需增大泥浆密度或水不能侵入的性能	用高含量高密度的陶土泥浆,掺加重晶石	100以上
N值较高,全部是黏土或粉土	保持最低的黏度和失水量,仅使黏土或粉土不被冲洗掉即可	泥浆浓度为5%~6%掺加少量的CMC	25~33
一般粉土层或含砂粉土层	黏度、凝胶强度和失水量都不用过高	泥浆浓度为7%~8%,掺加较少的CMC	30~38
一般砂层	黏度、凝胶强度和失水量都用标准值	泥浆浓度8%~10%,掺加CMC	35~50
全部地层N值较低,黏土质粉土较多	泥浆浓度较低,增多CMC	泥浆浓度7%~9%,掺加较多的CMC	40~50
有地下水流出或潜流,预计有坍塌层	增大泥浆密度,提高黏度	泥浆浓度10%~12%。掺加CMC、重晶石及其他外加剂	80以上

注:CMC(羧甲基纤维素)溶于水能显著增加溶液黏度,具有增稠、分散、乳化保护胶体等作用。

泥浆漏斗黏度(泥浆循环状态)　　　　　　表2-10

土质分类	漏斗黏度(mm^2/s)	土质分类	漏斗黏度(mm^2/s)
含砂粉土层	25~30	砂层	30~38
砂质粉土层	25~30	砂砾层	35~44
砂质粉土层	27~34		

③成槽要领。

在成槽过程中,要特别注意以下几个方面的问题,以保证成槽顺利进行。

a.确保场地的平整以及地表层的地基承载力。

b.确保作业场内的各种施工机械能够征程运转。

c.随时调整并确保成槽机的垂直度。

d.及时供应质量可靠地护壁泥浆。

e.预先钻孔导向。

f.加强槽底清淤工作。目前在我国多用置换法进行清底。

(4)钢筋混凝土施工要点

①钢筋笼的加工和吊放。

根据地下连续墙体钢筋的设计尺寸,再按照槽段的具体情况来决定钢筋笼的制作图,钢筋笼最好是尽量按照单元槽段组成一个整体。

组装钢筋笼时,要预先确定好插入导管的位置,留有足够的空间,由于这部分空间要上下贯通,因而周围须增设箍筋、连接筋以资加固。另外,为了使钢筋不卡住导管,应将纵向主筋放在内侧,而横向副筋放在外侧。纵筋放在槽内时,因距槽底 0.1~0.2m,纵筋底端应向里弯曲,钢筋间最小间距应保持在 100mm 以上。

为了保证保护层达到规定厚度,可在钢筋笼外侧焊上用扁钢弯成的定位块,用以固定钢筋笼的位置。定向块应设置在里外两侧,在水平方向上设置两个以上,在竖直方向上约 5m 设置一个。

钢筋笼长度除特殊情况外,一般不超过 10m,倘若钢筋笼过长,要增加剪力斜撑加固。

钢筋笼与其他结构相连接时,预留筋应先弯曲并用塑料布盖住,待混凝土浇筑完毕以及将来的土体开挖后再定位。

在地下连续墙拐角处的钢筋必须做成 L 形,接头不应当留在拐角处而应放置在直墙部位。

下钢筋笼之前一定要将孔底残渣清除干净,稳定液的各项指标要符合规定。

起吊钢筋笼时,顶部要用一根横梁,其长度和钢筋笼尺寸相适应。钢丝绳必须吊住四个角,为使钢筋笼在起吊时不产生弯曲变形,一般用两台吊车同时操作。为使钢筋笼不在空中晃动,钢筋笼下端可系绳索用人力控制。

钢筋笼插入槽段时最重要的是对准单元槽段的中心,必须注意不要因为起重机的操作不当或风的吹动,使笼子摆动而损坏槽壁壁面。

②混凝土浇筑要点。

地下连续墙的墙体混凝土浇筑是采用直升导管法浇筑水下混凝土方法浇筑的,导管与导管采用丝扣连接,也可采用消防用橡皮管的快递接头,以便在钢筋笼中顺利升降。

槽段的混凝土是利用混凝土和泥浆的密度差浇筑下去的,故必须保证密度差在 1.1 以上。混凝土的密度是 2.3,槽内泥浆的密度应小于 1.2,若大于 1.2 就会影响浇筑质量,混凝土要有良好的和易性且不发生离析。

导管的数量与槽段长度有关,槽段长度小于 4m 时,可使用一根导管;大于 4m 时,应使用两根或两根以上的导管。导管间距应根据导管直径确定,使用 150mm 导管时,间距为 2m;使用 200mm 导管时,间距为 3m。导管应尽量靠近接头,埋入混凝土的深度要大于 1.5m,小于 9m,仅在当混凝土浇筑到地下连续墙墙顶附近时,导管内的混凝土不容易流出的时候,一方面要降低浇筑速度,一方面可将导管的埋入深度减为 1m 左右。如果混凝土再灌筑不下去,可将导管做上下运动,但是其幅度不能超过 30cm。在浇筑过程中,导管不能够做横向运动,否则会使沉渣或泥浆混入混凝土内。在灌筑过程中不能使混凝土溢出或流出槽内。

混凝土要连续灌筑,不能长时间中断,一般可允许中断 5~10min,最大只允许中断 20~30min,以保持混凝土的均匀性。混凝土搅拌好之后,1.5h 灌筑完毕为宜。由于夏天混凝土凝结较快,所以必须在搅拌好之后 1h 内尽快浇完,否则应渗入适当的缓凝剂。

在浇筑过程中,要经常量测混凝土灌筑质量和上升高度,量测混凝土上升高度可用测锤,由于混凝土上升面一般都不是水平的,所以要在三个以上的位置进行量测。

(5)接头处理

为了使地下连续墙槽段和槽段之间很好的连接,保证有良好的止水性和整体性,应根据地下连续墙的目的来选择适当的接头形式。下面介绍两种常用的接头施工方法。

①接头管(连锁管)接头。

这是最常用的槽段接头施工方法,其施工顺序如图2-26所示。

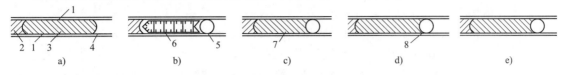

图2-26 用接头管接头的施工方法图
a)槽段开挖;b)安放接头管及钢筋笼;c)混凝土灌注;d)接头管拔出;e)单个槽段竣工

为了使施工时每一个槽段纵向两端受到的水、土压力大致相等,一般可沿地下连续墙向将槽段分为一期和二期两类槽段。先开挖一期槽段,待槽段内土方开挖完成后,在该槽段的两端用起重设备放入接头管,然后吊放钢筋笼和浇筑混凝土,这时两端的接头管相当于模板的作用,将刚浇筑的混凝土与还未开挖的二期槽段的土体隔开。待新浇混凝土开始初凝时,用机械将接头管拔起,这时,已施工完成的一期槽段的两端和还未开挖土方的二期槽段之间分别留有一个圆形孔。继续二期槽段施工时,与其两端相邻的一期槽段混凝土已经枯梗,只需开挖二期槽段内的土方。当二期槽段完成土方开挖后,应对一期槽段已浇筑混凝土半圆形端头表面进行处理。

在接头处理后,即可进行二期槽段钢筋笼吊放和混凝土的浇筑,这样,二期槽段外凸的半圆形端头和一期槽段内凹的半圆形相互嵌套,形成整体。

除了上述将槽段分成一期和二期跳格施工外,也可按序逐段进行各槽段的施工,这样每个槽段的一端与已完成的槽段相邻,只需在另一端设置接头管,但地下连续墙槽段两端会受到不对称水、土压力的作用,所以两种处理方法各有利弊。

接头管的直径一般要比墙厚小50mm,管身壁厚一般为19~20mm,每节长度一般为5~10m,在施工现场的高度受到限制的情况下,管长可适当缩短。

接头管太多为圆形,此外还有缺口圆形的、带翼的、带凸榫的等(图2-27),接头管的外径应不小于设计混凝土墙厚的93%以上。除特殊情况外,一般不用带翼的接头管,因为使用这种接头管时,泥浆容易淤积在翼的旁边影响工程质量。带凸榫的接头管也很少使用。

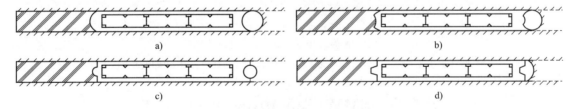

图2-27 各种接头
a)圆形;b)缺口圆形;c)带翼形;d)带凸榫形

为便于今后接头管的起拔起,管身外壁必须光滑,还可以在管身上涂抹黄油,然后用起重机吊放入槽孔内。开始灌筑混凝土2h后,旋转半圆周或提起10cm,一般在混凝土浇筑后3~5h开始起拔,具体起拔时间应根据水泥品种、强度等级、混凝土初凝时间等来确定。起拔时一般用30t起重机,开始时约每隔20~30min提拔一次,每次上拔30~100cm,较大工程应另备100t或200t千斤顶提升架,为应急之用。

接头管拔出后,已浇筑好的混凝土半圆表面上,附着有水泥浆与稳定液混合而成的胶凝物,这必须除去,否则接头处止水性很差。

② 接头箱接头。

采用接头箱接头可使地下连续墙形成整体接头,接头的刚度较好。接头箱接头施工方法与接头管施工方法相似,只是以接头箱代替接头管,如图 2-28 所示。一个单元槽段成槽挖土结束后,吊放接头箱,再吊放钢筋笼。由于接头箱的开口面被焊在钢筋笼端部的钢板封住,因而浇筑的混凝土不能进入接头箱。混凝土初凝后,与接头管一样逐步吊出接头箱,待后一个单元槽段再浇筑混凝土时,由于两相邻单元槽段的水平钢筋交错搭接而形成整体接头。

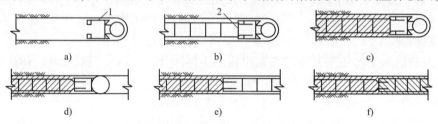

图 2-28 用接头箱接头的施工方法

a)插入接头箱;b)吊放钢筋笼;c)浇筑混凝土;d)吊出接头箱;e)吊放后一槽段钢筋笼;f)浇筑后一槽段混凝土形成整体接头

1-接头箱;2-焊在钢筋笼端部的钢板

③ 隔板式接头。

隔板式接头按隔板的形状分为平隔板、椎形隔板和 V 形隔板(图 2-29)。由于隔板与槽壁之间难免有缝隙,为防止新浇筑的混凝土渗入,要在钢筋笼的两端铺贴维尼龙等化纤布。

带有接头钢筋的椎形隔板式接头,能使各单元槽段连成一个整体,是一种受力较好的接头方式,但插入钢筋笼较困难,施工时须特别注意。

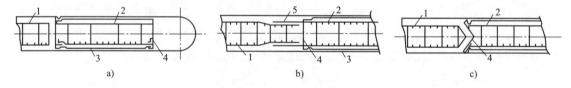

图 2-29 隔板式接头

a)平隔板;b)椎形隔板;c)V 形隔板

1-钢筋笼(正在施工地段);2-钢筋笼(完工地段);3-用化纤布铺盖;4-钢制隔板;5-连接钢筋

第五节 SMW(Soil Mixing Wall)工法

一、概述

SMW 工法亦称劲性水泥土搅拌桩法,即在水泥土桩内插入 H 型钢等(多数为 H 型钢,亦有插入拉森式钢板桩、钢管等),将承受荷载与防渗挡水结合起来,使之成为同时具有受力与抗渗两种功能的支护结构的围护墙。

SMW 支护结构的主要特点有:施工时基本无噪声,对周围环境影响小;结构强度可靠,凡是适合应用水泥土搅拌桩的场合都可使用,特别适合于以黏土和粉细砂为主的松软地层;挡水防渗性能好,不必另设挡水帷幕,可以配合多道支撑应用于较深的基坑;此工法在一定条件下可代替作为地下围护的地下连续墙,在费用上大大低于地下连续墙(如果能够采取一定施工措施成功回收 H 型钢等受拉材料),因而具有较好的发展前景。

SMW 工法连续墙,是 Soil Mixing Wall 的缩写,于 1976 年在日本问世,现占全日本地下连续墙的 50% 左右,该工法现已在东南亚国家和美国、法国许多地方广泛应用,近几年在我国的上海、杭州、南京等地迅速得到推广,受到广泛的欢迎。SMW 工法是利用专门的多轴搅拌就地钻进切削土体,同时在钻头端部将水泥浆液注入土体,经充分搅拌混合后,在各施工单位之间采取重叠搭接施工,在水泥土混合体未结硬前再将 H 型钢或其他型材插入搅拌桩体内,形成具有一定强度和刚度的、连续完整的、无接缝的地下连续墙体,该墙体可作为地下开挖基坑的挡土和止水结构。最常用的是三轴型钻掘搅拌机。SMW 工法是利用专门的多轴搅拌机就地钻进切削土体,同时在钻头端部将水泥浆液注入土体,经充分搅拌混合后,再将 H 型钢或其他型材插入搅拌桩体内,形成地下连续墙体,利用该墙体直接作为挡土和止水结构。其主要特点是构造简单,止水性能好,工期短,造价低,环境污染小,特别适合城市中的深基坑工程。

SMW 工法施工工艺示意图见图 2-30 及图 2-31。

二、主要特点

(1)施工不扰动邻近土体,不会产生邻近地面下沉、房屋倾斜、道路裂损及地下设施移位等危害。

(2)钻杆具有螺旋推进翼相间设置的特点,随着钻掘和搅拌反复进行,可使水泥系强化剂与土得到充分搅拌,而且墙体全长无接缝,比传统的连续墙具有更可靠的止水性。

(3)它可在黏性土、粉土、砂土、砂砾土等土层中应用。

(4)可成墙厚度 550~1300mm,常用厚度 600mm;成墙最大深度目前为 65m,视地质条件尚可施工至更深。

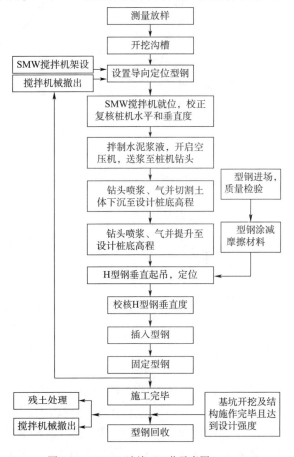

图 2-30 SMW 工法施工工艺示意图(一)

(5)所需工期较其他工法短。在一般地质条件下,为地下连续墙的 1/3。

(6)废土外运量远比其他工法少。

实践证明该工程采用 SMW 工法施工是可行的。由于四周可不作防护,型钢又可回收,造价明显降低,加快了工程进度,取得了良好的经济和社会效益。

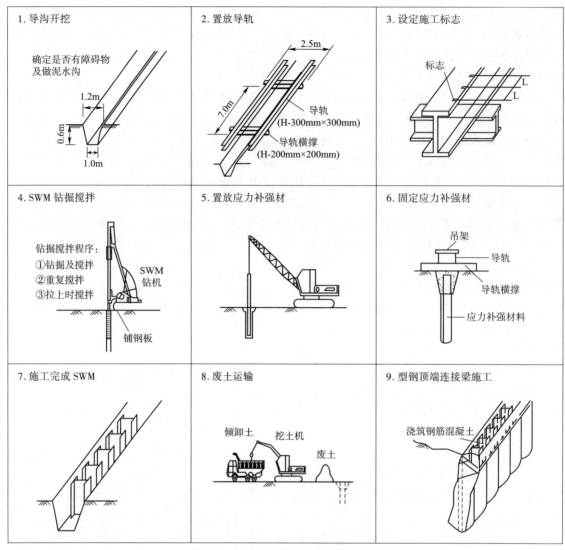

图 2-31 SMW 工法施工工艺示意图(二)

三、基坑围护

目前,上海地区深基坑围护墙体采用的结构形式一般都为地下连续墙(单墙或双墙),工程造价均较高,对环境的影响、污染均较大。与之相比较,SMW 工法具有如下优点:

(1)在现代城市修建的深基坑工程,经常靠近建筑物红线施工,SMW 工法在这方面具有相当优势,其中心线离建筑物的墙面 80cm 即可施工。

(2)地下连续墙由自身特性决定,施工时形成大量泥浆需外运处理,而 SMW 工法仅在开槽时有少量土方外运。

(3)SMW 工法构造简单,施工速度快,可大幅缩短工期。

(4)SMW 工法作围护结构与主体结构分离,主体结构侧墙可以施工外防水,与地下连续墙相比结构整体性和防水性能均较好,可降低后期维护成本。

四、关键技术

H 型钢水泥土搅拌桩支护结构的施工关键在于搅拌桩制作以及 H 型钢的制作和打拔。

1. 搅拌桩制作

与常规搅拌桩比较,要特别注重桩的间距和垂直度,施工垂直度应小于 1%,以保证型钢插打起拔顺利,保证墙体的防渗性能。

注浆配比除满足抗渗和强度要求外,尚应满足型钢插入顺利等要求。

2. 保证桩体垂直度措施

(1)在铺设道轨枕木处要整平整实,使道轨枕木在同一水平线上。

(2)在开孔之前用水平尺对机械架进行校对,以确保桩体的垂直度达到要求。

(3)用两台经纬仪对搅拌轴纵横向同时校正,确保搅拌轴垂直。

(4)施工过程中随机对机座四周高程进行复测,确保机械处于水平状态施工,同时用经纬仪经常对搅拌轴进行垂直度复测。

3. 保证加固体强度均匀措施

(1)压浆阶段时,不允许发生断浆和输浆管道堵塞现象,若发生断桩,则在向下钻进 50cm 后再喷浆提升。

(2)采用"二喷二搅"施工工艺,第一次喷浆量控制在 60%,第二次喷浆量控制在 40%;严禁桩顶漏喷现象发生,确保桩顶水泥土的强度。

(3)搅拌头下沉到设计高程后,开启灰浆泵,将已拌制好的水泥浆压入地基土中,并边喷浆边搅拌约 1~2min。

(4)控制重复搅拌提升速度在 0.8~1.0m/min 以内,以保证加固范围内每一深度均得到充分搅拌。

(5)相邻桩的施工间隔时间不能超过 24h,否则喷浆时要适当多喷一些水泥浆,以保证桩间搭接强度。

(6)预搅时,软土应完全搅拌切碎,以利于与水泥浆的均匀搅拌。

4. 型钢的制作与插入起拔

施工中采用工字钢,对接采用内菱形接桩法。为保证型钢表面平整光滑,其表面平整度控制 1‰以内,并应在菱形四角留 $\phi 10$ 小孔。

型钢拔出,减摩剂至关重要。型钢表面应进行除锈,并在干燥条件下涂抹减摩剂,搬运使用应防止碰撞和强力擦挤,且搅拌桩顶制作围檩前,事先用牛皮纸将型钢包裹好进行隔离,以利拔桩。

型钢应在水泥土初凝前插入。插入前应校正位置,设立导向装置,以保证垂直度小于 1%,插入过程中,必须吊直型钢,尽量靠自重压沉,若压沉无法到位,再开启振动下沉至高程。

型钢回收。采用 2 台液压千斤顶组成的起拔器夹持型钢顶升,使其松动,然后采用振动锤,利用振动方式或履带式吊车强力起拔,将 H 型钢拔出,采用边拔型钢边进行注浆充填空隙的方法进行施工。

复习思考题

1. 简述盖挖顺作与盖挖逆作法的异同。
2. 钻孔灌注桩的施工流程有哪些?
3. PBA 法施工流程有哪些?
4. 基坑降水的注意事项有哪些?
5. 基坑支护体系的组成有哪些?
6. 如何处理地下连续墙接头?
7. 如何保证搅拌桩施工质量?

施工案例

【案例 2-1】 车站盖挖法施工

1. 工程概况

菜市口站是北京地铁 4 号线和规划 7 号线的换乘站,位于广安大街、菜市口大街和宣武门外大街的交叉路口,呈南北走向,线路中心与道路中心基本一致。车站全长 173.2m,宽 57.4m,其中北端和南端为三层箱形框架结构,三层结构总高 19.55m,顶板最小覆土 3.5m。车站主体部分采用 ϕ800mm 围护桩,中间立柱为 ϕ800mm 钢管混凝土柱,其基础为深 25m、ϕ800mm 的钻孔灌注桩。车站施工区域地面环境十分复杂,道路车流量大、交通繁忙,有三条有线公交电车通过,路口及附近有多种交通、广告和信号设施,车站周边建筑物多为低矮密集的危旧民房,对施工振动极为敏感,东南风道附近有康有为故居和具有近 600 年之久的米市胡同 29 号院,路口西南角有高层建筑我国移动通信大厦周边管网密布,有燃气、热力、上水、雨污水、电力、人防、电信等各种管线多条。

车站主体结构南、北两端三层采用盖挖逆筑法施工,车站中间与地铁 7 号线结点处采用明挖法施工,其余部分为浅埋暗挖法施工。

2. 主要施工技术

(1) 中间桩柱施工工艺流程

车站中间桩及钢管柱的施工是盖挖逆筑法的核心技术。钢管柱在施工阶段是盖板的临时支撑,在使用阶段是永久性竖向承载与传力结构。中间桩柱由钢管柱和柱下桩基础两部分组成,为保证施工精度和进度,桩基础以上部分采用人工挖孔成孔,桩基础部分采用泥浆护壁、旋挖钻机机械成孔。钢管柱安装采用人工安装法,其施工工艺流程为:人工挖孔桩;水下混凝土灌注桩;抽浆钻芯;凿杯口混凝土;荷载试验;安装定位锥垫板;安装定位器;杯口混凝土浇筑;钢管柱吊装;钢管柱上口固定;柱内混凝土灌注;钢管柱外回填砂。

(2) 中间钢管柱定位技术

中间钢管柱的施工质量至关重要,直接影响到车站工程的整体施工质量。钢管柱的安装定位精度要求高(规范规定中柱中心线允许偏差±5mm,中柱的垂直度误差不得大于柱长的 1%,且最大不超过 15mm)、控制难,对钢管柱的安装进行科学、系统的工艺设计,使施工简便、精度能够得到保证。

① 定位器设计。为克服以往定位器自重大,定位操作困难的难题,本工程在北京地铁复—八线工程永安里车站中桩柱定位技术的基础上,自行设计了分步分解定位器。首先利用定位锥垫板,对柱中心进行准确定位,其次在吊装时利用钢板焊接而成的十字形自动定位器对高程进行定位,最后用花篮螺栓根据事先引测到孔壁上的钢管柱中心对钢管柱上口中心进行定位。

② 定位器的定位及安装利用。全站仪在挖孔桩围堰上测放定位器中心即相应的钢管柱中心,标记于孔壁上。用一带孔的槽钢做中心定位架引测钢管柱的中心和高程,先用钢丝铅锤线进行自动定位器的初步定

位,再用控制网中的导线点,经过全站仪和配套使用的激光锤准仪确定钢管柱的中心,对定位器进行准确定位并初步固定,最后通过测量复核,确认中心偏差小于3mm、高程偏差小于10mm后,再对其进行最后固定。

③钢管柱的定位及固定。钢管柱采用先下后上的顺序进行定位,钢管柱下端定位依赖于自动定位器,上端定位利用同一平面上等分圆心角的3个花篮螺栓实现,上部中心精确定位与自动定位器定位方法基本相同。施工时将钢管柱吊入桩孔中,确认钢管柱底部套住自动定位器后,再将钢管柱滑落到自动定位器的十字钢板上;上端钢管柱利用3根固定在钢管柱和孔壁上的花篮螺栓的调节,对钢管柱上端准确定位。

(3) 钢管柱混凝土的灌注

钢管柱内混凝土采用C50微膨胀混凝土,比较常规的有泵送顶升浇灌法、立式手工浇捣法及高位抛落无振捣法等灌筑方法,结合本工程的特点选择高位抛落无振捣法灌注钢管柱混凝土,以充分利用混凝土自身下落时产生的动能冲击达到密实混凝土的目的。为克服该法实施过程中的混凝土压覆气泡而形成核心混凝土不密实的缺点,每次抛落量控制在 $0.7m^3$ 左右,料斗下口尺寸比钢管内径小100~200mm,以保证混凝土抛落过程中管内空气能够顺利排出对抛落高度不足4m的区段。实践证明,抛落过程中产生的动能太小,不足以使混凝土密实,而利用其接近地面、作业空间比较宽敞、具备振捣施工的条件,采用内部振捣器振捣效果更佳。

(4) 土模隔离层施工技术

菜市口站顶板厚度0.85m,楼层板厚度0.4m,混凝土强度等级为C30、S10,在楼层板和顶板施工中,主要使用了土模基底素土夯实、8cm厚C10混凝土、2cm砂浆抹面这种土模材料与楼层板和顶板属于同一种材料,要求隔离层与土模有很强的附着力,且与现浇混凝土又易于脱离的性能。我们通过反复试验设计了一种土模隔离层技术,用一种脱模剂经过柴油稀释后分两次连续涂刷于土模上,不需养护,可直接在其上进行下一步施工。实践证明,在开挖板下土方的同时,用钢钎等辅助工具撬动土模,土模很容易从混凝土板上剥离,且板面具有光亮的外观。

(5) 侧墙混凝土逆向连接技术

与盖挖逆筑法施工伴生的是侧墙的后期混凝土与前期混凝土逆向浇筑连接不密实问题。为了防止连接面产生干缩裂缝、气泡和空洞等不密实现象,防止渗漏水,施工中采取了以下措施:

①前期混凝土底部浇筑成30°斜面,将斜面清理干净并凿到新鲜混凝土,以便灌注后期混凝土时能将空气排除干净,保证新旧混凝土严密结合。

②模板上缘高度要比前期混凝土底面高15mm,且每隔2m设一个簸箕状下灰口,以便后期混凝土能依靠高差产生的压力,使后期混凝土连接更加密实。

③侧墙采用微膨胀混凝土,利用混凝土的微膨胀,补偿后期混凝土在硬化过程中的干缩量。

④除常规振捣外,在新旧混凝土连接面和两个下灰口之间采用二次振捣。

由于以上措施的成功采用,经钻芯检测,侧墙混凝土逆向连接面混凝土的密实性达到了设计要求。

【案例2-2】 车站明挖法施工

1. 工程概况

西安地铁2号线TJJL-6标的监理单位是华铁工程咨询有限责任公司,本监理标段含两站两区间,其中TJSG-11标北大街站由中铁电气化局集团有限公司承建;TJSG-12标钟楼站由中铁五局集团有限公司承建;TJSG-13标北大街站—钟楼站—南门站区间由北京住总集团有限公司承建。

北大街站位于北大街与莲湖路相交十字路口处,1号线与2号线在本站换乘,2号线车站沿北大街南北向布置,为地下三层岛式站台车站;一号线车站沿莲湖路东西向布置为地下二层侧式车站;车站共设4个出入口和4组风亭,两车站同时施工。车站总建筑面积为$28710m^2$,其中出入口、通道建筑面积:$1547m^2$;风道(亭)建筑面积:$1242m^2$。

钟楼站位于西安市古城墙内中心地段、钟楼北侧、北大街道路下方,沿北大街南北向布置。车站为分离岛式明暗挖结合形式,车站前后区间为盾构区间,车站为盾构过站车站,站台采用全暗挖,两组暗挖主隧道之间为两层的中间明挖主体。车站中间明挖主体总长为150.9m,总宽为25.9m,右线暗挖隧道总长为134.1m,

左线暗挖隧道总长144m,标准断面总宽10.6m,高9.9m。主要工程量:钻孔灌注桩18844m,钢筋8580.28t,挖土石方146035.7m³,混凝土137790.9m³,防水层27159.9m³。

此两车站施工中均有明挖施工,北大街车站更是全部采用明挖施工,对此清楚地掌握明挖车站的施工监理是极为重要的。

2. 地铁车站施工的一般方法

(1)明挖车站施工:围护结构完成后,从上至下进行土方开挖,从下至上进行车站防水工程施工和主体结构施工。

(2)盖挖车站施工:围护结构完成后,先施工底板梁、钢管柱和顶板,然后施工车站内部防水工程和主体结构工程。北京地铁4号线白石桥站采用盖挖施工,施工步骤:先施工底板条形基础(底梁)预埋底板和钢管柱钢筋,楼板处在钢管柱上预留钢筋环梁;钢管柱施工采用挖孔桩,一次施工到位;钢管柱施工完毕后施工车站顶板,顶板施工时底模为土模;顶板施工完毕后,施工防水层,防水层保护层,回填土;开挖负一层土方,施工中楼板、侧墙,楼板施工时底模仍为土模,后面施工以次类推。

(3)暗挖车站施工:采用钢格栅等钢结构和喷射混凝土作为土方开挖后的初期围护工程,然后施工防水工程,钢筋混凝土二衬(主体结构)工程。

3. 车站明挖法施工

以北京地铁四号线学院南路站(拟改为魏公村站)为例。

(1)明挖车站土建工程划分:

明挖车站土建工程施工质量验收应划分为单位(子单位)工程、分部(子分部)工程、分项工程和检验批。

①单位(子单位)工程的划分应按下列原则确定:

a. 具备独立施工条件并能形成独立使用功能的建筑物及构筑物为一个单位工程。

b. 建筑规模较大的单位工程,可将其具有独立施工条件或能形成独立使用功能的部分划分为一个子单位工程。

c. 一个单位工程采用不同工法修建时,可将单位工程按工法分为若干个子单位工程。

②分部(子分部)工程的划分应按下列原则确定:

a. 分部工程的划分应按专业性质、建(构)筑部位确定。

b. 当分部工程较大或较复杂时,可按材料种类、施工特点、施工程序、专业系统及类别等划分为若干个子分部工程。

③分项工程应按主要工种、材料、施工工艺、设备类别等进行划分。

④分项工程可由一个或若干个检验批组成,检验批可根据施工及质量控制和验收需要按部位、施工段、变形缝等进行划分。

(2)明挖车站施工程序:

围护工程施工→土方开挖→钢支撑安装(根据土方开挖深度分层安装)→地基钎探→地基验槽(地质勘探单位、建设单位、设计单位、监理单位、施工单位五方检查验收,合格后在验槽记录上签字盖章)→地基处理(地基验槽结果不符合设计时进行)→施工接地装置(分段施工、分段进行接地电阻试验,合格后才可回填,全部完毕后进行一次接地电阻试验)→垫层混凝土施工→底板及部分侧墙防水层施工→底板、底梁钢筋混凝土施工→拆除最下层钢支撑→站台层框架柱施工、侧墙防水层施工→站台层侧墙钢筋混凝土施工→中楼板钢筋混凝土施工→拆除钢支撑→站厅层框架柱施工、侧墙防水层施工→站厅层侧墙钢筋混凝土施工→顶板钢筋混凝土施工→拆除最上层钢支撑→顶板防水层、防水层保护层施工→回填土→各种管线、路面恢复(其他有关单位施工)。

西安地铁2号线北大街站需要增加的工程项目:降水工程;中间临时立柱,连续梁安装、拆除。

(3)各工序施工监理:

①围护工程:围护桩、冠梁及挡土墙、桩间网喷、(锚索、土钉墙等)。

a．围护桩施工：检查桩位、桩径、桩深、钢筋笼加工、安装符合设计及有关规范要求；混凝土强度等级、坍落度、灌注方法符合设计及有关规范要求，注意防止断桩；钻孔灌注桩资料齐全（钢筋笼加工、安装、钻孔桩施工、混凝土施工检验批、隐蔽工程检查验收记录等）；混凝土灌注旁站，检查混凝土出厂合格证、混凝土强度等级、坍落度、混凝土试件制作，记录开始和结束时间、混凝土灌注量；填写旁站监理记录表。

b．冠梁及挡土墙施工：检查钢筋加工，安装、预埋件安装、模板安装符合设计及规范要求。混凝土施工旁站，检查混凝土出厂合格证、坍落度、混凝土强度等级、灌注方法、灌注数量、混凝土试件制作，抽查混凝土养护是否到位，冬季灌注混凝土时还要测量混凝土入模温度、保温措施、养护方法是否符合设计及规范要求，施工资料及时、齐全（钢筋加工，安装、模板安装、混凝土施工检验批、隐蔽工程检查记录等）。

c．桩间网喷：桩间土开挖深度、钢筋网片加工，安装（和灌注桩钢筋焊接的加强筋）；喷射混凝土配合比、强度等级、后盘计量上料（每盘上料数量应挂牌）、喷射厚度（厚度大于80mm应分层喷射）（北大街桩间喷射混凝土厚度100mm，应分层喷射）、喷射方法、每次喷射宽度（不大于5m）、混凝土试件制作。施工资料及时、齐全（钢筋网加工，安装检验批、隐蔽工程检查验收记录、喷射混凝土施工检验批、施工记录等）。

d．锚索施工：锚索材料质量、长度、布置、注浆配比、深度、锚索拉力试验等，施工资料齐全（北大街车站正在施工，现场监理经验丰富）。

e．土钉墙施工（设计有未施工）：土方开挖、土钉材质、长度、布置、连接、喷射混凝土配合比、后盘计量上料、喷射厚度、混凝土试件制作、施工资料齐全等。

②土方开挖：作业面有地下水的地方先要实施降水。

a．开挖机械、起重设备合格证。

b．司机操作证、信号工、电工、起重工（操作电葫芦）、安全员、现场指挥上岗证。

c．土方开挖分层、分段进行，和钢支撑安装交叉进行，一次开挖深度不能超过规定，如果超过施工方案规定的深度，监理就要提出，要求施工单位尽快安装钢支撑。如果施工单位置之不理，监理就要发通知，尽到监理责任，如果发生塌方，监理责任可减轻（北京地铁：监理通知不行，总监可以发工程暂停令，还不行可直接向建委报告，这样发生塌方事故监理不负责任）。因此，监理重点检查土方开挖是否按施工组织进行，严禁超挖。

d．基坑底预留200～300mm人工开挖、整平。

e．土方开挖检验批、隐蔽工程检查记录等资料齐全。

③钢支撑安装：

a．钢支撑进场材料质量检查验收。

b．检查钢支撑、钢围檩加工轴线偏差；钢支撑、钢围檩安装。

c．千斤顶、压力表合格证；电焊工、信号工、电工、现场指挥（千斤顶司机）上岗证；起重设备合格证、司机操作证。

d．钢支撑施加应力（监理旁站、抽检）。

e．注意：钢支撑安装要和土方开挖密切配合，严格按施工组织要求安装。

f．钢支撑安装检验批，施加轴力记录等资料齐全。

④地基验槽及地基处理：土方开挖到位后，地基要进行钎探，组织地质勘探单位、建设单位、设计单位、监理单位、施工单位五方进行地基检查验收，验收合格，由以上五方在地基验槽记录表上签字盖章；如果钎探结果地基承载力达不到设计要求，检查验收不合格，由设计提出处理方案，施工单位施做，处理完毕后重新进行钎探和检查验收。地基钎探记录资料齐全（包括工程地点、施工单位、实施钎探单位、布点间距（形状）、每点锤击点数等）。

⑤施工接地装置：地基验槽合格后，施工接地装置。接地装置根据结构施工分段进行，每完成一段要进行一次接地电阻试验，如果电阻试验数据和设计相差太远，要分析原因，及时采取措施。接地装置全部施工完毕后进行一次总的接地电阻试验，总的接地电阻试验数据不得大于设计值（学院南路站接地电阻设计值≤

0.5Ω)。接地装置检验批、电阻试验记录资料齐全。

北京地铁4号线学院南路站接地装置采用40mm×4mm和50mm×5mm的铜排及长2.5m、φ25mm的铜棒组成,铜排连接采用热熔。铜棒打入地下和铜排焊接,铜排埋深0.6m,回填采用素土夯填。该车站共设计了12个接地端子,接地端子穿越回填土、垫层、结构底板时设预埋钢套管,钢套管伸到底板以上不小于200mm,接地端子伸到钢套管以上不小于200mm,钢管和铜排之间空隙灌满环氧树脂。提醒施工单位,底板以上接地端子要有保护措施(学院南路站盾构过站时底板上的12个接地端子预埋钢套管以上的预留铜排全部被折断)。

⑥垫层混凝土施工:垫层混凝土施工前,施工单位自检合格后填写地基检查证,向驻地监理报检,监理检查验收地基高程、宽度、轴线、垫层厚度(冲筋厚度)是否符合设计要求。垫层混凝土强度等级、出厂合格证、坍落度测试、试件制作。混凝土施工检验批资料齐全。

⑦防水层施工:防水层施工前基面必须找平,监理检查验收合格后方可进行防水层施工,防水层施工完毕后施工单位首先自检,合格后报监理检查验收、监理检查验收合格后方可施工防水保护层。防水层施工检验批、隐蔽工程检查记录资料齐全。底板防水层保护层施工(C20细石混凝土厚50mm),侧墙防水层保护层施工(水泥砂浆厚15mm)。细石混凝土灌注时制作混凝土抗压强度试件,作为混凝土质量的评定依据。学院南路站底板、侧墙防水采用的是SBS(改性沥青)防水卷材,单层厚4mm,铺设2层。SBS防水层铺设前,先在防水基面涂刷一层氯丁乳胶沥青防水涂料,底板采用空铺法(边粘)施工,侧墙采用满粘施工,上下2层接缝错开1/3,搭接宽度100mm,阴阳角、施工缝、变形缝处设500mm宽加强层(采用满粘),SBS防水卷材为单面砂,迎土侧为光面,背土侧为砂面。

顶板防水层采用单组分聚氨酯防水涂料,厚度2mm;变形缝、施工缝处特殊处理,厚度2.5~3.0mm,上下层涂刷方向垂直,涂刷均匀,采用割取法(20mm×20mm)、针刺法检查验收厚度。灌注细石混凝土保护层之前,在防水层上铺设一层沥青卷材,在沥青卷材上灌注70mm厚C20细石混凝土保护层。

施工缝、变形缝等处的外贴式止水带在检查防水层时检查验收。中埋式钢边止水带、遇水膨胀止水条等防水设置,可在检查验收模板安装时检查验收。重点检查:止水带连接处是否符合设计要求,止水带安装是否居中(包括水平和垂直)、顺直,加固是否牢固。

⑧钢筋工程:钢筋加工监理检查验收,签认钢筋加工检验批记录表;钢筋安装后监理检查验收签认钢筋安装检验批和钢筋隐蔽工程检查记录。

钢筋安装检查验收主要是检查钢筋规格、型号、布置、间距、数量等是否符合设计要求,不符合要求时通知施工单位整改,整改合格后重新向监理报检。钢筋安装检查验收中要注意钢筋层距、排距,板筋上、下层之间要设置马镫筋,墙筋内、外层之间要设置排架筋,不管是马镫筋还是排架筋和主筋要连接牢固,施工中不得位移(最好的办法是焊死)。地铁车站钢筋规格都比较大,一旦安装成型后,钢筋层距、排距很难调整,因此在钢筋安装过程中要控制好。一旦发生钢筋层距或排距减小,钢筋保护层就会偏大,影响结构受力,很可能造成质量事故。

学院南路站主体工程钢筋直径不小于φ20的均采用直螺纹连接,其他采用搭接。现场采用力矩扳手按15%进行检查验收,但每次检查验收接头不少于75个(直螺纹连接规范要求)。

顶板多处设有吊钩,检查钢筋时,同时要检查吊钩位置、数量、吊钩处的钢筋加固是否符合设计要求。

变形缝处设有中埋式钢边止水带,并设有加强钢筋,施工中容易被遗漏,监理检查验收时要注意。中楼板变形缝处没有中埋式钢边止水带,也无加强钢筋,此处要增加钢筋,设计方有时也忽视,监理发现后及时向设计方反映,提前采取补救措施。

地铁运营时间长了,会在结构钢筋中形成杂散电流,影响钢筋寿命,因此在地铁车站主体结构钢筋施工中,有一整套防护杂散电流的设置。

北京地铁4号线学院南路站车站主体结构钢筋中杂散电流防护设置:

a.纵向:底板背土面每跨纵向有3根钢筋和所有横向钢筋焊接连接,两头端头侧墙背土面每层纵向有3

根钢筋和所有竖向钢筋焊接连接,顶板背土面每跨纵向有3根钢筋和所有横向钢筋焊接连接,中楼板上、下层每夸纵向有3根钢筋和所有横向钢筋焊接连接,底板、侧墙、中楼板、顶板所有焊接连接的钢筋形成纵向环状。

b.横向:底板背土面每5m有一根钢筋和所有纵向钢筋焊接连接,侧墙背土面每5m有一根钢筋和所有纵向钢筋焊接连接,中楼板上、下层每5m有一根钢筋和所有纵向钢筋焊接连接,顶板背土面每5m有一根钢筋和所有纵向钢筋焊接连接,底板、侧墙、中楼板、顶板所有焊接连接的钢筋形成横向环状。

c.变形缝处:在站台层侧墙底板以上1.5~2m处(设计明确)变形缝两侧焊接钢筋处各加焊50mm×5mm的扁铁,伸到结构外面,在扁铁的端头打上孔,把扁铁用钢丝绳连接起来,这样,整个车站杂散电流防护设置就全部连在一起,形成一个整体。土建单位施工到此为止。

西安地铁2号线杂散电流防护设置变形缝连接板采用扁铜,因为铜和铁的焊接温度要求不一样,扁铜和钢筋焊接质量要保证。

⑨模板工程:根据施工组织要求进行检查验收,主要控制结构尺寸、钢筋保护层符合设计要求。学院南路站车站框架柱用的是特制的整体模板,螺栓调整模板宽度,混凝土面平整,结构尺寸偏差小(最大偏差2mm),大部分结构面几乎无偏差。侧墙用大块模板,三角架支撑,在距侧墙墙角的100mm多处的板筋上预埋地脚螺栓(焊接)φ300mm左右,固定模板。中楼板和顶板用满堂红脚手架,纵向间距900mm,横向间距600mm,步距1200mm,模板用的是双面光的1200mm×2000mm的专用模板,模板下部用3道龙骨,次龙骨(纵向,最上面和模板直接接触)120mm×100mm,φ200mm,主龙骨(横向)200mm×150mm,φ500mm,最下面的一道是固定立杆上面螺杆U形卡头的(纵向)。施工过程比较顺利,未发生问题。

⑩混凝土施工:要求监理全过程旁站。混凝土施工中除了常规检查的项目外(商混凝土合格证、混凝土强度等级、混凝土坍落度、冬季混凝土入模温度,记录混凝土施工部位和开始与结束时间,记录混凝土抗压、抗渗试件的制作数量),车站主体结构混凝土施工中还要检查混凝土的灌注方法:

a.分层灌注,底板、顶板(厚900~950mm)基本上分2层,中楼板(厚400~450mm)一层,墙、柱每层按500mm控制,混凝土自由落体高度控制在2000mm左右(实际施工中很难控制)。

b.以梁为中心对称灌注,特别是上反梁,一定要对称灌注,不然很可能造成梁体偏移。学院南路站灌注第六仓底板时(共分9个仓施工),未对称灌注,造成上反梁偏移(最大处30mm多),幸亏发现得早,采取了措施,才使偏移未继续。因为梁上有框架柱预埋钢筋,梁偏了,框架柱位置也偏了,如果偏差过大,最终会造成车站结构尺寸不能符合设计要求,形成质量事故。

检查混凝土养护是否到位。特别是冬季混凝土保温养护,措施是否到位,和施工方案要求是否一致。抗渗混凝土养护时间不少于14d(规范要求)。

4.车站附属工程(出入口、风道)暗挖段施工

学院南路站共有出入口4个,风道2个。其中1号出入口预留,本次不施工;2、3号出入口,1、2号风道穿越中关村南大街时为暗挖施工;4号出入口为明挖施工,方法、步骤同车站主体。2、3号出入口和1号风道人防段、风井,2号风道风井均为明挖,采用方法是格栅倒挂逆作法施工

(1)风道暗挖段施工:采用CRD法施工。

①每个风道分为6个导洞(图2-32):

先施工1号导洞,再施工2号导洞,然后3号、4号导洞同步施工,最后是5号和6号导洞同步施工。每个导洞采用上、下台阶法施工,上下台阶间距保持距离3000mm。6个导洞全部完成后,按设计要求封闭掌子面,开始施工二衬。

初衬钢格栅间距500mm,钢筋网片双面设置,钢格栅栅与栅之间用φ20φ1000mm钢筋焊接(内外侧布置),单面焊,焊缝长度200mm。每次土方开挖宽度控制在500mm,钢格栅安装后,监理按30%进行检查验收(不包括平时巡检),项目部每榀检查,合格后立即喷射C20混凝土,并按规定制作混凝土抗压试件。

②暗挖段防水施工:采用材料为ECB防水板焊接,搭接宽度100mm,防水板下面铺设一层土工布(无纱布),搭接宽度50mm。防水板采用充气法进行质量检验,充气压力≥0.25MPa(国标要求)。防水采用分段施

工。监理检查验收充气压力、防水板平整度、搭接宽度、铺设方向。

③标准段二衬施工(框架结构):2号导洞底板、底梁最先施工,标准段一次到位,然后施工框架柱,再施工1号导洞顶梁、顶板。钢筋接头在一个面上,采用Ⅰ级(A级)直螺纹连接(规范规定采用Ⅰ级直螺纹套筒连接钢筋时,接头率可以是100%)。

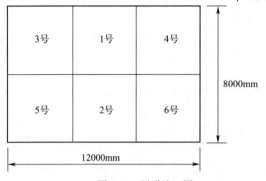

图2-32 风道施工图

5号、6号导洞底板,3号、4号导洞顶板和侧墙分段施工,原设计每12m为一个施工段,专家论证改为6m一个施工段。施工单位施工中发现6m一个施工段施工缝太多,影响进度,浪费材料,要求按原设计12m一个施工段。监理组将意见反映给总监,总监派总监代表处理此事:先施工一段12m长作为试验段,没有问题后,再按12m一段正常施工。试验段施工正常,后面的施工均改为12m一个施工段。

④人防段二衬施工(箱型结构):2号风道人防段(长11m多)采用暗挖施工,由于人防段有特殊要求,底板施工必须一次成型,这样一来,初衬两道中隔壁不能一次破除完,必须采取措施。施工方案中措施是:进行受力转换,2000mm为一个施工段,间隔施工,先破除初衬喷射混凝土,拆除钢格栅,防水基面找平后施工防水层(留出搭接长度),然后在中隔壁防水层上铺钢板,钢板上焊接工字钢,工字钢和未拆除的钢格栅焊接。等人防段底板受力转换全部完成后,施工防水保护层、底板钢筋混凝土工程(作为受力转换的工字钢全部打入底板混凝土中),接着施工1号导洞顶板防水层、中墙及1号导洞顶板,拆除中隔壁,施工3号、5号导洞侧墙、顶板,4号、6号导洞侧墙、顶板防水层、钢筋混凝土。

(2)出入口暗挖段施工:采用CD法施工。

①标准段:初衬分2个导洞施工。施工完一个导洞防水、二衬后施工另一个导洞防水、二衬。

②人防段(长7m多)作为一个施工段,先拆除中隔壁,防水基面找平,整体施工防水,然后施工底板,侧墙和顶板混凝土是一次浇筑。

(3)暗挖初衬、二衬施工时按设计要求留有背后注浆管,施工完毕后分别进行注浆。

(4)由于学院南路站施工作业面无地下水,土质比较好,原设计要求施工的超前小导管未施工。

(5)暗挖施工18字施工原则:管超前、严注浆、强支护、短开挖、早封闭、勤测量。

(6)学院南路站暗挖段穿越中关村南大街时,在马路面上铺设一层20mm厚的钢板,马路上设有监控量测点,加强监测,随时可以发现问题。由于措施得当,施工顺利进行。

5.车站附属工程明挖段施工

(1)2号、3号出入口踏步楼梯段,4号出入口全段采取明挖施工,施工程序、方法同主体工程。

(2)1号风道竖井、人防段、风井,2号风道风井采用明挖施工,初衬施工方法是网喷倒挂逆作法施工,施工程序如图2-33所示。

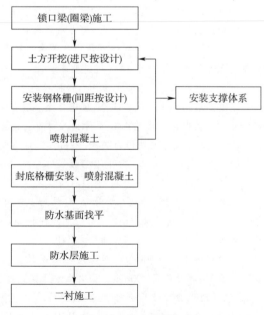

图2-33 施工顺序图

6. 人防段钢筋和混凝土施工

（1）钢筋施工：钢筋检查验收除了常规检查的项目外，门框过梁的钢筋方向一定要符合设计要求。人防段钢筋设计是人防部门设计单位设计的，每一处钢筋的安装方向都是设计好的，施工中要注意不要放反。钢筋安装好后施工单位一定请人防设计人员和现场监理共同进行检查验收。

（2）预埋件安装：人防段门框过梁、门框柱预埋钢管特别多，有穿线管、水管、风管等管道。出入口人防有2道门，风道人防分为2侧，一侧人防门有2道，一侧人防门有3道，每道门都要安装预埋钢管，检查验收时要前后照应，不能缺少。

门框处顶板设计有吊钩，底板有预埋钢筋，安装门框时用，不能忘记。

（3）混凝土施工：人防底板门框处混凝土分为二次浇筑。第一次灌注混凝土时，门框处要预留后浇带，具体要求设计明确，门框安装后，人防监理检查验收合格后，底板后浇带再进行二次混凝土浇筑。

（4）人防门框安装：人防门框安装由人防单位负责。门框安装好后，施工单位要向土建监理提供门框检查验收结果，合格后，土建监理才可同意进行下一道工序。

7. 材料进场报验（北京地铁要求）

（1）钢材：

①钢筋：要求供应商提供"产品质量证明书"，并在"产品质量证明书"上盖红章。进场后施工单位要进行复试（抗拉、抗弯），监理按30%进行见证取样、试验，复试合格后，才可使用（很难做到）。

②型钢、钢管等：供应商提供原材合格证。

③直螺纹套筒进场时，供应商除了提供产品合格证外，还要提供"型式试验报告"，"型式试验报告"由生产厂家负责。

（2）水泥、砂、石、外加剂：供应商提供出厂（试验报告），施工单位进行复试，复试合格后使用，砂、石第一次报验还要提供生产厂家生产许可证及有关资料，监理按30%进行见证取样、试验，复试合格后，才可使用。

（3）所有防水材料进场后都要进行复试，监理100%见证取样、试验，复试合格后，才可使用，供应商要提供出厂产品试验报告、合格证，钢边止水带由施工单位取样后送试验单位进行"型式试验"。

（4）所有进场材料的出厂产品质量证明书、产品合格证、出厂检验报告（型式试验报告）、施工单位的复试报告齐全后，施工单位要向驻地监理上报"材料进场报验表"，后附以上证件，驻地监理审批后自留一份作为备查。

8. 降水施工

（1）按设计要求布置降水井，及时抽水，确保施工正常进行。

（2）主体结构施工未完工前，降水工作不能停止。

（3）及时观察水位情况，发现问题立即报告总监、业主、设计。

9. 监控量测

（1）按设计要求进行布点、量测。

（2）每日报告监控量测结果，如有超过警戒值（30mm）的立即报告总监、业主、设计。

10. 施工中易出现的问题及预防措施

（1）钢支撑不能随土方开挖深度及时安装，加强工地巡视，发现问题及时向施工单位提出，如不能及时整改，发"工作联系单"、"监理通知"，直至"工程暂停令"。

（2）钢支撑安装后未能及时进行施加应力。监理除了施加应力旁站外，及时检查钢支撑施加应力记录。

（3）钢筋安装的层距、排距一定要符合设计要求。地铁主体结构钢筋设计规格较大，开始安装时层距或排距和设计要求相差太大，安装好后很难调整。监理巡视工地时发现问题及时向施工单位提出；检查板筋的马镫筋加工尺寸是否符合要求；检查墙筋的排架筋尺寸是否符合要求。如果板筋的马镫筋、墙筋的排架筋加工尺寸符合要求，那么板筋上下铁的间距、墙筋内外层的层距偏差不会超标。

（4）钢筋保护层超标过大。板筋下部钢筋保护层应用同强度等级或高出结构混凝土的强度等级的垫块垫起（有的单位用专用塑料垫块）。要求施工单位提前准备垫块。墙筋保护层也可用专用塑料垫块。垫块和钢筋绑扎要牢固，不然灌注混凝土时容易移位，失去垫块作用。

(5) 成品、半成品保护。钢筋安装时不小心容易损坏侧墙防水层，加强工地巡检，发现后立即做好记号，通知施工单位及时修补。

(6) 框架柱和框架梁交叉处柱心加强钢筋容易遗漏。对于梁下有斜托的柱子来说，柱子混凝土一般灌注高度在斜托下面，柱中加强筋后安装还能来得及；对于梁下无斜托的柱子来说，如果柱心加强钢筋不能及时安装，待柱子混凝土灌注后安装，柱心加强筋无法伸入梁下部100mm，因此柱心加强筋安装必须及时。监理检查验收柱子钢筋时注意同时检查柱心加强钢筋是否安装。

(7) 施工过程中所用的临时工作脚手架，往往达不到安全要求，立杆间距、横杆步距都偏大。按安全规程要求，脚手架立杆间距不得大于1.5m；横杆步距不得大于1.2m，并安装扫地杆、剪刀撑等。脚手架工作层要安装防护栏杆，脚手板至少是双板，施工单位为了图省事、省料，经常不按要求搭设工作脚手架。若提出不改，发书面通知，再不改则报告业主，甚至发工程暂停令（北京地铁自2007年开始，监理如果在安全方面发《工程暂停令》施工单位都不执行，总监可以直接向当地建委反映）。

(8) 预埋件、吊钩施工中容易忘记，加强巡检，及时补上。

(9) 检查脚手杆的壁厚是否符合要求，一般要求不小于3mm。

(10) 模板水平支撑必须是通杆，通杆受力5~6t，如果是管卡受力，每个管卡0.5~0.6t，特别是模板下部，通杆数量不能少。如果在底板施工时在适当部位预埋地脚钢筋，作为模板下部的水平支撑点，可以增强模板受力（北京地铁4号线学院南路站4号出入口门洞处侧墙混凝土施工出现的跑模问题）。

(11) 不同部位混凝土灌注的方法有所不同，特别是有上下反梁的板，灌注混凝土时应分层、对称，防止梁偏移。

【案例2-3】 车站浅埋暗挖法施工

1. 工程概况

西直门站~动物园站区间隧道处于西直门外大街下方。该区间起点里程左线为K13+902.747、右线为K13+903.000，终点里程为K15+125.853，左线全长1224.066m、右线全长1222.853m。隧道正线于桩号K14+000~K14+104段穿过高梁桥基础，设计过桥段长104m；高梁桥上部结构为跨度23m×3的预应力简支T梁；下部为厚2m的扩大基础，分两层浇筑，底层面积5.5m×5.5m，上层面积3m×3m，基础埋深4.874m。扩大基础上为独立桥墩，两相邻桥墩上有盖梁相连。与区间隧道纵向相垂直方向一排上有4个基础，中心间距11.546m；沿区间纵向有两排桥基，间距21m。隧道埋深17.9m，两隧道中心间距为8.0m。隧道结构从一排4个基础中的中间2个基础正下方附近通过，结构顶与基础底之间净距为11.66m。

该区间段隧道左右线全部穿越砂卵石地层。砂卵石地层是一种典型的力学不稳定地层，颗粒之间空隙大，黏聚力小，颗粒之间点对点传力，地层反应灵敏，稍微受到扰动，就很容易破坏原来的相对稳定平衡状态而坍塌，引起较大的围岩扰动，使开挖面和洞壁都失去约束而不稳定。筛分试验表明，该处地层为卵石~圆砾层，粒径20~70mm，最大粒径达到150mm，含砂率11%~30%，平均内摩擦角35°左右，N值27~50，施工中遇到最大的卵石达250mm。

2. 工程难点分析

在砂卵石地层中采用浅埋暗挖法施工，存在以下难点：

(1) 超前小导管或注浆孔施工成孔难度大，施工速度慢。

(2) 砂卵石地层容易坍塌，地层成拱性差，超挖量较大，工作面稳定性难以保证。

(3) 由于没有地面降水条件，拱顶上方存在的上层滞水，易造成砂体的部分流失，增加地层沉降量控制的难度。

(4) 砂卵石地层中浅埋暗挖法隧道下穿桥墩桩基相对其他地层，容易造成不均匀沉降。

根据北京地铁施工有关规定，确认下穿高梁桥施工风险等级为一级，其中变形控制标准为：桥台横向变形差异5.0mm，纵向变形沉降10mm。

3. 施工方案的确定

为了严格控制结构沉降,通过对比试验,研究提出了适用于砂卵石地层的前进式分段超前深孔注浆加固方案。

隧道采用 CRD 法进行施工,根据分析,确定区间两隧道按照导洞 1、2、3、4 和导洞 5、6、7、8 顺序施工,错距 10m。先施工 1 号导洞,为了减小各导洞之间的相互影响,待施工 10m 后,再施工 2 号导洞,依次施工其他导洞,直至完成,具体施工步骤如下:

第一步:施作超前支护,注浆加固地层,前后开挖两侧 1 号洞室,并预留核心土,施作初期支护;

第二步:继续前后开挖两侧 2 号洞室,施作初期支护,1、2 号洞室纵向间距 10m 左右;

第三步:施作超前支护,前后开挖两侧 3 号洞室,并预留核心土,施作初期支护,2 号与 3 号洞室纵向间距 10m;

第四步:继续前后开挖两侧 4 号洞室,施作初期支护,左侧 3 号与 4 号洞室纵向间距 10m;

第五步:待左洞开挖完毕,再以同样的方式开挖右导洞;

第六步:根据监测情况纵向分段拆除中隔墙、临时支撑,逐步完成侧洞底板防水与二次衬砌,先作业左洞,再作业右洞。

【案例 2-4】 车站地下连续墙法施工

1. 工程概况

某地铁车站用地面积 7003m^2,主体工程总面积 33970m^2,基坑深 31.150m。基坑周边围护结构采用地下连续墙,地下连续墙厚 1200mm,混凝土设计强度等级为水下 C30,抗渗等级 S10,相邻槽段之间采用止水钢板接头。墙顶设置 1m×1.2m 的冠梁,冠梁梁顶距地面 0.2m,连续墙嵌固深度 9.05m。

本工程地下连续墙 66 段横段,标准槽段长 6m,分 W-1、W-2、…、W-11 共 11 种槽段形式,其中配有异形槽段 9 种,共 370m。

其中,槽段厚度均为 1200mm,槽段普遍有效长度 38.80,W-1 共 47 幅,W-2 共 7 幅,W-3 共 2 幅,W-4、W-5 各 1 幅,W-6、W-7 各 2 幅,W-8、W-9、W-10、W-11 各 1 幅。本工程设置导墙高度为 1.5m,墙顶各向外宽出 0.8m,厚 0.2m。

根据本工程的地质特征和地下连续墙的成槽要求,先选用一台 HD-843 和一台 SG-35 液压抓斗机作为本工程的成槽设备,具体技术参数分别如下:HD-843 发动机功率 275kW·h,生产能力为 25m^3/h,挖槽宽度 600~1200mm。

根据设计图纸,钢筋笼最重槽段为 W-1 槽段,总质量约为 45t。考虑到钢筋笼的质量及长度选用 100t 吊机各一台,其中一台 200t 吊机作为起吊钢筋笼的主机,一台 100t 吊机作为起吊钢筋笼的副机。根据设计的要求,某车站基坑围护结构采用 C30,S8 防水混凝土地下连续墙,地下连续墙不仅在施工初期起围护作用,在施工后期还与内衬墙复合形成永久的受力结构。

地下连续墙采用液压抓斗成槽机与回转成槽机施工,泥浆护壁。

地下连续墙分幅分批次进行。每一幅墙的施工过程中,导墙施工、成槽施工、清浆、钢筋笼制作安装、水下混凝土浇筑各个工序依次进行,完成多幅后进行冠梁施工。

2. 导墙施工

(1) 导墙设计。

根据施工区域地质情况,导墙做成"┐ ┌"形现浇钢筋混凝土结构,内侧净宽度比连续墙宽 50mm。

导墙在遇到特殊地段如软土、沙土等地段,根据施工现场情况可采用增大导墙尺寸和深度及增加配筋等手段,以保证地下连续墙的各项技术指标。

(2) 导墙施工。

用全站仪放出地墙轴线,并放出导墙位置,道情开挖采用小型挖掘机开挖,人工配合清底,基地夯实后,铺设 7cm 厚 1:3 水泥砂浆,混凝土浇筑采用钢模板及木支撑,插入式振捣器振捣。导墙顶面做成水平,考虑地面坡度影响,在适当位置做成 10~15cm 台阶。模板拆除后,沿其纵向每隔 1m 加设上下两道 10cm×10cm 方木做内支撑,将两片导墙支撑起来,在导墙的混凝土达到设计强度前,禁止任何重型机械和运输设备在其旁边通过。导墙施工缝与地下缝接缝错开。

(3)导墙面与地墙的技术要求。
①导墙施工的技术要求。
②内墙面与地墙纵轴线平行度误差为 ±10mm。
③内外导墙间距误差为 ±10mm。
④墙内墙面垂直度为 3mm。
⑤导墙顶面平整度为 5mm。

3. 泥浆制备管理

泥浆主要是在地墙挖槽过程中起护壁作用,泥浆护壁技术是地下连续墙工程基础技术之一,其质量直接影响到地墙的质量与安全。

(1)泥浆配合比。
根据地质条件,泥浆采用膨润土泥浆,针对松散层及砾层的透水性及稳定情况,泥浆配合比(每立方米泥浆材料用量)如下:膨润土 70kg,纯碱 1.8kg,水 1000kg,CMC 0.8kg。
上述配合比在施工中根据试验槽段及实际情况再适当调整。

(2)泥浆制备。
泥浆搅拌采用 5 台 2L-400 型高速回转式搅拌机。
具体配制细节:先配制 CMC 溶液静置 5h,按配合比在搅拌筒内加水,加膨润土,搅拌 3min 后,再加入 CMC 溶液。搅拌 10min 后,再加入纯碱,搅拌均匀后,放入储浆池内,待 24h 后,膨润土颗粒充分水化膨胀,即可泵入循环池,以备使用。

(3)泥浆循环:
①在挖槽过程中,泥浆由循环池注入开挖槽段,边开挖边注入,保持泥浆液面距离导墙面 0.2m 左右,并高于地下水位 1m 以上。
②混凝土灌注过程中,上部泥浆返回沉淀池,而混凝土顶面以下 4m 内的泥浆排到废浆池,原则上废弃不用。

(4)配浆质量管理:
①泥浆制作所用原料符合技术性能要求,制备的配合比。
②泥浆制作中每班进行二次质量指标检测,新拌泥浆应存放 24h 后方可使用,补充配浆时须不断用泥浆搅拌。
③混凝土置换出的泥浆,应进行净化调整到需要的指标,与新鲜泥浆混合循环使用,不可调净的泥浆排放的泥浆排放到废浆池,用泥浆罐车运输出场。

4. 成槽施工

地下连续墙成槽主要内容为单元槽段划分、成槽机械的选择、成槽工艺控制及乙方槽壁坍塌的措施。

(1)槽段划分。
槽段划分时采用设计图纸的划分方式,但在各转角处考成槽机的开口宽度及入岩施工方便,另外,划分一部分非标准槽段。

(2)成槽机械的选择。
根据车子区台 4 域的地质情况,采用 GB24 型液压抓斗和 1 台 BMN80120 型回钻成槽机成槽。

(3)成槽工艺控制。
连续墙施工采用顺序法,根据槽段长度与成槽机的开口宽度,确定出首开辐条和闭合辐,保证成槽机切土时两侧邻界条件的均衡性,以确保槽壁垂直。成槽后以超声波检测仪检查成槽质量。

液压抓斗的冲击力和闭合力足以抓起各土层,在成槽过程中,严格控制抓斗的垂直度及平面位置,尤其是开槽阶段,仔细观察检测系统。

任一方向偏差超过允许值时,立即进行纠偏。抓斗贴临基坑侧导墙入槽,机械操作要平稳,并及时补入泥浆维持导墙中泥浆页面稳定。

(4)防止墙壁坍塌措施。成槽过程中,如遇到软土层就易产生坍塌,针对此地质条件,制定以下措施:

①减轻地表负荷,槽壁附近堆载不超过20kN/m,起吊设备及载货汽车的轮缘距离槽壁不小于3.5m。

②控制机械操作。成槽机械操作要平稳,不能猛起猛落,防止槽内形成负压区,产生槽坍。

③强化泥浆工艺,采用优质膨润土制备泥浆,并配以cmc增黏剂形成致密而又有韧性的泥浆止水护壁,并以重晶石适当提高泥浆相对密度,保持好槽内泥浆水头高度,并高于地下水位1m以下。

④缩短裸槽时间,抓好工序间的衔接,使成槽至浇灌完混凝土时间控制在24h以内。

⑤对于"Z"、"T"、"L"形槽段易塌的阳角部位,采用预先注浆处理。

(5)塌槽的处理措施。在施工中,一旦出现坍塌槽后,要及时填入砂土,用抓斗在回填过程中压实,并在槽内和槽外(离槽壁1m处)进行注浆处理,待密实后再进行挖槽。

(6)成槽质量标准:

①垂直度不得大于0.5%。

②槽深允许误差:+100~-200mm。

③槽宽允许误差:0~50mm。

(7)清底换浆。成槽以后,先用抓斗抓起槽底余土及沉渣,再用泥浆泵反循环吸取槽底沉渣,并用刷壁器接头处清楚已浇墙段混凝土处的凝胶物,在灌注混凝土前,利用导管采取泵吸反复循环进行二次清底并不断置换泥浆,清槽后测定槽底以上0.2~1.0m处的泥浆不大于28s,槽底沉渣厚度小于100mm。

(8)槽段接头洗刷。用吊车吊住刷壁器对槽段接头混凝土壁进行上下刷动,以清除混凝土壁上的杂物。

5.钢筋笼制作与安装

钢筋笼采用整体制作,整体吊装入槽,缩短工序时间。

(1)钢筋笼制作:

①现场设置钢筋笼加工平台,平台具有足够的刚度和稳定性,并保持水平。

②钢筋加工符合设计图纸施工规范要求,加工顺序为:先铺设横筋,再铺设纵向筋,并焊接牢固,焊接底层保护垫块;然后焊接中间架,再焊接上层纵向筋中间连接筋和面层横向筋,之后焊接锁边筋、吊筋,最后焊接预埋件(同时焊接中间预埋件定位水平筋)及时保护垫块。

③除图纸设计纵向架外,还应增设水平架(每隔3m设置一道),并增设钢筋笼面层力筋,避免横向变形,对"T形"、"L形"、"Z"钢筋笼外侧3m加2道水平剪力筋,入槽时打掉。

④钢筋制作过程中,预埋件、测量元件位置要准确,并留出导管位置(对影响导管下放的预埋筋,接驳器等适当挪动位置),钢筋保护层定位块用4mm厚钢板,做成"⌐⌐"状,焊于水平筋上,起吊点满焊加强。

⑤由于预埋钢板及其预埋筋位置要求精度高,在钢筋笼制作过程中,根据吊筋位置,测出吊筋处导墙高程,确定吊筋长度,以此作为基点,控制预埋件位置。在接驳筋后焊一道水平筋,以便固定驳筋,水平筋与主筋通过短筋连接。预埋钢板或预埋筋处钢筋笼的水平筋及中间加设的固定水平筋按3‰坡度设置,以确保预埋钢板及预埋筋的预埋精度。

⑥钢筋笼制作偏差应符合以下规定:

a.主筋间距误差:±10mm。

b.水平间距误差:±20mm。

c.两排受力筋间距误差:-10mm。

d.钢筋笼长度误差:+50mm。

e.钢筋笼保护误差:+5mm。

f. 钢筋笼水平长度误差：±20mm。

(2) 钢筋笼吊装。

钢筋笼起吊采用50t履带吊作为主吊，30t汽车吊作为副吊（行车路线离槽变不小于3.5m），直立后由50t吊车吊入槽内。在入槽过程中缓缓放入，不得高起猛落、强行放入，并在导墙上严格控制下放位置，确保预埋件（预埋钢板）位置准确。

钢筋笼入槽后，用槽钢卡住吊筋，横担于导墙上，防止钢筋笼下沉，并用4组（8根）50钢管分别插入锚固筋上，与灌注架焊接，防止上浮。

在连续墙安放锁口管一侧的钢筋笼端头，安放注浆管，成墙以后进行防水施工。

6. 接头施工

本工程槽段间接头用管方式进行连接，接头缝预留注浆孔，必要时采用旋喷处理。

锁口管安装前应对锁口管逐段进行清理和检查，用汽车吊吊装并在槽口连接。管中心线必须对准正确位置，垂直并缓慢下放，当距槽底50cm左右时，快速下入，插入槽底，并在背面填粗砂，防止混凝土从底部及侧部留到锁口管背面，锁口管上用木楔与导墙塞紧，并用锁口管夹具夹住锁口管。

锁口管起拔采用顶升架顶拔和吊车提拔相结合。起拔时间和拔升高度根据混凝土浇灌时间、浇灌高度以及混凝土初凝和终凝时间而定。依次顶拔，一般2~3h开始顶拔，具体采取轻轻顶拔和回落方法，每次顶拔10cm左右，拔到0.5~1.0m时，如果接头管内无涌浆等异常现象，每隔30min拔出0.5~10m，最后根据混凝土顶端的凝结状态全部拔出，冲洗干净。

7. 混凝土灌注

混凝土采用商品混凝土，设计强度为C30、S8，坍落度控制在18~22cm。

导管直径为300mm。在"一"形和"┐"形槽段设置2套导管，在"Z"形的槽段设置3套导管，两套导管间距不宜大于3m，导管距槽端头不大于1.5m，导管提离槽底大约25~30cm。导管在钢筋笼内要上下活动顺畅，灌注前利用导管进行浆吸反循环二次清底换浆，并在槽口上设置挡板，以免混凝土落入槽内而污染泥浆。

灌注混凝土时，以充气球胆作为隔水栓，混凝土罐车直接把混凝土送导管上的漏斗内，浇灌速度控制在3~5m/h，灌注时各导管处要同步进行，保持混凝土面呈水平状况上升，其混凝土面高差不得大于300mm。灌注过程中，要勤测量混凝土面上升高度，控制导管埋深在2~6m，灌注过程要连续进行，中断时间不得超过30min，灌到墙顶位置要超灌0.3~0.5m。每个槽段要留一段抗压试块，每5个槽段留一组混凝土抗渗试块，并根据规定进行抽芯实验。

8. 冠梁施工

冠梁将地下连续墙连接成为一个整体，使其形成一个封闭框架。

(1) 地下墙灌注完毕后，即可排除其上部泥浆，待混凝土终凝后，将超灌部分凿除，预留10cm，待冠梁施工时再凿除，并将锚固筋上的砂浆除去。

(2) 钢筋采用集中加工，现场绑扎，并应符合设计和规范要求。

(3) 支模、模板采用组合钢模，模板要经过除锈、打磨，支撑要牢固。

(4) 混凝土浇灌，采用商品混凝土，插入式振捣器振捣，按操作要求控制振捣器差点间距和振捣时间，保证混凝土振捣密实。留施工缝时应与地下墙接头错开，并及时洒水养护。

【案例2-5】 车站SMW工法施工

1. 工程概况

某车站，周边交通繁忙，地下管线众多，周边紧邻居民小区。车站施工期间交通不能断，附近有埋深6m的ϕ1500污水管和ϕ2460雨水管及埋深3m ϕ900给水管需搬迁车站一侧。根据本车站的周围环境分析，车站基坑变形控制保护等级为二级。车站全长169.5m，站台中心顶板覆土3.3m。标准段基坑开挖深度约12.3m，端头井开挖深度约14m（此深度为目前地铁基坑采用SMW方法施工的最大深度）。

2. 地质概况

本工程场地缺失灰色淤泥质粉质黏土和灰色淤泥质黏土，代之以分布有厚约18m的三层砂质粉土。场地地形平坦，场地地面高程一般4.0m，站区内地下水属潜水类型，稳定水位在地表以下0.5~1.0m。站区四周无污染源，地下水对混凝土无腐蚀。

3. 基坑围护结构设计

(1) 围护方案

车站基坑围护采用SMW工法，车站基坑开挖深度为12.3~14m，采用进口φ850三轴劲性水泥土搅拌桩作围护结构，内插H700×300×13×24型钢，建议水泥掺量不小于20%，水泥搅拌桩搭接200mm，H型钢间距φ1200mm。标准段设3道φ609×16钢管支撑，端头井设4道φ609×16钢管支撑，支撑间距一般为4.0m。桩顶做钢筋混凝土圈梁兼作首道支撑围囹，其余选用2H400×400×13×21双拼作钢围囹。为减少围护桩在基坑开挖时的位移，对钢支撑施加预应力，其值为设计轴力的50%~70%。根据本车站基坑坑底土层为三层砂质粉土，透水性较强，坑底采用降水加固方案；为降低车站造价，SMW桩中插入的H型钢在车站结构施工完毕后拔除。

(2) 水泥土强度的确定

《建筑地基处理技术规范》(JGJ 79—2012)规定在深层搅拌桩作地基处理时以90d的无侧限抗压强度qu90作为标准强度，但这对SMW挡土墙来说时间太长。分析国外资料并结合上海实际情况建议以28d的水泥土强度qu28作为标准强度比较合理。由于不同水泥、不同土质、不同配合比的水泥土力学指标差异较大，因而水泥和外掺剂的掺入量必须以现场土做试验，再确定其合理的配合比及水泥土的无侧限抗压强度qu28、弹性模量等参数指标。本工程设计中搅拌桩桩体在达到龄期28d后，钻孔取心测试其强度，要求28d的无侧限抗压强度qu28不小于1.5MPa。水泥土的设计抗压强度取f_c = qu28/2，设计抗剪强度取τ_s = qu28/6。

(3) 围护结构形式的比较

SMW工法有如下优点：

① 在现代城市修建地铁，经常靠近建筑物红线施工，SMW工法在这方面具有相当优势，其中心线离建筑物的墙面80cm即可施工，这也是其他工法所无法比拟的。

② 消除泥浆污染公害，促进城市文明建设。随着城市管理的规范化，由施工造成的泥浆污染成为日趋严重的问题，地下连续墙由自身的特性决定，在施工时将形成大量泥浆需外运处理，而SMW工法仅在施工后期将置换出来并已固结的干土外运。

③ 施工效率高，缩短工程建设周期，降低围护结构成本。SMW工法构造简单，施工速度快，可大幅缩短工期，根据本站工程实践，每台搅拌机每昼夜可施工基坑周长在10~20m。另外，SMW工法用于围护墙体，其成本约为地下墙结构的70%，若考虑型钢回收可以降到50%，在现有围护结构中是最低的。

④ 因SMW工法作围护结构与主体结构分离，主体结构侧墙可以施工外防水，与地下连续墙相比车站结构整体性和防水性能均较好，可降低车站后期运营维护成本。

第三章 区间隧道施工

教学目标
1. 会应用 CD、CRD、台阶法进行浅埋暗挖法施工。
2. 根据地层条件选用合理的开挖方法。
3. 能对施工易出现的问题分析原因、提出处理措施。
4. 理解盾构机结构,增强识图操作的能力。
5. 会应用土压平衡与泥水盾构,选择盾构开挖模式。
6. 掌握竖井的施工方法。
7. 具备盾构的始发、施工、到达、封门技能。
8. 理解 TBM 法的构造原理与组装。
9. 具备 TBM 法的钻进、出渣、混凝土浇筑工艺。
10. 开挖注浆模式。
11. 会沉埋管的预制安装与下沉工艺。
12. 掌握沉埋管法施工技能,并能解决施工易出现的问题及对策。

第一节 浅埋暗挖法

浅埋暗挖法是在距离地表较近的地下进行各种类型地下洞室暗挖施工的一种方法。继 1984 年王梦恕院士在军都山隧道黄土段试验成功的基础上,又于 1986 年在具有开拓性、风险性、复杂性的北京复兴门地铁折返线工程中应用,在拆迁少、不扰民、不破坏环境的情况下获得成功。同时,结合我国特点及水文地质系统,创造了小导管超前支护技术、"8"字形网构钢拱架设计、制造技术、正台阶环形开挖留核心土施工技术和变位进行反分析计算的方法,提出了"管超前、严注浆、短进尺、强支护、早封闭、勤量测" 18 字方针,突出时空效应对防塌的重要作用,提出在软弱地层快速施工的理念,由此形成了浅埋暗挖法,创立了适用于软弱地层的地下工程设计、施工方法。

浅埋暗挖法沿用新奥法(New Austrian Tunneling Method)基本原理,初次支护按承担全部基本荷载设计,二次模筑衬砌作为安全储备;初次支护和二次衬砌共同承担特殊荷载。应用浅埋暗挖法设计、施工时,同时采用多种辅助工法,超前支护,改善加固围岩,调动部分围岩的自承能力;且采用不同的开挖方法及时支护、封闭成环,使其与围岩共同作用形成联合支护体系;在施工过程中应用监控量测、信息反馈和优化设计,实现不塌方、少沉降、安全施工等,并形成多种综合配套技术。

浅埋暗挖法施工的地下洞室具有埋深浅(最小覆跨比可达0.2)、地层岩性差(通常为第四纪软弱地层)、存在地下水(需降低地下水位)、周围环境复杂(邻近既有建、构筑物)等特点。

由于造价低、拆迁少、灵活多变、无需太多专用设备及不干扰地面交通和周围环境等特点,浅埋暗挖法在全国类似地层和各种地下工程中得到广泛应用。在北京地铁复西区间、西单车站、国家计委地下停车场、首钢地下运输廊道、城市地下热力、电力管道、长安街地下过街通道及地铁复八线中推广应用,在深圳地下过街通道及广州地铁1号线等地下工程中推广应用,并已形成了一套完整的综合配套技术。

同时,经过许多工程的成功实施,其应用范围进一步扩大,由只适用于第四纪地层、无水、地面无建筑物等简单条件,拓广到非第四纪地层、超浅埋(埋深已缩小到0.8m)、大跨度、上软下硬、高水位等复杂地层及环境条件下的地下工程中去。

信息化技术的实施,实现了浅埋暗挖技术的全过程控制,有效地减少了由于地层损失而引起的地表移动变形等环境问题。不但使施工对周边环境的影响降低到最低程度,由于及时调整、优化支护参数,提高了施工质量和速度,还使浅埋暗挖法特点得到更进一步的发挥,为城市地下工程设计、施工提供了一种非常好的方法,具有重大的社会效益和环境效益,该方法在总体上达到国际领先水平。

浅埋暗挖法既可以作为独立施工方法,也可以与其他施工方法结合使用,车站经常采用浅埋暗挖法与盖挖法相结合,区间隧道用盾构法与浅埋暗挖法结合施工,浅埋暗挖法与其他工法有很强的兼容性。三者的应用情况见表3-1。

三种施工方法比较表 表3-1

工　法	浅 埋 暗 挖	盾　构	明(盖)挖
地质条件	有水需处理	各种地层	各种地层
地面拆迁	小	小	大
地下管线	无需拆迁	无需拆迁	需拆迁
断面尺寸	各种断面	不行	各种断面
施工现场	较小	一般	大
进度	开工快,总工期偏慢	前期慢,总工期一般	总工期快
振动噪声	小	小	大
防水	有一定难度	有一定难度	较容易

一、区间隧道浅埋暗挖常用的施工工法

1. 施工原理

新奥法是施工过程中充分发挥围岩本身具有的自承能力,以喷射混凝土、锚杆为主的初期支护,使支护与围岩联合受力共同作用,把围岩看作是支护结构的重要组成部分。

浅埋暗挖法理论源于"新奥法",如以锚喷作为初期支护手段、尽量减少围岩扰动、初支与围岩密贴、量测信息反馈指导施工等,但浅埋暗挖法基本不考虑利用围岩的自承能力,采用复合衬砌,初期支护承受全部基本荷载,二衬作为安全储备,共同承担特殊荷载。

新奥法施工的基本原则可以归纳为"少扰动、早支护、勤量测、紧封闭"。

少扰动,是指在进行隧道开挖时,要尽量减少对围岩的扰动次数、扰动强度、扰动范围和扰动持续时间。因此要求能用机械开挖的就不用钻爆法开挖;采用钻爆法开挖时,要严格地进行控制爆破;尽量采用大断面开挖;根据围岩类别、开挖方法、支护条件选择合理的循环掘进进尺;自稳性差的围岩,循环掘进进尺应短一些;支护要尽量紧跟开挖面,缩短围岩应力松弛时间。

早支护,是指开挖后及时施作初期锚喷支护,使围岩的变形进入受控制状态。这样做一方面是为了使围岩不致因变形过度而产生坍塌失稳;另一方面是使围岩变形适度发展,以充分发挥围岩的自承能力。必要时可采取超前预支护措施。

勤量测,是指以直观、可靠的量测方法和量测数据来准确评价围岩(或围岩加支护)的稳定状态或判断其动态发展趋势,以便及时调整支护形式、开挖方法,确保施工安全和顺利进行。量测是现代隧道及地下工程理论的重要标志之一,也是掌握围岩动态变化过程的手段和进行工程设计、施工的依据。

紧封闭,一方面是指采取喷射混凝土等防护措施,避免围岩因长时间暴露而致强度和稳定性的衰减,尤其是对易风化的软弱围岩;另一方面是指要适时对围岩施作封闭形支护,这样做不仅可以及时阻止围岩变形,而且可以使支护和围岩能进入良好的共同工作状态。

在新奥法的基础上,浅埋暗挖法又总结提出18字方针"管超前、严注浆、短进尺、强支护、快封闭、勤量测"(图3-1)。在暗挖施工作业时根据地质情况制定相应的开挖步骤和支护措施,严格根据量测数据确定支护参数,保证暗挖作业和周边环境的安全。

图3-1 "18字方针"现场施工图
a)管超前;b)严注浆;c)短进尺;d)强支护;e)快封闭;f)勤量测

管超前:开挖拱部土体自稳能力差,自立时间短,土体凌空后极易坍塌,采用超前支护的各种手段主要提高土体的稳定性,控制下沉,防止围岩松弛和坍塌。

严注浆:导管超前支护后,立即进行压注水泥浆或其他化学浆液,填充围岩空隙,在隧道周围形成一个具有一定强度的壳体,以增强围岩的自稳能力,确保开挖过程中的安全。

短进尺:一次注浆、一次开挖或多次开挖,土体暴露时间越长,进尺越大,土体坍塌的危险就越大,所以一定要严格限制进尺的长度。在施工中可采取预留核心土,目的除减少开挖时间外,预留的土体还可以平衡掌子面的土体,防止滑塌。

强支护:在松散地层中施工,大量土体的重力会直接作用于初期支护结构上,初期支护必须十分牢固,具有较大的刚度,以控制初期结构的变形,保证结构的稳定。

快封闭:在台阶法施工中,如上台阶未封闭成环,变形速度较快,为有效控制围岩松弛,必须及时采用临时仰拱或使支护体系成环。

勤量测:结构的受力最终都表现为变形,可以说,没有变形(微观的),结构就没有受力。按照规定频率对规定部位进行监测,掌握施工动态,调整施工参数并设置各部位的变形警戒值,是浅埋暗挖法施工成败的关键。

2. 常用施工方法

浅埋暗挖法在城市地铁施工过程中,由于隧道埋深浅,势必将影响到地表交通正常运行和既有建筑物的正常使用。因此,在隧道的开挖过程中,周围围岩稳定与否,虽然主要地取决于围岩本身的工程地质条件,但不同的开挖工法无疑对围岩稳定状态有直接而重要的影响。

因此,隧道开挖的基本原则是:在保证围岩稳定或减少对围岩的扰动的前提条件下,选择恰当的开挖方法和掘进方式,并应尽量提高掘进速度。即在选择开挖方法和掘进方式时,一方面应考虑隧道围岩地质条件及其变化情况,选择能很好地适应地质条件及其变化,并能保持围岩稳定的方法和方式;另一方面应考虑隧道影响范围内岩体的坚硬程度,选择能快速掘进,并能减少对围岩的扰动的方法和方式。常用于区间隧道的浅埋暗挖法有台阶法、环形开挖留核心土法、CD 法(中隔墙法)、CRD 法(交叉中隔壁法)和眼睛工法(双侧壁导坑法)。

1) 台阶法

台阶法是隧道施工最为常用的一种方法,因其开挖步骤少,施工速度快而易于为工程技术人员所采用。根据台阶长度不同,划分为长台阶法、短台阶法和微台阶法三种,如图 3-2 所示。

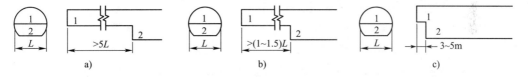

图 3-2 台阶法类型
a)长台阶法;b)短台阶法;c)微台阶法

施工中采用哪一种台阶法,要根据两个条件来决定,第一是对初期支护形成闭合断面的时间要求,围岩越差,要求闭合时间越短;第二是对上部断面施工所采用的开挖、支护、出渣等机械设备需要施工场地大小的要求。对软弱围岩,主要考虑前者,以确保施工安全;对较好围岩,主要考虑如何更好地发挥机械设备的效率,保证施工中的经济效益,因此只考虑后一条件。

(1) 长台阶法。长台阶法开挖断面小,有利于维持开挖面的稳定,适用范围较全断面法广,一般适用于地质条件较差的Ⅲ、Ⅳ、Ⅴ级围岩;在上、下两个台阶上,分别进行开挖、支护、运输、通风、排水等作业线,因此台阶长度适当长一些,一般考虑至少为 50m。但台阶长度过长,如大于 100m,则增加了轨道的铺设长度,同时其通风排烟、排水的难度也大大增加,这样反而降低了施工的综合效率,因此推荐台阶长度为 50~80m。

(2) 短台阶法。短台阶法适用于地质条件差的Ⅳ、Ⅴ级围岩,台阶长度定为 10~15m,即

1~2倍开挖宽度,主要是考虑拉开工作面,减少干扰,因此台阶长度不宜过短。上台阶一般采用少药量的松动爆破,出渣采用人工或小型机械转运至下台阶,一般不考虑有轨运输,因此台阶长度又不宜过长,如果超过15m,则出渣所需的时间显得过长。

短台阶法可缩短支护闭合时间,改善初期支护的受力条件,有利于控制围岩变形;缺点是上部出渣对下部断面施工干扰较大,不能全部平行作业。

(3) 微台阶法。微台阶法是全断面开挖的一种变异形式,适用于Ⅰ、Ⅱ、Ⅲ级围岩,一般为3~5m的台阶长度。台阶长度小于3m时,无法正常进行钻眼和拱部的喷锚支护作业;台阶长度大于5m时,利用爆破将石渣翻至下台阶有较大的难度,必须采用人工翻渣,所以不可取。微台阶法上下断面相距较近,机械设备集中,作业时相互干扰大,生产效率低,施工速度慢。

根据地层情况不同,采用不同的开挖长度。一般在地层不良地段,每次开挖进尺采用0.5~0.8m,甚至更短,由于开挖距离短可争取时间架立钢拱架,及时喷射混凝土,减少坍塌现象的发生,如图3-3所示为某隧道台阶法工程实例。

图3-3 台阶法施工实例

2) 环形开挖留核心土法

环形开挖留核心土法常用于Ⅵ级围岩单线和Ⅴ~Ⅵ级围岩双线隧道掘进。施工顺序为:人工或单臂掘进机开挖环形拱部,架立钢支撑,挂钢丝网,喷射混凝土。在拱部初期支护保护下,开挖核心土和下半部,随即接长边墙钢支撑,挂网喷射混凝土并进行封底,根据围岩变形,适时施作二次衬砌。

施工时要求:环形开挖进尺一般为0.5~2.0m;开挖后应及时施作喷锚支护、安设钢架支撑,每两榀钢架之间采用连续钢筋连接,并加锁脚锚杆;当围岩地质条件差,自稳时间较短时,开挖前在拱部设计开挖轮廓线以外,进行超前支护。

环形开挖留核心土法施工开挖工作面稳定性好,施工较安全,但施工干扰大、工效低等特点,在土质及软弱围岩中使用较多,在大秦线军都山隧道黄土段等隧道施工中均有应用。图3-4为环形开挖留核心土法的施工示意图,图3-5为采用此工法施工的工程实例。

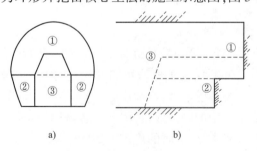

图3-4 环形开挖留核心土法示意图

图3-5 环形开挖留核心土法施工实例

3) CD法和CRD法

CD法也称中隔墙法,主要适用于地层较差和不稳定Ⅴ~Ⅵ级岩体,且地面沉降要求严格的地下工程施工。当CD法仍不能满足要求时,可在CD法的基础上加设临时仰拱,即所谓的CRD法(也称交叉中隔墙法),CRD法的最大特点是将大断面施工化成小断面施工,各个局部封闭成环的时间短,控制早期沉降好,每个步骤受力体系完整。因此,结构受力均匀,形变小;另外,由于支护刚度大,施工时隧道整体下沉微弱,地层沉降量不大,而且容易控制。

大量施工实例资料的统计结果表明,CRD法优于CD法(前者比后者减少地面沉降近50%),但CRD法施工工序复杂,隔墙拆除困难,成本较高,进度较慢,一般在地面沉降要求严格时才使用。以CD法为例子,列图加以说明,如图3-6和图3-7所示。

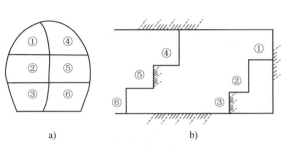

图3-6 CD法示意图

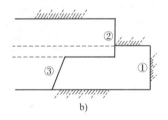

图3-7 CD法施工实例

4)眼镜工法

眼镜工法也称双侧壁导坑法,是变大跨度为小跨度的施工方法,其实质是将大跨度分成三个小跨度进行作业,主要适用于地层较差、断面很大、三线或多线大断面铁路隧道及地下工程。该法工序较复杂,导坑的支护拆除困难,可能由于测量误差而引起钢架连接困难,从而加大了下沉值,而且成本较高,进度较慢,一般采用人工和机械混合开挖,人工和机械混合出渣。图3-8为眼镜工法的施工示意图,图3-9为采用眼镜工法施工的工程实例。

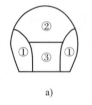

图3-8 眼镜工法示意图

实践证明,选择合理的施工方法,可以安全的施工隧道,并将地表沉降控制在设计要求范围内。因此,选择一种合理的施工方法是工程成败的关键。综合国内外施工经验,基于经济性及工期考虑,其工法选择的顺序为:台阶法→环形开挖留核心土法→CD法→CRD法→眼镜工法;从安全性角度考虑,顺序正好相反。在工程实践中,应根据地质条件、断面大小、地面环境等因素从工法的可实现性、安全性、工期、适应性、技术性和经济性六个方面综合考虑,选择施工方法。

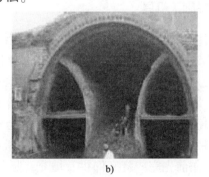

图3-9 眼镜工法施工实例

将区间隧道常用的 5 种工法的优缺点汇总于表 3-2 中。

区间隧道不同施工工法对比表　　　　表 3-2

施工方法	横断面示意图	纵断面示意图	指标			
			沉降	工期	支护拆除量	造价
台阶法	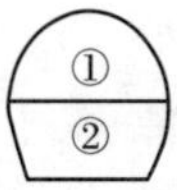	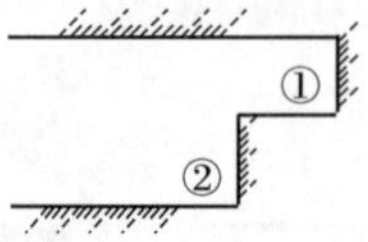	一般	短	没有拆除	低
环形开挖预留核心土法	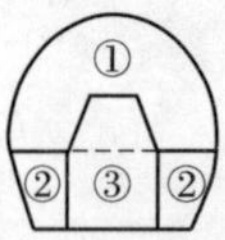	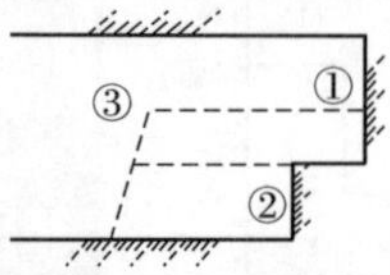	一般	短	没有拆除	低
CD 法	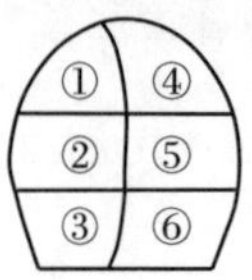	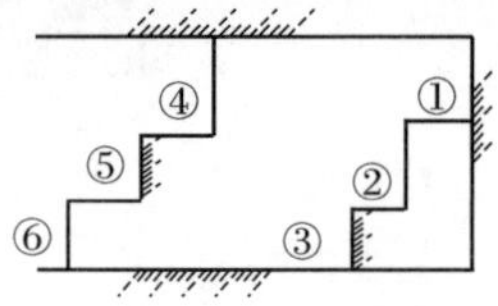	较大	短	拆除少	偏高
CRD 法	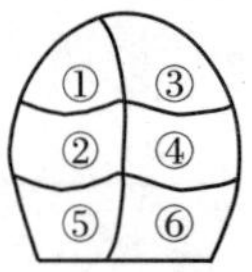	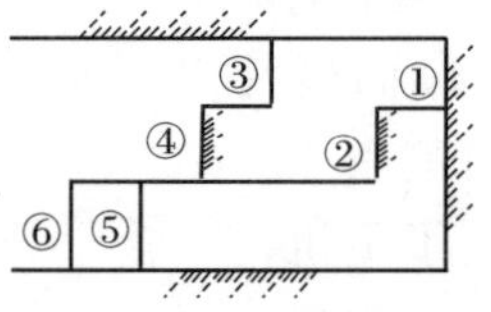	较小	长	拆除多	高
眼镜工法	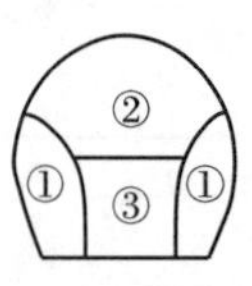	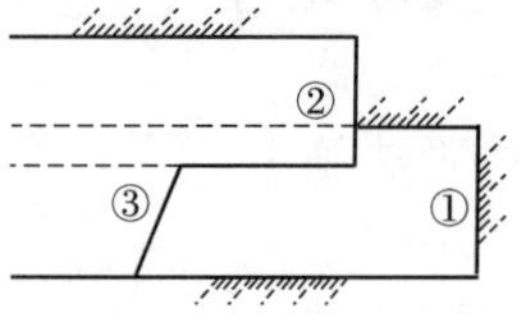	大	长	拆除多	高

3. 施工程序及工艺

浅埋暗挖施工程序可简化为以下步骤：

施工准备→超前小导管布设→注浆→土方开挖→格栅架立→钢筋网片、连接筋→喷射混凝土→防水施工→二次衬砌。施工程序及工艺如图 3-10 和图 3-11 所示。

二、主要施工机具

浅埋暗挖法方法较多并能与其他工法相结合，因而具有灵活多变的特性，本节结合某浅埋暗挖城市地铁采用的台阶法来阐述主要的施工机具。

该地铁采用单线隧道采用短台阶法施工，施工时采用 $\phi42mm$ 小导管超前注浆加固，上台阶人工配合风镐环形开挖留核心土，手推斗车出渣，下台阶用 DH55-V 微型挖机直接开挖，机动翻斗车出渣。二衬采用液压自行式衬砌台车进行，每环衬砌长度 9m，附着式振动器振捣。全包防水层采用双焊缝无钉铺设工艺，防水板的铺设和钢筋绑扎在自制简易作业台架上进行，拱墙二衬施作前先完成隧底仰拱及填充。竖井管段区间左右线共设 3 处施工横通道，其里程分别为 SK3+763、SK3+840、SK3+924，以多创工作面，减少开挖初支和二次衬砌作业之间相互干扰,加快施工进度,其中 SK3+924 横通道为永久结构,作为地铁 315kVA 变电站的供电接口。

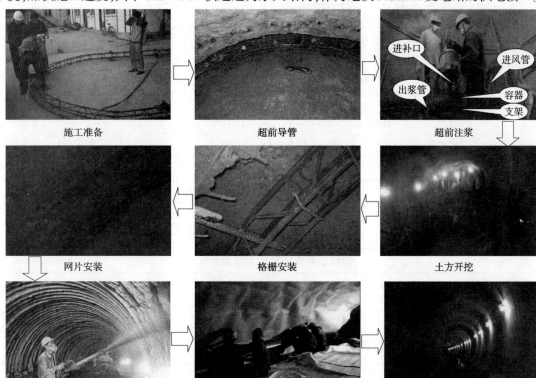

图 3-10 施工程序

1. 综合线机械设备配置

综合线机械设备包括施工通风、施工排水、洞内供电、施工用高压风、通讯、信号等设备,见表 3-3。

2. 提升作业线设备配置

暗挖区间施工出土及下料(除混凝土坞工)都要通过井口提升系统进行,经过比选,所用提升设备见表 3-4。

3. 超前小导管注浆作业线设备配置

隧道拱部用 $\phi 42mm$ 注浆小导管超前预加固,普通地质地段压注水泥浆,砂层地段压注水泥—水玻璃双液浆,其机械设备配置见表 3-5。

4. 挖装运作业线设备配置

上台阶开挖采用人工配合风镐进行,单个

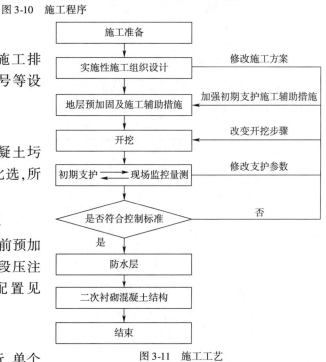

图 3-11 施工工艺

工作面机械设备配置见表3-6。

综合线机械设备配置　　　　　　　　　　　　　　　　　　　　　　表3-3

设备名称	型　号	规　格	数量（台）	设备名称	型　号	规　格	数量（台）
轴式通风机	SDFC-NO10	2×27kW	1	水泵	金星HY-22		15
	JF61-2	14kW	4	电动空压机	JA110	20m³/h	2
变压器	NXB-10	315kVA	1	低压变压器		220V/36V	4
		160kVA	1	有线电话			2
内燃发电机	TZH-280L4	120kW	1	电铃			2

提升作业线设备配置　　　　　　　　　　　　　　　　　　　　　　表3-4

设备名称	规　格	数　量	设备名称	规　格	数　量
电动葫芦	10t	2台	提升架		1座
	3t	1台	吊斗	2.25m³	2个

超前小导管注浆作业线设备配置　　　　　　　　　　　　　　　　　表3-5

设备名称	型　号	规　格	数量（台）	设备名称	型　号	规　格	数量（台）
风钻	7655	2.4m³/min	2	双液注浆泵	KBY-50/70	50L/min	1
砂轮截割机	J3G2-40D	φ6~φ40	1	浆液搅拌机		0.3m³/桶	2
摇臂钻床	ST-1.6A	550W	1				

挖装运作业线设备配置　　　　　　　　　　　　　　　　　　　　　表3-6

设备名称	型　号	规　格	数量（台）	设备名称	型　号	规　格	数量（台）
风镐	G10	0.6m³/min	4	翻斗车	徐重JS-1	1t	3
挖掘机	DH55-V	0.176m³	1	手推斗车	自制		4

5. 喷锚作业线设备配置

隧道初支采用锚网喷混凝土支护,辅以φ22mm格栅钢架支撑,C20网喷混凝土厚30cm,其机械设备配置见表3-7。

喷锚作业线设备配置　　　　　　　　　　　　　　　　　　　　　　表3-7

设备名称	型　号	规　格	数量（台）	设备名称	型　号	规　格	数量（台）
混凝土搅拌机	JD350	350L	1	牛角泵	自制		2
混凝土喷射机	TK961	5m³/h	1	钢筋弯曲机	GW40	φ6~φ40	1
大胶轮车	自制	0.5m³	3	钢筋切断机	GQ40	φ6~φ40	1
磁座钻	J3C-AD02-32	φ22~φ32	2	交流电焊机	BX300F-3	60~300A	3
风钻	7655	2.4m³/min	2				

6. 二衬作业线设备配置

在隧道施工中,衬砌工作量占隧道总工程量的30%,衬砌速度的快慢直接影响到成洞的速度。二衬施工工序包括基面处理、防水层铺设、钢筋绑扎、立模、混凝土浇筑、拆模、养护等。在初支与二衬之间铺设全包防水层（350g/m² 土工布+1.5mm厚PVC防水板）,其机械设备配置见表3-8。

二衬作业线设备配置　　　　　　　　　　　　表3-8

设 备 名 称	型　号	规　格	数　量(台)
双缝焊机	瑞士 Leister	焊缝宽2cm	1
手持焊枪			1
简易作业台架	自制		2
混凝土输送泵	HBT50	50m³/h	1
附着式振动器	HZ_2-7	1.5kW	14
液压台车	自制	9m	1
钢筋弯曲机	GW40	$\phi6\sim\phi40$	1
钢筋切割机	GQ40	$\phi6\sim\phi40$	1
交流电焊机	JB3643-84	75~120A	2

三、锚喷支护

浅埋暗挖法支护形式主要采用复合式衬砌,外层为初期支护,内层为二次衬砌,初期支护主要为锚喷支护,二次衬砌主要为模筑混凝土衬砌,因此本节主要介绍锚喷支护和二次模筑混凝土衬砌。

1. 定义、作用原理及特点

(1)定义:锚喷支护也叫喷锚支护(图3-12为现场喷锚作业),指的是借高压喷射水泥混凝土和打入岩层中的金属锚杆的联合作用(根据地质情况也可分别单独采用)加固岩层,分为临时性支护结构和永久性支护结构。喷混凝土可以作为洞室围岩的初期支护,也可以作为永久性支护。喷锚支护是使锚杆、混凝土喷层和围岩形成共同作用的体系,防止岩体松动、分离,并把一定厚度的围岩转变成自承拱,有效地稳定围岩。当岩体比较破碎时,还可以利用丝网拉挡锚杆之间的小岩块,增强混凝土喷层,辅助喷锚支护。

a)　　　　　　　　　　　　　　　　b)

图3-12　喷锚作业

(2)作用原理:锚喷支护在洞室开挖后,支护及时,与围岩密贴,柔性好,有良好的物理力学性能。它能侵入围岩裂隙,封闭节理,加固结构面和层面,提高围岩的整体性和自承能力,抑制变形的发展。在支护与围岩的共同工作中,有效地控制和调整围岩应力的重分布,避免围岩松动和坍塌,加强围岩的稳定性,它不像传统的模筑混凝土衬砌那样,只是在洞室开挖后被动地承受围岩压力,而是主动地加固围岩。

(3)锚喷支护工程特点:

①灵活性。锚喷支护是由喷射混凝土、锚杆、钢筋网、钢架等支护部件进行适当组合的支护形式,它们既可以单独使用,也可以组合使用,其组合形式和支护参数可以根据围岩的稳定状态,施工方法和进度,隧道形状和尺寸等加以选择和调整。既可以用于局部加固;也易于实施整体加固;既可一次完成,也可以分次完成,充分体现了"先柔后刚,按需提供"的原则。

②及时性。锚喷支护能在施作后迅速发挥其对围岩的支护作用,这不仅表现在时间上,即喷射混凝土和锚杆都具有早强性能,需要它时,它就能起作用;而且表现在空间上,即喷射混凝土和锚杆可以最大限度地紧跟开挖而施工,甚至可以利用锚杆进行超前支护。虽然构件支撑的最大优点是即时承载,而锚喷支护同样具有即时维护甚至超前维护作用,且能容纳必要的支撑构件(如格栅钢架)参与工作。

③密贴性。喷射混凝土能与坑道周边的围岩全面、紧密地黏结,因而可以抵抗岩块之间沿节理的剪切和张裂。

④深入性。锚杆能深入围岩体内部一定深度,对围岩起约束作用,这种作用尤其是以适当密度的径向锚杆群(称为系统锚杆)的效果最为明显。系统锚杆在围岩中形成一定厚度的锚固区,锚固区内的岩体强度和整体性得以提高和加强,应力分布状态也得以改善,其承载能力和稳定能力显著增强,此时隧道的稳定性实际上就是指锚固区的承载能力和稳定能力。在围岩中加以锚杆,相当于在混凝土中加入钢筋形成钢筋混凝土,可以称为加筋岩石或加筋土。

⑤柔性。锚喷支护属于柔性支护,它可以较便利地调节围岩变形,允许围岩作有限的变形,即允许在围岩塑性区有适度的发展,以发挥围岩的自承能力。

前已述及,大量工程实践和理论分析表明,对绝大多数的一般松散岩体,在隧道开挖后,适度的变形有利于发挥围岩的自承能力,而过度的变形则会导致坍塌,因此就要求支护既能允许有限变形,又能限制过度变形且自身不被破坏。

锚喷支护就很好地满足了这一要求。这一方面是因为喷射混凝土工艺上的特点,使得它能与岩体密贴黏结,且能喷得很薄,故呈现柔性(尽管喷混凝土是一种脆性材料),而且这柔性还可以通过分层分次喷射和加钢纤维或钢筋网来进一步发挥;另一方面,锚杆也有一定的延性,它可以允许岩体有较大的变形,甚至同被加固岩体一起作整体位移,而仍能继续工作不失效。

⑥封闭性。喷射混凝土能全面及时地封闭围岩,这种封闭不仅阻止了洞内潮气和水对围岩的侵蚀作用,减少了膨胀性岩体的潮解软化和膨胀,而且能够及时有效地阻止围岩变形,使围岩较早进入变形收敛状态。

2. 喷射混凝土

喷射混凝土既是一种新型的支护结构,又是一种新的施工工艺。它是使用混凝土喷射机,按一定的混合程序,将掺有速凝剂的细石混凝土喷射到岩壁表面上,并迅速固结成一层支护结构,从而对围岩起到支护作用。

喷射混凝土可以作为隧道工程的永久性和临时性支护,也可以与各种形式的锚杆、钢纤维、钢拱架、钢筋网等构成组合式支护结构,其灵活性也很大,可以根据需要分次追加厚度,因此除用于地下工程外,还广泛应用于地面工程的边坡防护、加固、基坑防护,结构补强等。随着喷射混凝土原材料、速凝剂及其他外加剂、施工工艺、机械的研究和应用,喷射混凝土不管作为新材料,还是新的施工工艺,将有更为广阔的发展前景。

1)喷混凝土的作用

(1)支撑围岩。由于喷层能与围岩密贴和粘贴,并施与围岩表面以抗力和剪力,从而使围岩处于三向受力的有力状态,防止围岩强度恶化;此外,喷层本身的抗冲切能力可阻止不稳定块体的滑塌(图3-13)。

(2)"卸载"作用。由于喷层属柔性,能有控制地使围岩在不出现有害变形的前提下,进行一定程度的变形,从而使围岩"卸载",同时喷层中的弯曲应力减小,有利于混凝土承载力的发挥(图3-14)。

(3)填平补强围岩。喷射混凝土可射入围岩张开的裂隙,填充表面凹穴,使裂隙分割的岩层面黏联在一起,保护岩块间的咬和、镶嵌作用,提高其间的黏结力、摩阻力,有利于围岩松动,并避免或缓和围岩应力集中(图3-15)。

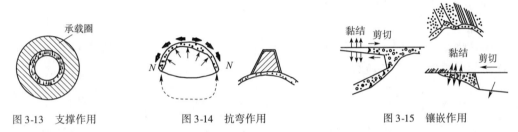

图3-13 支撑作用　　　图3-14 抗弯作用　　　图3-15 镶嵌作用

(4)覆盖围岩表面。喷层直接粘贴岩面,形成风化和止水的保护层,并阻止裂隙中充填物流失(图3-16)。

(5)阻止围岩松动。喷层能紧跟掘进进程并及时进行支护,早期强度较高,因而能及时向围岩提供抗力,阻止围岩松动(图3-17)。

(6)分配外力。通过喷层把外力传给锚杆、钢拱架等,使支护结构受力均匀分担(图3-18)。

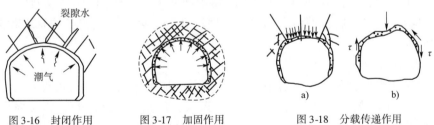

图3-16 封闭作用　　　图3-17 加固作用　　　图3-18 分载传递作用

2)喷射混凝土的特点

(1)喷射混凝土具有强度增长快、黏结力强、密度大、抗渗性好的特点,它能较好地填充岩块间的裂隙的凹穴,增加围岩的整体性,防止自由面的风化和松动,并与围岩共同工作。

(2)与普通模筑混凝土相比,喷射混凝土施工将输送、浇筑、捣固几道工序合而为一,更不需模板,因而施工快速、简捷。

(3)喷射混凝土能及早发挥承载作用。它能在10min左右终凝,一般2h后即具有强度,

8h 后可达 2MPa,16h 后达 5MPa,1d 后可达 7~8MPa,4d 后达到 28d 强度的 70% 左右。

(4)试验表明,喷射混凝土与模筑混凝土相比,密实性和稳定性要差,而性能较干式喷射混凝土有显著改善。

3)喷射混凝土的工艺

喷射混凝土的工艺流程有干喷、潮喷、湿喷和混合喷四种,主要区别是各工艺的投料程序不同,尤其是加水和速凝剂的时机不同。

(1)干喷和潮喷

干喷是将集料、水泥和速凝剂按一定的比例干拌均匀,然后装入喷射机,用压缩空气使干集料在软管内呈悬浮状态送到喷枪,再在喷嘴处与高压水混合,以较高速度喷射到岩面上。

干喷的缺点是产生的粉尘量大,回弹量大,加水是由喷嘴处的阀门控制的,水灰比的控制程度与喷射手操作的熟练程度有关,但使用的机械较简单,机械清洗和故障处理容易。

潮喷是将集料预加少量水,使之呈潮湿状,再加水泥拌和,从而降低上料、拌和及喷射时的粉尘,但大量的水仍是在喷头处加入和喷出的,其喷射工艺流程和使用机械同干喷工艺,见图 3-19,目前施工现场较多使用的是潮喷工艺。

(2)湿喷

湿喷是将集料、水泥和水按设计比例拌和均匀,用湿式喷射机压送到喷头处,再在喷头上添加速凝剂后喷出,其工艺流程见图 3-20。

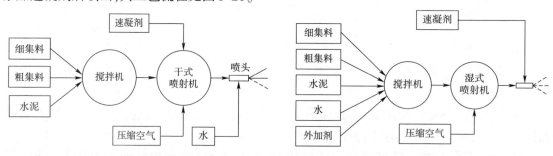

图 3-19 干喷、潮喷工艺流程　　　　　　图 3-20 湿喷工艺流程

湿喷混凝土质量容易控制,喷射过程中的粉尘和回弹量很少,是应当发展应用的喷射工艺,但对喷射机械要求较高,机械清洗和故障处理较麻烦。对于喷层较厚的软岩和渗水隧道,则不易使用湿喷。

(3)混合喷射

混合喷射又称水泥裹砂造壳喷射法,是将一部分砂加第一次水拌湿,再投入全部水泥强制搅拌造壳;然后加第二次水和减水剂拌和成 SEC 砂浆;将另一部分砂和石、速凝剂强制搅拌均匀,然后分别用砂浆泵和干式喷射机压送到混合管混合后喷出,其工艺流程见图 3-21。

混合喷射是分次投料搅拌工艺与喷射工艺的结合,关键是水泥裹砂(或砂、石)造壳技术。

混合喷射工艺使用的主要机械设备与干喷工艺基本相同,但混凝土的质量较干喷混凝土质量好,且粉尘和回弹率有大幅度降低,但使用机械数量较多,工艺较复杂,机械清洗和故障处理很麻烦,因此混合喷射工艺一般只用在喷射混凝土量大和大断面隧道工程中。

另外,由于喷射工艺的不同,喷射混凝土强度不同,干喷和潮喷混凝土强度较低,一般只能达到 C20,而混合喷射和湿喷则可达到 C30~C35。

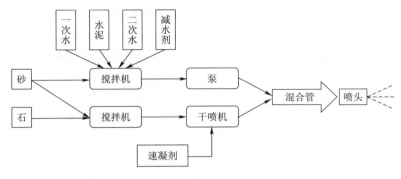

图 3-21 混合喷射工艺流程

4) 喷射混凝土施工

(1) 原料

①水泥。为保证喷射混凝土的凝结时间与速凝剂有较好的相容性,应优先采用 425 号以上的普通硅酸盐水泥,其次是矿渣硅酸盐水泥和火山灰质硅酸盐水泥。在有专门使用要求时,采用特种水泥,所使用的水泥,其性能应符合现行国家标准。

②砂。为保证喷射混凝土的强度和减少施工操作时的粉尘,以及减少硬化时的收缩裂纹,应采用坚硬而耐久的中砂或粗砂,细度模数一般宜大于 2.5。

③碎石或卵石(细石)。为防止喷射混凝土过程中的堵管和减少回弹量,应采用坚硬耐久的细石,粒径不宜大于 15mm,以细卵石较好。

④集料成分和级配。若使用碱性速凝剂,砂、石集料均不得含有活性二氧化硅,以免产生碱集料反应,引起混凝土开裂,为使喷射混凝土密实和在输送管道中顺畅,砂石集料级配应按国家标准控制在表 3-9 的范围之内。

喷射混凝土集料通过各筛径的累计质量百分率(%) 表 3-9

粒径(mm)	0.15	0.30	0.60	1.20	2.50	5.00	10.00	15.00
优	5~7	10~15	17~22	23~31	35~43	50~60	78~82	100
良	4~8	5~12	13~31	18~41	26~54	40~54	62~90	100

⑤水。为保证喷射混凝土正常凝结、硬化,保证强度和稳定性,饮用水均可用于喷射混凝土;若采用其他水,则不应含有影响水泥正常凝结与硬化的有害物质;不能使用污水以及 pH 值小于 4 的酸性水,也不能使用硫酸盐含量(按 SO_4^{2-} 计算)超过水重 1‰的水。

⑥外加剂。主要是速凝剂,在喷射混凝土中添加速凝剂的目的是使喷射混凝土速凝,以减少回弹和早强,选用时应做与水泥的相容性试验。

(2) 配比

①干集料中水泥与砂石重量比,一般为 1:4 ~ 1:4.5,每立方米干集料中,水泥用量约为 400kg,这种配比能满足喷射混凝土强度要求,回弹也较少。

②砂率一般为 45% ~ 55%。实践证明,低于 45% 或高于 55% 时,均易造成堵管,且回弹大,强度降低,收缩加大。

③水灰比一般为 0.4 ~ 0.45。否则强度降低,回弹增大,采用水泥裹砂喷射工艺时,还应试验选择最佳造壳水灰比。

④速凝剂和其他外加剂的掺量,一定要由试验来确定其最佳掺量,并达到各龄期的设计强度要求。

⑤喷射混凝土搅拌时间及搅拌后临时存放时间均应按工艺要求及规范规定进行。

(3)机械设备

①喷射机。是喷射混凝土的主要设备,国内已有多种鉴定定型产品,各有特点,可以由施工的具体情况选用,但以保证喷射混凝土的质量,减少回弹和粉尘,控制施工成本,提高工作效率为前提。

常用的干式喷射机有:双罐式喷射机、转体式喷射机、转盘式喷射机。其工作原理见图3-22。新研制的湿式喷射机有:挤压泵式、转体活塞泵式、螺杆泵式喷射机。这些泵式喷射机均要求混凝土具有较大的流动性(水灰比大于0.5,含砂率大于70%),其机械构造较为复杂,易损件使用寿命短,机械使用费较高,机械清洗和故障处理较麻烦,目前现场使用尚较少,有待进一步改进推广。

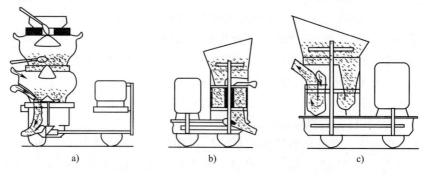

图3-22 干式喷射机
a)双罐式喷射机;b)转体式喷射机;c)转盘式喷射机

②机械手。喷头的移动和喷射方向、距离的控制,可采用人力直接控制或机械手控制。

人力直接控制虽然可以近距离随时观察喷射情况,但劳动强度大,粉尘危害健康,因此劳动保护要求佩戴防尘面具;对于软弱破碎围岩,需紧跟开挖面及时施喷时,有可能因突发性坍塌危及工人人身安全;另外对大断面隧道,还需要搭设临时性工作台。所以,人力直接控制一般只用于解决少量的和局部喷敷,机械手控制则可以避免以上缺点,且方便灵活,工作范围大,可覆盖140m²(图3-23)。

③喷射混凝土的拌制宜用强制式搅拌机。喷射时风压为0.1~0.15MPa,且水压应稍高于风压,湿式喷射时,风压及水压均较干喷时高,输料管在使用过程中应注意转向,以减少管道磨损。

(4)喷前检查及准备

①喷前应对开挖断面尺寸进行检查,清除松动危面,欠挖超标严重的应予以处理。

②根据石质情况,用高压风或水清洗受喷面。

③受喷岩面有集中渗水时,应作好排水引流处理,无集中水时,应根据岩面潮湿程度,适当调整水灰比。

④埋设喷层厚度检查标志,一般是在石缝处钉铁钉,或用快硬水泥安设钢筋头,并记录其外露长度。

⑤检查调试好各机械设备的工作状态。

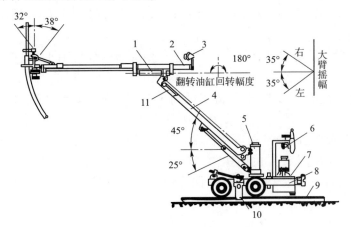

图 3-23　喷射机械手

1-翻转油缸;2-伸缩油缸;3-探照灯;4-大臂;5-转筒;6-风水系统;7-液压系数;8-车架;9-钢轨;10-卡轨器;11-拉杆

(5) 注意事项

①喷射时应分段(不超过6m)、分部(先下后上)、分块(2.0m×2.0m),严格按先墙后拱,先下后上的顺序进行(图3-24a),以减少混凝土因重力作用而引起的滑动或脱落现象发生。

②喷射时可以采用S形往返移动前进,也可以采用螺旋形移动前进(图3-24b)。

③喷射时喷嘴要垂直于受喷面,倾斜角不大于10°,距离0.8~1.2m。

④对于岩面凹陷处应先喷多喷,凸出处应后喷少喷。

⑤喷射时一次喷射厚度不得太薄或太厚,主要与混凝土的黏结力和受喷部位及回弹情况等有关,一般规定按表3-10执行。

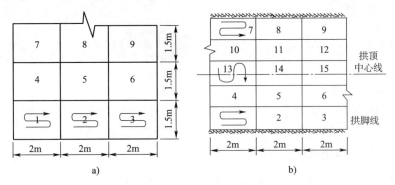

图 3-24　喷射分区及喷射顺序

a)边墙喷射分区及喷射顺序;b)拱圈喷射分区及喷射顺序

一次喷射厚度(单位:cm)　　表 3-10

部　　位	掺速凝剂	不掺速凝剂
边墙	7~10	5~7
拱部	5~7	3~5

⑥若设计喷射混凝土较厚,应分层喷射,一般分2~3层喷射;分层喷射的间隔时间不得太

短,一般要在初喷混凝土终凝以后再进行复喷;喷射混凝土的终凝时间受水泥品种、施工温度、速凝剂类型及掺量等因素影响。间隔时间较长时,复喷应将初喷混凝土表面清洗干净,复喷应将凹陷处进一步找平。

⑦喷射混凝土的养护应在其终凝1～2h后进行水养护,养护时间一般不少于7d。

⑧冬季施工时喷射混凝土作业区的气温不得低于5℃;若气温低于5℃,亦不得洒水;混凝土强度未达到设计强度的50%时,若气温降低到5℃以下,则应注意采取保温防冻措施。

⑨回弹物料的利用。实测表明,采用干法喷射混凝土时,一般边墙的回弹率为10%～20%,拱部为20%～35%,回弹量相当大。除应设法减少回弹外,尚应将回弹物料回收利用。

及时回收的洁净而尚未凝结的回弹物,可以按一定比例掺入混合料中重新搅拌后喷射,但掺量不宜大于15%,且不宜用于喷射拱部;回弹物的另一处理途径是掺进普通混凝土中,但掺量也应加以控制。

3. 锚杆

1)锚杆作用

锚杆(索)是用金属或其他高抗拉性能的材料制作的一种杆状构件,使用某些机械装置和黏结介质,通过一定的施工操作,将其安设在地下工程的围岩或其他工程结构体中,图3-25为隧道现场施作的锚杆。

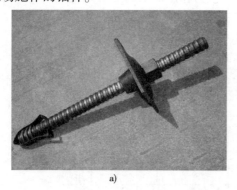
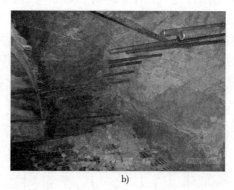

图3-25 锚杆实物图

锚杆(索)支护作为一种新的支护手段,在技术、经济方面的优越性和能适应不同地质条件的性质,使其在建筑领域尤其是地下工程中得到广泛应用和迅速发展。

一般认为,锚杆的作用有如下几种:

(1)支承围岩

锚杆能限制约束围岩变形,并向围岩施加压力,从而使处于二轴应力状态的洞室内表面附近的围岩保持三轴应力状态,因而能制止围岩强度的恶化,如图3-26所示。

(2)加固围岩

由于系统锚杆的加固作用,使围岩中,尤其是松动区中的节理裂隙、破裂面得以连接,因而增大了锚固区围岩的强度(即c、ϕ值);锚杆对加固节理发育的岩体和围岩松动区是十分有效的,有助于裂隙岩体和松动区形成整体,成为"加固带"(图3-27)。

(3)提高层间摩阻力,形成"组合梁"

对于水平或缓倾斜的层状围岩,用锚杆群能把数层岩层连在一起,增大层间摩阻力,从结构力学观点来看就是形成"组合梁"(图3-28)。

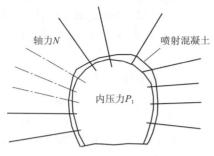

图3-26 锚杆支撑作用示意图

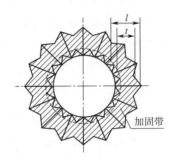

图3-27 锚杆加固作用示意图

(4)"悬吊"作用

"悬吊"作用是指为防止个别危岩的掉落或滑落,用锚杆将其稳定围岩连接起来,这种作用主要表现在加固局部失稳的岩体(图3-29)。

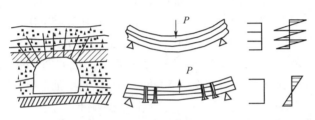

图3-28 锚杆组合梁作用示意图

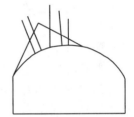

图3-29 锚杆悬吊作用示意图

2)锚杆分类和比较

锚杆的种类很多,若按其与被支护体的锚固形式来分,大致可分为以下几种:

(1)端头锚固式:机械内锚头锚杆(索)[胀壳式锚杆(索)、楔缝式锚杆、楔头式锚杆]和黏结式内锚头锚杆(索)[水泥砂浆内锚头锚杆(索)、快硬水泥卷内锚头锚杆、树脂内锚头锚杆]。

(2)全长黏结式:水泥浆全黏结式锚杆、水泥砂浆全黏结式锚杆(砂浆锚杆)、树脂全黏结式锚杆。

(3)摩擦式:楔管式锚杆、缝管式锚杆。

(4)混合式:先张拉后灌浆预应力锚杆(索)、先灌浆后张拉预应力锚杆(索)。

端头锚固式锚杆,利用内、外锚头的锚固来限制围岩变形松动,其安装容易,工艺简单,安装后即可以起到支护作用,并能对围岩施加预应力,但杆体易腐蚀,锚头易松动,影响长期锚固力,一般用于硬岩地下工程中的临时加固。隧道工程中,常用作局部锚杆。

全长黏结式锚杆,采用水泥砂浆(或树脂)作为填充黏结料,不仅有助于锚杆的抗剪和抗拉以及防腐蚀作用,而且具有较强的长期锚固能力,有利于约束围岩位移。其安装简便,在无特殊要求的各类地下工程中,可大量用于初期支护和永久支护。隧道工程中,常用作系统锚杆和超前锚杆。

摩擦式锚杆是用一种沿纵向开缝(或预变形)的钢管,装入比钢管直径小的钻孔,对孔壁施加摩擦力,从而约束孔周岩体变形。其安装容易,安装后立即起作用,能及时控制围岩变形,又能与孔周变形相协调,但其管壁易锈蚀,故一般不适于作永久支护。隧道工程中,常由于端头机械锚固容易失效或全长黏结不便施工(不能生效),而采用全长摩擦式锚杆。

混合式锚固锚杆是端头锚固方式与全长黏结锚固方式的结合使用,既可以施加预应力,又具有全长黏结锚杆的优点,但安装施工较复杂,一般用于大体积、大范围工程结构的加固,如高边坡、大坝、大型地下洞室等。

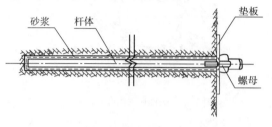

图3-30 普通水泥砂浆全黏结锚杆

3)常见锚杆介绍

(1)砂浆锚杆。该类锚杆是以普通水泥砂浆作为黏结剂的全长黏结式锚杆,其构造如图3-30所示,施工工艺流程如图3-31所示。

设计施工要点如下:

①杆体材料宜用20MnSi钢筋,亦可以采用A_3钢筋;直径14~22mm为宜,长度2~3.5m,为增加锚固力杆体内端可劈口叉开。

②水泥一般选用普通硅酸盐水泥,砂子粒径不大于3mm,并过筛。

③砂浆强度等级不低于M10,配合比一般为水泥:砂:水 = 1:(1~1.5):(0.45~0.5)。

④钻孔应符合下列要求:孔径应与杆径配合好。一般孔径比杆径大15mm(采用先插杆体后注浆施工的孔径比先注浆后插杆体施工的孔径要大一些),这主要考虑注浆管和排气管占用空间。孔位允许偏差为±15~50mm;孔深允许偏差为±50mm。钻孔方向宜适当调整以尽量与岩层主要结构面垂直。孔钻好后用高压水将孔眼冲洗干净(若是向下钻孔还须用高压风吹净水),并用塞子塞紧孔口,防止石渣掉入。

⑤锚杆及黏结剂材料应符合设计要求,锚杆应按设计要求的尺寸截取,并整直、除锈和除油,外端不用垫板的锚杆应先弯制弯头。

⑥黏结砂浆应拌和均匀,并调整其和易性,随拌随用,一次拌和的砂浆应在初凝前用完。

⑦先注浆后插杆体时,注浆管应先插到钻孔底,开始注浆后,徐徐均匀地将注浆管往外抽出,并始终保持注浆管口埋在砂浆内,以免浆中出现空洞。

⑧注浆体积应略多于需要体积,将注浆管全部抽出后,应立即迅速插入杆体,可用锤击或通过套筒用风钻冲击,使杆体强行插入钻孔。

⑨杆体插入孔内的长度不得短于设计长度的95%,实际黏结长度亦不应短于设计长度的95%。注浆是否饱满,可根据孔口是否有砂浆挤出来判断。

⑩杆体到位后要用木楔或小石子在孔口卡住,防止杆体滑出。砂浆未达到设计强度的70%时,不得随意碰撞,一般规定3d内不得悬挂

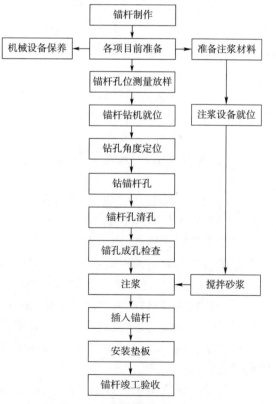

图3-31 砂浆锚杆施工工艺

重物。

（2）早强药包内锚头锚杆。早强药包内锚头锚杆,是以快硬水泥卷或早强砂浆卷或树脂作为内锚固剂的内锚头锚杆,其构造见图3-32所示,施工工艺流程如图3-33所示。

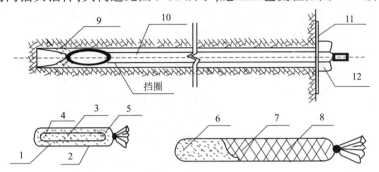

图3-32 早强药包内锚头锚杆

1-不饱和聚酯树脂+加速剂+填料;2-纤维纸和塑料袋;3-固化剂+填料;4-玻璃管;5-堵头(树脂胶泥封口);6-快硬水泥;7-湿强度较大的滤纸筒;8-玻璃纤维纱网;9-树脂锚固剂;10-带麻花头杆体;11-垫板;12-螺母

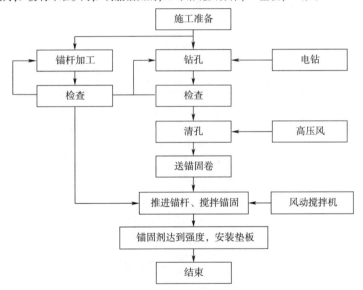

图3-33 药包锚杆施工工艺流程

设计施工要点：

①钻眼要求同前、但孔眼应比锚杆长度短4~5cm。

②用2~3mm直径,长150mm的锥子,在快硬水泥卷端头扎两个排气孔,然后将水泥卷竖立放于清洁水中,保持水面高出水泥卷100mm。浸水时间以不冒气泡为准,但不得超过水泥初凝时间,必要时要作浸水后的水灰比检查。

③将浸好水的水泥卷用锚杆送至眼底,并轻轻捣实。若中途受阻,应及时处理,若处理时间超过水泥终凝时间,则应换装新水泥卷或钻眼作废。

④将锚杆外端套上连接套筒(带有六方旋转头的短锚杆;断面打平,对中焊上锚杆螺母),装上搅拌机,然后开动搅拌机,带动锚杆旋转,搅拌水泥浆,并用人力推进锚杆至眼底,再保持10s的搅拌时间(总时间约30~40s)。

⑤轻轻卸下搅拌机头,用木楔楔住杆体,使其位于钻眼中心。自浸水后20min,快硬水泥有足够强度时,才能使用扳手卸下连接套筒(可准备多个套筒周转使用)。采用树脂药包时,还需注意:搅拌时间应根据现场气温决定,20℃时,固化时间为5min;温度下降5℃,固化时间大致会延长一倍,即15℃时,为10min;10℃时,为20min。因此,隧道工程在正常温度下,搅拌时间约为30s,温度在10℃以下时,搅拌时间可适当延长为45~60s。

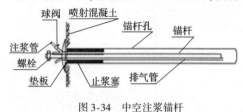

图 3-34 中空注浆锚杆

(3)中空注浆锚杆。中空注浆锚杆是一种新型锚固材料,目前市场主要有三大系列产品:先锚后灌注中空注浆锚杆;自进式中空注浆锚杆;钢制预应力涨壳中空注浆锚杆。其构造见图3-34,施工工艺流程如图3-35所示。

设计施工要点如下:

①按照设计要求布设锚杆,用凿岩机钻孔,成孔后进行清孔。将安装好锚头的中空注浆锚杆插入孔底,安装止浆塞、垫板、螺母,然后连接注浆管,用注浆泵通过尾部向孔内注浆,浆液采用水泥砂浆,注浆压力控制在0.3~1MPa,注浆顺序自下而上逐根进行,注浆后将止浆塞塞入钻孔,用速凝水泥封孔。

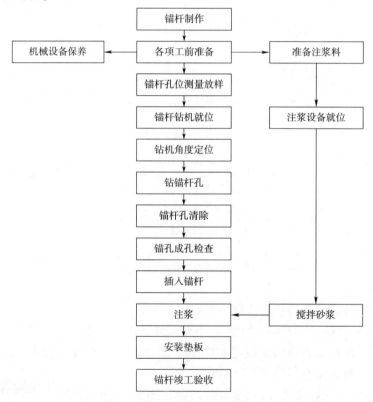

图 3-35 中空注浆锚杆

②为防止串浆可采用跳打施工,即先施工奇数孔序,再施工偶数孔序。

③发生串浆后的处理措施:对串浆孔与注浆孔同时注浆,采用分浆器,利用一台注浆泵同时对多根锚杆注浆。

④发生大量漏浆时,采用以下原则进行处理:采用低压、浓浆、限流、限量、间歇注浆的方法进行灌注或注入其他充填先堵大通道再采取第一种方法进行处理。

⑤涌水处理:在孔口有涌水的注浆孔段,注浆前测量记录涌水压力、涌水量,然后根据涌水情况选用下列综合措施处理:第一,采用较高的压力,自上而下分段注浆;第二,采用浓浆进行屏浆 1~24h 后再闭浆,并待凝;第三,采用纯压式注浆;第四,用速凝浆液处理。

4)锚杆的布置

锚杆的布置分为局部布置和系统布置。

(1)局部布置。主要用在裂隙围岩,重点加固不稳定块体,隧道拱顶受拉破坏区为重点加固区域。

锚杆局部布置的原则为:拱腰以上部位锚杆方向应有利于锚杆的受拉;拱腰以下及边墙部位锚杆宜逆向不稳定岩块滑动方向。

局部加固的锚杆,必须保证不稳定块体与稳定岩体的有效连接,为此,可由现场测定或采用赤平极射投影和实体比例投影作图法确定不稳定块体的形状、质量和出露位置,据此确定锚杆间距和锚入稳定岩体的长度。锚杆的间距为:

$$D \leqslant \frac{d}{2}\sqrt{\frac{\pi R_a A}{KP}} \tag{3-1}$$

式中:D——锚杆间距,m;

d——锚杆直径,m;

R_a——锚杆钢筋的设计强度,Pa;

K——安全系数,可取 $K=1.5~2.0$;

P——危石或不稳定块体的重力,N;当侧墙存在不稳定块体时,P 值为下滑力减去抗滑力;

A——危石或不稳定块体出露面积,m^2。

锚杆深入稳定岩体的深度为:

$$L_m = \frac{dR_a}{4\tau} \tag{3-2}$$

式中:L_m——锚入稳定岩体的深度(其值不宜小于杆体直径的 30~40 倍),m;

τ——砂浆的黏结强度,N/m^2;

R_a、d 与前式相同。

(2)系统布置。在破碎和软弱围岩中,一般采用系统布置的锚杆,对围岩起到整个加固作用。对于局部很破碎、软弱围岩部位或可能出现过大变形的部位,应加设长锚杆,如图 3-36a)所示。

杆件系统布置的原则:

①在隧道横断面上,锚杆宜垂直隧道周边轮廓布置,对水平成层岩层,应尽可能与层面垂直布置或使其与层面呈斜交布置,如图 3-36b)所示。

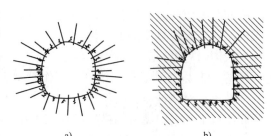

注:布置锚杆后在侧壁增设长锚杆。

图 3-36 系统锚杆的布置

②在岩面上锚杆宜成菱形排列，纵、横间距为 0.6~1.5m，其密度约为 0.6~3.6 根/m²。

③为了使系统布置的锚杆形成连续均匀的压缩带，其间距不宜大于锚杆长度的 1/2，在 Ⅳ、Ⅴ级围岩中，锚杆间距宜为 0.5~1.2m；但当锚杆长度超过 2.5m 时，若仍按间距不大于 1/2 锚杆长度的规定，则锚杆间的岩块可能因咬合和连锁不良而导致掉块坠落，为此，其间距不宜大于 1.25m。

5) 锚杆的长度

锚杆长度、间排距是锚杆工程设计必须确定的主要参数，是锚杆布置的主要问题，一般应首先确定锚杆长度，然后确定间排距。

国内外对锚杆长度进行过大量研究，各国、各行业都有选择锚杆长度的规定。

虎克和布朗、美国工程师协会及美国矿山局等提出用于检验锚杆长度的一般经验准则，认为锚杆最小长度至少为：两倍锚杆间距；岩体断裂面平均间距所确定的临界潜在不稳定岩块宽度的 3 倍；隧道跨度之半（跨度小于 6m）。

我国《铁路隧道喷锚构筑法技术规范》(TB 10108—2002) 规定：确定锚杆长度时，主要应考虑地质条件。在成块和成层的岩层中，欲获得悬吊或梁的效应，锚杆的长度应大于围岩松弛范围。如果是为了获得拱效应或为了加固、改良围岩时，应使锚杆与围岩组成统一结构，共同作用，此时，锚杆的端头亦可锚固在非稳定岩层中，但锚固应具有足够的抗拔力。为了提高锚杆施工的作业效率，不宜使用太长的锚杆，但锚杆过短又起不到加固或改良围岩的作用，局部锚杆的长度一般应比系统锚杆的长度大。

《铁路隧道喷锚构筑法技术规范》(TB 10108—2002) 规定，在围岩条件较好的 Ⅰ~Ⅲ 级岩层，可以采用喷锚支护，锚杆长度为 1.5~3.0m；在围岩条件中等和较差的 Ⅲ~Ⅵ 级岩层中，作为复合衬砌中初期支护的锚杆，净跨 5m、净高 6m 的单线隧道锚杆长度为 2.0~3.0m，净跨 9m、净高 6m 的双线隧道锚杆长度为 2.0~3.5m。

综上所述，锚杆长度主要与隧道跨度和围岩性质有关，在不同的隧道断面形状和尺寸条件下，不管采用悬吊理论、组合梁理论还是组合拱理论，都需要首先确定锚杆要支护的围岩范围（特别是松动范围）及所需的支护强度，而围岩的松动范围及隧道支护所需的支护强度主要受隧道跨度和围岩性质决定。以上这些锚杆长度的经验数值可以借鉴。

6) 锚杆间距和布置

锚杆长度、间排距是锚杆加固工程设计的主要参数，是锚杆布置研究的主要问题。

虎克和布朗、美国工程师协会及美国矿山局等提出用于检验锚杆间距的经验准则为：锚杆最大间距不应超过锚杆长度之半；隧道跨度之半（跨度小于 6m）；岩体中平均断裂面间距所确定的不稳定岩块宽度的 1.5 倍。

我国《铁路隧道喷锚构筑法技术规范》(TB 10108—2002) 规定，锚杆的间距不宜大于锚杆长度的 1/2，以有利于相邻锚杆共同作用。

新奥法对锚杆布置的设计，从支护应使围岩形成自承拱出发，锚杆间距规定为：硬岩的锚杆间距取 1.5m；中硬岩的锚杆间距取 2.0~3.0m；软岩、破碎岩体和土砂质地层的锚杆间距取 1.0~0.8m；膨胀性地层的锚杆间距取 1.0~0.8m。

综上所述，每根锚杆都有其影响范围，将各个锚杆相互连接起来才能形成连续的拱结构或梁结构。锚杆的间排距对形成锚固围岩的梁效应、拱效应或加固层效应具有重要作用，锚杆间排距与锚杆长度应有一定比值。

四、二次衬砌

按照现代支护理论和新奥法施工原则,作为安全储备的二次支护是在围岩或围岩加初期支护稳定后及时施作的,此时隧道已成型,因此二次支护多采用顺作法,即由下向上,先墙后拱顺序连续灌溉。在隧道纵向需要分段支护,分段长度为9~12m。

二次衬砌多采用模筑混凝土作为衬砌结构(图3-37),由于时间因素影响很多,二次衬砌和仰拱的施作,直接关系到衬砌结构的安全,过早施作会使二次衬砌承受较大的围岩压力,拖后施作会不利于初期支护的稳定。因此,在施工中通过监控量测掌握围岩与支护结构的变化规律,及时调整支护与衬砌设计参数,并确定二次衬砌和仰拱的施作时间,使衬砌结构安全可靠。

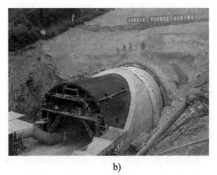

图3-37 初砌台阶及衬砌
a)衬砌台车;b)衬砌

1. 模板类型

常用的模板有:整体移动式模板台车、穿越式(分体移动)模板台车、拼装式拱架模板。

(1)整体移动式模板台车。整体移动式模板台车主要由大块曲模板、机械或液压脱模、背附式振捣设备集装成整体,并在轨道上走行。有的还设有自行设备,从而缩短立模时间,墙拱连续灌筑,加快衬砌施工速度(图3-38)。

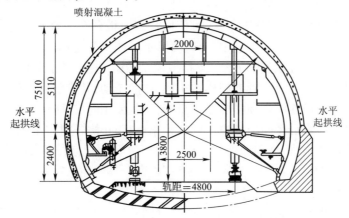

图3-38 整体移动式模板台车(尺寸单位:mm)

模板台车的长度即一次模筑段长度,应根据施工进度要求、混凝土生产能力和灌筑技术要求以及曲线隧道的曲线半径等条件来确定。

整体移动式模板台车的生产能力大,可配合混凝土输送泵联合作业,是较先进的模板设备,但其尺寸大小比较固定,可调范围较小,影响其适用性,且一次性设备投资较大。我国有些施工单位自制较为简单的模板台车,效果也很好。

(2)穿越式分体移动模板台车。这种台车是将走行机构与整体模板分离,因此一套走行机构可以解决几套模板的移动问题,既提高了走行机构的利用率,又可以多段衬砌同时施作。

(3)拼装式拱架模板。拼装式拱架模板的拱架可采用型钢制作或现场用钢筋加工成桁架式拱架。为便于安装和运输,常将整榀拱架分解为 2~4 节,进行现场组装,其组装连接方式有夹板连接和端板连接两种形式。为减少安装和拆卸工作量,可以作成简易移动式拱架,即将几榀拱架连成整体,并安设简易滑移轨道。

拼装式模板多采用厂制定型组合钢模板,其厚度均为 5.5cm,宽度有 10cm、15cm、20cm、25cm、30cm,长度有 90cm、120cm、150cm 等。局部异形及挡头板可采用木板加工。

拼装式拱架模板的一次模筑长度,应与围岩地质条件、施工进度要求、混凝土生产能力以及开挖后围岩的动态等情况相适应。一般分段长度为 2~9m,松软地段最长不超过 6m。拱架间距应视未凝混凝土荷载大小及隧道断面大小而定,一般可采用 90cm、120cm 及 150cm。

拼装式拱架模板的灵活性大,适应性强,尤其适用于曲线地段,因其安装架设较费时费力,故生产能力较模板台车低。在中小型隧道及分部开挖时,使用较多。传统的施工方法中,因受开挖方法及支护条件的限制,其衬砌施作多采用拼装式拱架模板。

2. 二次衬砌施工要点

(1)衬砌施作前的准备。在模筑衬砌施作用开始前,应进行清理场地、进行中线和水平施工测量、检查开挖断面是否符合设计要求,对欠挖部分加以修凿,然后放线定位,架设衬砌模板支架或架立拱架等;同时,准备衬砌材料、机具、劳动力组织计划安排等。

(2)拱(墙)架与模板施工。模筑衬砌的拱(墙)架的间距,应根据衬砌地段的围岩情况、隧道宽度、衬砌厚度及模板长度确定,一般可取 1m,最大不应超过 1.5m。

模筑衬砌所用的拱架、墙架和模板,宜采用金属或其他新型模板结构,应式样简单、装拆方便、表面光滑、接缝严密、有足够的刚度和稳定性。

模筑衬砌施工中,根据不同施工方法,可使用衬砌模板台车或移动式整体模架,并配备混凝土泵车或混凝土输送器浇筑衬砌。中、小长度隧道可使用普通钢模板或钢木混合模板。

当围岩压力较大时,拱(墙)架应增设支撑或缩小间距,拱架脚应铺木板。

架设拱架、墙架和模板,应位置准确连接牢固,严防走动,并应认真做好以下工作:

①拱架、曲墙架、使用前应先在样台车试拼装,重复使用时应注意检查,如有变形超限应及时修理调整。在拱架外缘沿径向用支撑与同岩顶紧,以防止浇筑过程中拱架变形。

②架设前应按隧道中线、高程允许施工误差和预留沉落量,对开挖断面进行复核,围岩突出部位应清除、整修。

③模板街头应整齐平顺。

④挡头板应按衬砌断面制作,挡头板与同岩壁间隙应嵌紧密;拱架应在垂直于隧道中线方向架设,架设的夹板、螺栓、拉杆等应安装齐全,拱架(包括拱板)的高程应预留沉没量,其数值

可按表 3-11 采用。

拱架预留沉降量 表 3-11

围岩分级	Ⅰ	Ⅱ	Ⅲ	Ⅳ及Ⅳ以上
预留沉降量(cm)	≤5	5~10	10~15	15~20

注：①上表数值适用于先拱后墙法,当采用先墙后拱法时均不宜大于5cm；
②表中不包括施工误差。

另外考虑到测量和施工都有误差,且灌筑混凝土时拱脚内挤,为保证设计净空,拱架(包括模板)的拱脚每侧应加宽 5~10cm,拱顶应加高 5cm。

拱架一般多采用钢拱架。用废旧钢轨加工制成。模板也逐渐用钢模代替木板。钢拱架的间距,根据地质条件、衬砌厚度、拱架质量等因素决定,一般为 1.0m。可参考表 3-12 选用。

钢 架 间 距 表 3-12

围岩分级	Ⅰ－Ⅱ	Ⅲ－Ⅳ	Ⅴ－Ⅵ
钢架间距(m)	1.0-1.5	0.8-1.2	0.6-0.8

要检查钢拱架的尺寸,并检查模板是否清洗干净、接头严密,拱脚基底要平整等。

立墙架时应做好以下工作：

①采用先墙后拱法施工,应按隧道中线确定墙架位置。

②采用先拱后墙法施工,经复核检查拱部中线及净空无误时,可由拱脚挂线定位。

③立墙架时,应对墙基高程进行检查。

④不得利用墙架兼作脚手架,防止模板走动变形及脱落等。

(3) 混凝土制备与运送。隧道模筑混凝土的配合比应满足设计要求。目前,现场多是采用机械拌和混凝土。在混凝土制备中应严格按照质量配合比供料,特别要重视掌握加水量、控制水灰比和落度等。在边墙处混凝土坍落度为 1~4cm；在拱圈及其他不便施上处为 2~5cm。当隧道不长时搅拌机可设在洞口。

混凝土拌和后,应尽快浇筑。混凝土的运送时间一般不得超过 45min,以防止产生离析和初凝,禁止在运送途中加水,并且在运输中坍落度损失不应超过 30%。原则上应采用混凝土搅拌运输车,采用其他方法运送时,应确保混凝土在运送中不产生损失及混入杂物,已经达到初凝的剩余混凝土,不得重新搅拌使用。

(4) 模筑衬砌混凝土的浇筑工艺要求。隧道模筑混凝土衬砌的浇筑应分节段进行,节段长度应根据围岩状况、施工方法和机具设备能力等确定。在松软地层,一般每节段长度不超过 6cm,为保证拱圈和边墙的整体性,每节段拱圈边墙应连续进行灌注混凝土衬砌,以免产生施工工作缝。

①拱圈混凝土衬砌。混凝土衬砌施工应符合下列要求：

a. 拱圈浇筑顺序应从两侧拱脚向拱顶对称进行,间歇及封顶的层面应成辐射状。

b. 分段施工的拱圈合拢宜选在围岩较好处。

c. 先拱后墙法施工的拱圈,混凝土浇筑前应将拱脚支撑而找平。石质隧道支撑面可用碎石垫平,上铺 2~3cm 沙子,用水洒湿；土质隧道宜横铺一层 5cm 厚木板。

d. 与辅助坑道交汇处的拱圈应置于坑道两侧基岩上。

e. 钢筋混凝土衬砌先做拱圈时,应在拱脚下预留钢筋接头,使拱墙连成整体。

f. 拱圈浇筑时,应使混凝土充满所有角落,并应充分进行捣固密实。

②边墙衬砌混凝土。边墙衬砌混凝土施工应符合下列要求:

a. 浇筑混凝土前,必须将基底石渣、污物和基坑内积水排除干净,严禁向有积水的基坑内倾倒混凝土干拌和物。墙基松软时,应做加固处理。

b. 边墙扩大基础的扩大部分及仰拱的拱座,应结合边墙施工一次完成。

c. 采用片石混凝土时,片石应距模板5cm以上,片石间距应大于粗集料的最大粒径,并应分层掺放,捣固密实。

d. 采用先拱后墙法施工时,边墙混凝土应尽平浇筑,以避免对拱圈产生不良影响。

③拱圈封顶拱。拱圈封顶应随拱圈的浇筑及时进行。墙顶封口应留7～10cm,在完成边墙灌筑24h后进行,封口前必须将拱脚的浮渣除干净,封顶,封口的混凝土均应适当降低水灰比,并捣固密实,不得漏水。

④仰拱施工。仰拱施工应符合下列要求:

a. 应结合拱圈和边墙施工抓紧进行,使结构尽快封闭。

b. 仰拱浇筑前应清除积水、杂物、虚渣。

c. 应使用拱架模板浇筑仰拱混凝土。

⑤拱墙背后回填。拱墙背后的空隙必须回填密实,并应按下列要求与衬砌同时施工。

a. 先拱后墙法施工时,拱脚以上1m范围内的超挖,应用与拱圈相同强度等级混凝土同时浇筑。

b. 边墙基底以上1m范围内的超挖,宜用与边墙相同强度等级混凝土同时浇筑。

c. 其余部位(包括仰拱),超挖在允许范围内可用与衬砌相同强度等级混凝土同时浇筑,超挖大于规定时,宜用片石混凝土或M10砂浆砌片石回填,不得用渣体随意回填,严禁片石侵入衬砌断面。当围岩稳定并干燥无水时,可先用干砌片石回填,再在衬砌背后压浆。仰拱以上与路面基层以下部分应用浆砌片石或低强度等级混凝土回填。

⑥具有侵蚀性地下水采取的措施。隧道通过含有侵蚀性地下水时,应对地下水作水质分析,衬砌应采用抗侵蚀性混凝土。

(5)衬砌混凝土养护与拆模。衬砌混凝土灌筑后10h左右应开始洒水养护,以保持混凝土良好的硬化条件。养护时间应根据衬砌施工地段的气温、空气相对湿度和使用的水泥品种确定,使用硅酸盐水泥时,养护时间一般为7～14d,寒冷地区应做好衬砌混凝土的防寒保温工作。拱架、边墙支架和模板的拆除时间,应满足下列要求:

①不承受荷载的拱、墙混凝土强度达到5MPa,或拆模时混凝土表面及棱角不致损坏,并能承受自重。

②承受较大围岩压力的拱、墙应当封口后封顶混凝土达到设计强度100%时。

③承受围岩压力较小的拱和墙,一般当封顶或封口混凝土达到设计强度的70%时。

④围岩较稳定,地压很小的拱圈,一般封顶混凝土达到设计强度的40%时,可以拆模。

五、隧道防排水

铁路隧道要求二次衬砌表面无湿渍,不允许渗水,公路隧道和地铁的防水要求更高。通常都在初期支护和二次衬砌间设置防水板防水、二次衬砌用防水混凝土灌注、施工缝及变形缝中都设止水带。

1. 隧道防水施工流程

隧道防排水施工流程如图3-39所示。

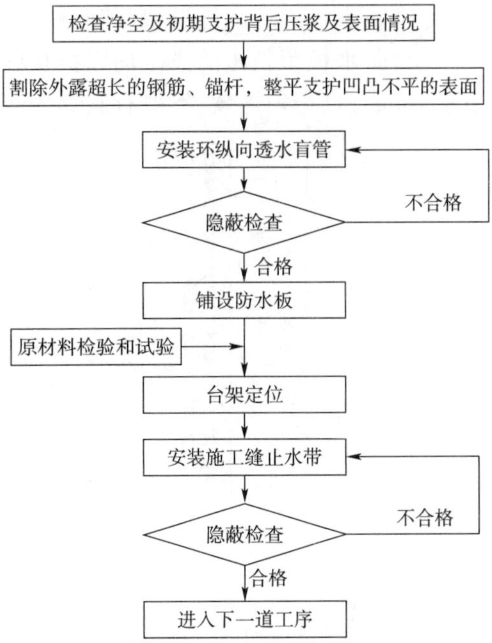

2. 结构防水板施工

围岩如有淋水，应先采用注浆措施将大的淋水或集中出水点封堵，然后在围岩表面设排水管或排水板竖向盲沟将局部渗水引排。初期支护如有淋水，在初期支护与二次衬砌之间设竖向排水，竖向排水在拱脚处用硬聚氯乙烯排水管穿过二次衬砌排入侧沟中。在初期支护与二次衬砌之间铺设土工布、防水板，变形缝、施工缝采用中埋式橡胶止水带或其他止水措施。

1）基面处理

（1）喷射混凝土基面的表面应平整，两凸出体的高度与间距之比，拱部不大于1/8，其他部位不大于1/6，否则应进行基面处理。

图3-39 隧道防水施工流程

（2）拱墙部分自拱顶向两侧将基面外露的钢筋头、铁丝、锚杆、排水管等尖锐物切除锤平，并用砂浆抹成圆曲面。

（3）欠挖超过5cm的部分需作处理。

（4）仰拱部分用风镐修凿，清除回填渣土和喷射混凝土回填料。

（5）隧道断面变化或突然转弯时，阴角应抹成半径大于10cm的圆弧，阳角应抹成半径大于5cm的圆弧。

（6）检查各种预埋件是否完好。

（7）喷射混凝土强度要求达到设计强度。

2）缓冲垫层的铺设

常用缓冲材料有土工布和聚乙烯泡沫塑料，铺设过程如下：

（1）将垫衬横向中线同隧道中线对齐。

（2）由拱顶向两侧边墙铺设。

（3）采用与防水板同材质的ϕ80mm专用塑料垫圈压在垫衬上，使用射钉或胀管螺丝锚固。

（4）垫衬缝搭接宽度不小于5cm。

（5）锚固点应垂直基面并不得超出垫圈平面，锚固点呈梅花形布置。锚固点间距，拱部为0.5～0.7m，边墙为1.0～1.2m，凹凸处应适当增加锚固点。

3）防水板铺设

防水板铺设多采用无钉（暗钉）铺设法。无钉铺设法是先在喷混凝土基面上用明钉铺设法固定缓冲层，然后将防水板热焊或黏合在缓冲层垫圈上，使防水板无穿透钉孔，如图3-40所示。防水板铺设要点如下：

(1)防水板应环向铺设,相邻两幅接缝错开,结构转角处错开不小于规定值。

(2)防水板短长边的搭接均以搭接线为准。防水板搭接处采用双焊缝焊接,焊接宽度不小于10mm,且均匀连续,不得有假焊、漏焊、焊焦、焊穿等现象。

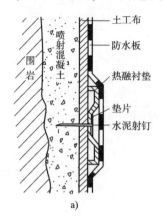

图3-40 隧道防水板
a)示意图;b)实物图

(3)防水板铺设应自上而下进行,铺设时根据基面平整度的不同,应留出足够的富余,防止浇筑混凝土衬砌时因防水板绷得太紧而拉坏防水材料或使衬砌背后形成积水空隙。

(4)在检查焊接质量和修补质量时,严禁在热的情况下进行,更不能用手撕。

(5)防水板铺设可采用自制台车进行。

4)防水板搭接

防水板通常采用自动爬行热合机双焊缝焊接,如图3-41所示。防水板焊接在热融垫片表面。焊接前将防水板铺设平整、舒展,并将焊接部位的灰尘、油污、水滴擦拭干净,焊缝接头处不得有气泡、褶皱及空隙,而且接头处要牢固,强度不得小于同一种材料;防水板焊接时,要严格掌握焊接速度或焊接时间,防止过焊或焊穿防水材料;防水板之间搭接宽度为10cm,双焊缝的每条缝宽1cm,两条焊缝间留不小于1.5cm宽的空腔作充气检查用。焊缝处不允许有漏焊、假焊,凡烤焦、焊穿处必须用同种材料片焊接覆盖。防水板搭接要求成鱼鳞状,以利排水。

图3-41 热合机双焊缝焊接

5)质量检验

(1)在洞外检查防水板及土工布的颜色、厚度、合格证是否符合要求。用手将已固定好的防水板上托或挤压,检查其是否与喷混凝土层密贴,检查防水板有无破损、断裂、小孔,吊挂点是否牢固,焊缝有无烤焦、焊穿、假焊和漏焊,搭接宽度是否符合设计,焊缝表面是否平整光滑,有无波形断面。

防水板安装后至混凝土浇筑前这段时间的施工非常容易损伤防水卷材,从而影响整体的防水效果。如果防水卷材两面的颜色是对比色,裂痕或损伤会明显地表现出卷材内层较深的颜色,这样可直接看出安装好的卷材整体质量,对破损处通过焊接同材质的材料可进行修补。

(2)防水板焊接质量检测。防水板铺设应均匀连续,焊缝宽度不小于20mm,搭接宽度不小于100mm,焊缝应平顺、无褶皱、均匀连续,无假焊、漏焊、焊过、焊穿或夹层等现象。检查方法有压气检查、压缩空气枪检查、焊缝拉伸强度、抗剥离强度检查等。

检查出防水板上有破坏之处时,必须立即做出明显标记,以便毫不遗漏地把破损处修补好,补后一般用真空检查法检查检验修补质量。补丁不得过小,离破坏孔边缘不小于7cm,且要剪成圆角,不要有正方形、长方形、三角形等的尖角。

6)混凝土施工时防水板保护

(1)底板防水层可使用细石混凝土保护。

(2)衬砌结构钢筋绑扎时不得划伤或戳穿防水板,钢筋头采用塑料帽保护。焊接钢筋时,用非燃物(如石棉板)隔离。

(3)浇筑混凝土时,振动棒不得接触防水层。

3.防水混凝土施工

隧道衬砌混凝土既是外力的承载结构,也是防水的最后一道防线,因此要求衬砌既要有足够的强度,还要具有一定的抗渗性。衬砌采用防水混凝土,为了能够更好地满足设计要求,施工中要加强管理,对混凝土施工进行全过程控制。

(1)防水混凝土施工尽量在围岩和初期支护基本稳定后进行,施工前要做好初期支护的注浆堵水和结构外防水的防水层铺设。

(2)为减少水化热的产生,施工时在混凝土中掺入部分粉煤灰,借以提高混凝土的和易性。粉煤灰采用Ⅰ级标准,掺量不大于25%。

(3)防水混凝土的搅拌除可使材料均匀混合外,还能起到一定的塑化和提高和易性作用,这对防水混凝土的性能影响较大,混凝土搅拌要达到色泽一致后方可出料,拌和时间不应小于2min。混凝土采用混凝土拌和车运送,在运输过程中要避免出现离析、漏浆,并要求浇筑时有良好的和易性,坍落度损失减至最小或者损失不至于影响混凝土的浇筑质量与捣实。

(4)防水混凝土的灌注:

①二次衬砌拟采用模板台车和组合钢模板,每次立模长度为9~12m为宜。

②模板要架立牢固、严密,尤其是挡头板,不能出现跑模现象。混凝土挡头板做到表面规则、平整,避免出现水泥浆漏失现象。

③防水混凝土采用高压输送泵输送入模。施工前,用等强度的水泥砂浆润管,并将水泥砂浆摊铺到施工接茬面上,摊铺厚度20~25mm,以促使施工缝处新旧混凝土有效结合。混凝土泵送入模时,左右对称灌注,每一循环应连续灌注,以减少接缝造成的渗漏现象。为了控制其自由倾落高度,应将混凝土输送管接到离浇筑面不大于$2m^2$的位置,并随着模内混凝土浇筑高度的上升而经常提升管口,模板台车和组合钢模板按灌注孔先下后上、由后向前有序进行,防止发生混凝土砂浆与集料分离。

④混凝土振捣时,振捣棒应等距离地插入,均匀地捣实全部混凝土,插入点间距应小于振捣半径,前后两次振捣棒的作用范围应相互重叠,避免漏捣和过捣,振捣时严禁触及钢筋和模板。顶部浇筑混凝土时,采用附壁式振捣器捣固,混凝土的振捣时间宜为10~30s,以混凝土开始出浆和不冒气泡为准。

⑤隧道拱顶混凝土灌注采用泵送挤压混凝土施工工艺,拱顶宜设计三个灌注孔,由后向前灌注。为便于拱顶浇筑方便,可在衬砌台车顶部加工一方便纵向移动的浇筑平台车。由于客

观原因,拱顶混凝土往往会产生不密实、灌不满等现象,对此部位的混凝土施工,根据工程经验,可在拱顶最高位置贴近防水板面预埋注浆管,其目的:一是作为排气孔,排除拱部附近空气,减小泵送压力;二是通过灌注过程观察灌浆情况,检查混凝土饱满程度;三是作为注浆管,对二次衬砌实施回填注浆,以弥补混凝土因收缩或未灌满造成的拱顶空隙。

⑥混凝土灌注完毕,待终凝后应及时采用喷、洒水养护。由于模板台车和组合钢模板不能及时拆除,初期养护洒水至模板表面和挡头板进行降温,待拆模后,对结构表面及时进行洒水养护,保持混凝土表面湿润,养护期不短于14d,以防止在硬化期间产生干裂,形成渗水通道。

4. 变形缝、施工缝施工

施工缝、变形缝是防水的薄弱环节,因此必须按规范规定和设计要求认真施作。

1) 施工缝和变形缝

施工缝处采用止水带或止水条防水,设置在结构厚度的1/2处。

(1) 施工时要对其材质、性能、规格进行检查,符合设计要求,无裂纹和气泡。

(2) 先施工结构中预埋的一半止水带,应用止水带钢筋夹固定或通过边孔的钢丝固定在结构钢筋骨架上,并用两块挡头板牢牢固定住,避免混凝土灌注过程中止水带移位,止水带不得打孔或用铁钉固定。

(3) 拆模时和进行施工缝凿毛处理时,应仔细保护止水带,以防破坏。后施工的结构在灌注前,必须对止水带加以清洗。

变形缝是由于考虑结构不均匀受力和混凝土结构胀缩而设置的允许变形的缝隙,是防水处理的难点,也是结构自防水中的关键环节。

变形缝设计为缝宽20~30mm,防水材料可选用橡胶钢片止水带、双组分聚硫橡胶、四油两布双组分聚氨酯、聚苯板、EVA防水砂浆等。结构中间埋入钢边橡胶止水带,止水带两侧分别用聚苯乙烯泡沫板填充。

具体操作方法:用特制钢筋箍夹紧橡胶钢片止水带,使其准确居中,在封口处开宽90mm、深35mm槽,槽体与缝交接处放双组分聚硫橡胶,其余部分填聚苯板。在嵌双组分聚硫橡胶前,将缝两边基面的表面松动物及浮渣等凿除,清扫干净并用砂浆找平,使其与变形缝两侧黏结牢固。槽体的槽帮涂四油两布双组分聚氨酯,槽体填充EVA防水砂浆。

2) 质量控制措施

(1) 保证施工缝黏贴止水条处混凝土面光滑、平整、干净,施工缝凿毛时不被破坏。

(2) 止水条的安装确保"密贴、牢固、混凝土浇筑前无膨胀失效",使用氯丁胶粘贴并加钢钉固定,接头用氯丁胶斜面粘贴紧密。

(3) 止水带的安装确保"居中、平顺、牢固、无裂口脱胶",并在浇筑混凝土的过程中注意随时检查,防止止水带移位、卷曲。塑料止水带接头采取焊接。

(4) 各种贯通的施工缝、变形缝的止水条、止水带的安装确保形成全封闭的防水网。

(5) 浇筑混凝土前,先将混凝土基面充分凿毛并清洗干净。采用手工凿毛时,对施工缝的清洗必须彻底,必要时还要用钢刷刷干净。

(6) 混凝土浇筑时,确保新旧混凝土结合良好,使混凝土结合处有20~30mm厚的水泥砂浆。水平施工缝可先铺设厚20~30mm的与混凝土等强度的防水砂浆。

3) 背贴式橡胶止水带和中埋式橡胶止水带

(1)背贴式橡胶止水带设置在衬砌结构施工缝、变形缝的外侧,施工时按设计要求先在需要安装止水带的位置放出安装线。

(2)施工缝处设计有防水板的,如止水带材质与防水板相同,则采用热焊机将止水带固定在防水板上;如设计为橡胶止水带时,则采用黏结法将其与防水板黏结。

中埋式橡胶止水带施工时,将加工的φ10mm钢筋卡由待模筑混凝土一侧向另一侧穿入,卡紧止水带一半,另一半止水带平结在挡头板沙窝内,待模筑混凝土凝固后弯曲φ10mm钢筋卡套上止水带,模筑下一循环混凝土,见图3-42。

图3-42 止水带示意图(尺寸单位:mm)

(3)止水带安装的横向位置,用钢卷尺量测内模到止水带的距离,与设计位置相比,允许偏差为±5cm。

(4)止水带安装的纵向位置,通常止水带以施工缝或伸缩缝为中心两边对称,用钢卷尺检查,要求止水带偏离中心的允许偏差为±3cm。

(5)用角尺检查止水带与衬砌端头模板是否正交,不正交时会降低止水带的有效长度。

(6)检查接头处上下止水带的压茬方向,此方向应以排水畅通、将水外引为正确方向,即接茬部位下部止水带压住上部止水带。

(7)用手轻撕接头来检查接头强度,观察接头强度和表面打毛情况。接头外观应平整、光洁,抗拉伸强度不低于母材,不合格时应重新焊接。

六、常用辅助工法

浅埋暗挖法常用的辅助工法同新奥法,故本节仅做简要介绍。在自然性能极差的砂类土及黏性土层中,必须采用某些辅助施工措施。辅助施工措施有:小钢管棚、大管棚、小导管注浆、深孔注浆、超前小导管注浆、劈裂注浆、充填注浆及加固注浆等。在有水地段上需有降水或排水措施。为防止施工中地表下沉量过大,初期支护完成后,可采用背后充填注浆或加固注浆。辅助工法应根据地质情况、施工工法、进度要求及机械配套情况选择一种或几种措施。

1. 超前小钢管棚

超前小钢管棚一般只在起拱线以上沿环向设置。小钢管棚管径可先用φ38～φ50mm钢管,一般选用管径φ42mm钢管。钢管环向间距视地质条件而定,一般为0.2～0.4m,沿拱部开挖外轮廓布置。管长一般为3～8m,钢管要顺直。钢管前端嵌固在地内层,末端支撑在钢拱架上,纵向两排钢管搭接的水平投影长度不得少于1m。管棚孔距离差不得大于100mm,外插角应符合设计要求,宜控制在15°左右。"浅埋深挖法"采用的小钢管棚多与超前小导管注浆合用。

2. 大棚管

在隧道覆盖层较薄,城市管网密集及其他因素造成的危险地段采用"浅埋深挖法"施工大跨度地下工程,为了控制地面沉降并有效保证安全及地下管线的正常使用,宜采用大管棚进行超前支护。

在开挖工作面处应先架设受力拱架,并对工作面喷射厚度不小于 50mm 的混凝土,进行封闭加固。

钻机就位准确,安放牢固,钻杆轴线与管棚设计轴线相吻合,钻机钻进时不应产生偏移和倾斜。

钻孔顺序一般从高孔位向低孔位顺序钻进。

管棚钢管顶进行过程中,须用测斜仪严格控制上仰角,一般控制在 3° 以下。如涉及特殊要求,按设计进行。

3. 小导管注浆

注浆小导管一般选用 $\phi33 \sim \phi50$mm 焊接钢管,长度宜为 $3 \sim 5$m。沿导管管壁每隔 $100 \sim 200$mm 交叉钻设出浆孔,孔径 $6 \sim 8$mm。

小导管在工作面上的布置及搭接长度应符合相关规定和设计要求。

导管的安设一般采用引孔打入法。钻孔的直径比小导管直径大 $20 \sim 30$mm,导管就位后,应用高压风将管内积砂吹出或用掏勺掏出。管口周围应进行有效封堵,并在工作面喷 50mm 厚左右的混凝土封闭以防漏浆。

4. 深孔注浆

(1)应用条件:深孔注浆主要应用特别松散的沙砾石膏、空隙率大的砂层或回填土层的开挖。

(2)注浆管及浆液:

注浆管一般采用 $\phi30 \sim \phi50$mm 的刚接钢管。钢管长度 $5 \sim 20$m,在管壁的前端四周钻设 $8 \sim 12$mm 的出浆孔。注浆管在开挖面上按设计要求布置,孔间距一般为 $1.0 \sim 2.0$m。

浆液多采用水泥浆、水泥水玻璃浆。

注浆压力一般为 $0.5 \sim 1.5$MPa,不得超过 2MPa,浆液扩散半径 1.0m 左右,浆液凝胶时间可根据地质特点及实际需要,并经试验选定。深孔注浆过程中,要特别注意防止损坏市政网及其他设施。

在指定注浆工艺时,要结合围岩的特性,经过试配,确定各种参数。浆液的凝胶速度和强度增长应符合施工组织设计要求。

5. 超前小导管单液水泥注浆

超前小导管采用风动注浆泵进行单液水泥注浆时,浆液配比一般按水灰比 0.8:1、1:1、1.5:1、2:1 配制,浆液均经反复多次加压灌注直至注不进为止。

6. 超前小导管改性水玻璃注浆

(1)严格按配比配制浆液。

(2)稀释或配制浆液时,应严格控制加料速度,并不停地搅拌,以防浆液结块。

(3)制浆过程中宜采用电动机械搅拌,确保搅拌均匀,搅拌时应严防浆液溅出伤人。

(4)浆液的 pH 值应根据现场地层情况试验确定。

(5)浆液应用过滤网过滤,清除杂质。

(6)配制好的浆液应在规定的时间内用完,一般停放时间不得超过 30min。

(7)注浆孔最高压力应控制在 0.5MPa 以内,以防压裂工作面。

(8)进浆速度不宜过快,浆液扩散半径应不小于0.3m。

(9)采用定量注浆法时,在压力逐渐上升,流量逐渐减少,每隔孔的注浆量已到达预定的数量后,即可结束注浆。

七、施工易出现的问题及对策

1. 易出现的问题及原因

浅埋暗挖法修建隧道由于埋深浅等原因,在一些工程实例中常出现过诸如沉降过大、坍塌等安全事故,其原因主要为:

(1)设计方面:其中包括没有全面掌握场地地质情况,对不良地质问题如承压水、易产生流沙地层、松软夹层、洞穴等缺乏了解,地层参数取值不当,设计方案不合理,设计计算特别是土压力计算不正确等。

(2)施工方面:其中包括施工方法选择不当,地层预加固与支护参数选取不当,防排水措施不得力,施工对地层扰动剧烈,严重降低了地层的强度。

(3)监测方面:其中包括测点(线)布置不合理,监测参数设置或报警标准取值不当,监测数据不准确,报警不及时等,因此,防治浅埋暗挖法修建城市轨道交通工程安全性的危害需从设计、施工和监测三方面入手。

2. 安全对策

地下工程安全性问题通常由工程病害产生。由于施工过程存在诸多不确定因素和难以预料的安全隐患、安全性病害问题在所难免,为防止病害发生,提高工程的安全可靠性,依据工程病害分析,应从设计、施工和监测三个方面进行病害防治。

1)设计与监测的安全可靠性

采用新奥法理论修建隧道,须结合现场监测结果,及时更改设计,调整施工参数,控制结构和地层变位,防止病害发生,这些措施可有效提高施工系统和周围环境的安全可靠性。

2)施工过程的安全性

施工过程是防治安全性的病害的重要阶段,施工阶段采取的措施有优化施工方法、合理确定开挖面参数、采用可靠的地层预加固和支护技术、合理确定防排水方案等。

(1)优化施工方法。施工方法的选择是浅埋暗挖法安全修建城市地铁隧道的首要前提之一,现行浅埋暗挖法常用工法基本可分为全断面法、台阶法和分部开挖法三大类及若干变化方案。实践证明,选择合理的施工方法,可以安全地建设隧道,并将地表沉降控制在设计要求范围内,因此,选择一种合理的施工方法是工程成败的关键。

从国内外现有工程经验和试验研究的情况来看,基于经济性及工期考虑,其工法选择的顺序为:正台阶法→上台阶设临时仰拱闭合法→CD 工法→CRD 工法→眼镜工法,从安全性角度考虑,顺序正好相反。在工程实践中,应根据地质条件、断面大小、地面环境等因素从工法的可实现性、工期、安全性、适应性、技术性和经济性6 个方面综合考虑,选择施工方法。

(2)合理确定开挖面参数。基于技术性和经济性,台阶法已成为浅埋暗挖法城市地铁隧道施工中最为广泛采用的一种方法,但目前台阶法确定开挖面参数时存在的一些问题容易造成安全隐患。开挖面参数的确定主要包括以下两方面的内容:

①台阶长度的选取。实践证明,台阶长度过短或过长均不利于开挖面的稳定,台阶长度过短,易导致掌子面顶部甚至整个上部台阶工作面的坍塌;台阶长度过长,则掌子面到支护闭合形成的距离越长,围岩的变形释放量越大,相应的地表沉降量越大,引起地面相邻建筑物的开裂甚至损坏。因此,在城市环境条件下,应坚持早支护,尽快施作临时仰拱,促使断面尽早封闭成环。从开挖到最后全断面封闭成环所需时间的长短,应是判断浅埋暗挖工法优劣的主要标准,早支护不仅可以减少支护所受荷载,亦可抑制地层的过大变形。

②核心土的留设。实践及统计资料表明,在台阶法开挖过程中,留设核心土可大大加强开挖面的稳定性,并能有效阻止掌子面发生强度破坏。力学分析表明,由于开挖引起的围岩应力重分布,其最大和最小的主应力通常集中在掌子面的顶部和底部,留设核心土会在很大程度上改善掌子面主应力分布,使掌子面上不出现塑性区,保证掌子面的稳定。研究表明,保持其他条件不变,地层强度比$\frac{\sigma c}{\gamma h}$($\sigma c$ 为围岩抗压强度,γ 为围岩重度,h 为覆盖层厚度)不同时,开挖面的稳定性也不同。地层强度比越小,掌子面越不稳定,越易发生剪切破坏或整个工作面的滑移坍塌,但当地层强度比一定时,留设核心土可大大降低剪切破坏的可能性。

(3)采取可靠的地层预加固和支护技术。地层预加固和支护是浅埋暗挖法保证工作面稳定,控制地表沉降的必不可少的技术手段,基于实践,地层预加固技术的优先选择顺序为:小导管(不注浆)→小导管(注浆)→周边清孔预注浆→水平旋喷→洞内长管棚→WSS 分段后退式地层加固技术工法→水平冻结。

基于小导管是地层预加固和支护的主要技术手段,因此小导管参数的合理确定是浅埋暗挖法安全施工的前提,但在工程实践中,关于小导管长度的选择存在着一些误区,为隧道的安全修建带来隐患,通常工程人员不考虑地质条件、台阶高度,小导管长度均取 3~4m,这种做法具有很大的盲目性。根据朗肯主动土压力理论,掌子面前方土体发生剪切破坏时,其滑移面与水平线夹角为 $45+\varphi/2$,偏于安全地以 45°计,则掌子面前方需预加固的地层范围如图 3-43 所示的阴影部分,小导管以加粗黑体线表示。

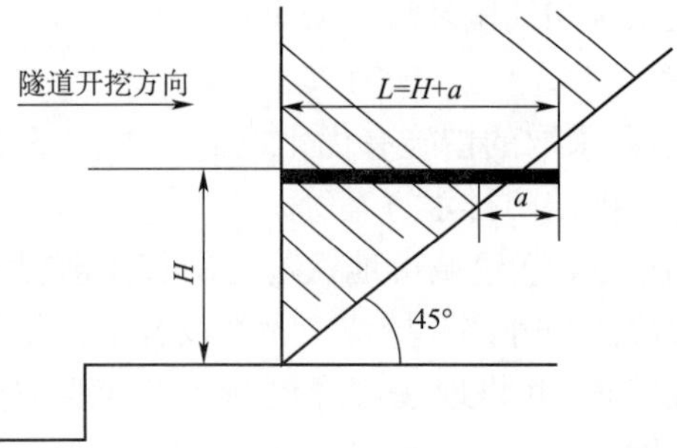

现近似取小导管为水平方向,则当小导管长度 $L \geqslant H+a$ 时(其中 H 为上台阶高度,a 为小导管在土体中的锚固长度),掌子面前方土体不致发生剪切破坏或整体滑移,所以,无视工程具体情况小导管长度取 3~4m。当台阶高度大于 3m 时,易导致支护范围不足,致使掌子面不稳定;反之,当台阶高度小于 3m 时,则易造成经济上不必要的损失。

图 3-43 小导管长度确定示意图

值得注意,在砂层条件下,玻璃钢锚杆是稳定开挖面的一个有效加固手段,它不仅可以有效增加掌子面稳定,同时可控制地表位移。

(4)合理确定防排水方案。隧道结构防排水是关系到隧道能否正常施工、安全运营的重要因素。通常浅埋暗挖法采用复合式衬砌结构,在初期支护与二次衬砌之间铺设防水隔离层,辅之以二次衬砌防水混凝土组成两道防水线,采用以防为主、不给排出的原则。

但实践表明,这种防水结构对无水或少水地层是可行的,在富水地层表现出很大的不合理性,渗漏水现象十分普遍,防水效果不容乐观。广州地铁及北京地铁复八线东段的实施结果表明,这种防水思路和结构是失败的。

因此,目前隧道防排水的设计应采用"防、截、排、堵相结合"的综合治理方案。隧道防排水工程分施工期间的防排水设施和结构物(永久性)防排水工程,要做好隧道防排水,应该着重做好以下两个方面的工作:

①防水板无损伤铺设。要使防水板达到无损铺设,必须做到初期支护表面平顺,尤其是锚杆或钢花管处理平顺。

②初期支护与围岩、防水板与初期支护、二次衬砌与防水板密贴。

第二节 盾 构 法

在城市地铁隧道的修建过程中为了隧道自身结构和周边既有构筑物的安全,常常采用"能明则明,能盾则盾"的施工方案,即能采用明挖法的尽可能采用明挖法,能采用盾构法的尽可能采用盾构法开挖,可见盾构法在城市地铁修中的重要地位。

盾构法最早始于1818年,是法国工程师布鲁诺(M. I. Brunel)受到蛀虫钻孔的启发后发明的隧道掘进的一种施工方法,是靠一种钢制的活动防护装置的掩护下进行隧道开挖的方法,同时在盾构的尾部拼装预制的管片、砌块或者现浇混凝土以形成盾构法隧道的衬砌结构。盾构机借助于后尾千斤顶的顶力实现掘进,与此同时在衬砌结构和土体之间注入浆液以防止地层的过大变形,并在隧道开挖的同时确保了线路周边的环境。

近年来我国正加速城市化进程,不少大中城市都出现了建筑用地紧张、交通拥挤的情况。一方面,城市采用高架道路等交通形式缓解交通压力;另一方面,许多城市都开始了地下铁道的建设,并使地下交通成为了大城市的主要交通形式。地铁交通具有运量大、速度快、噪声小、污染轻和能耗低等优点,世界许多大中城市从20世纪就开始了大规模的轨道交通建设,近年来我国也逐渐兴起了地铁建设的高潮。不仅如此,在随着城市化进程的不断发展,特别是在城市的地下建筑物和密集高层建筑逐年增多的前提下,传统的明挖和盖挖等形式的隧道施工方法会对正常的城市生活和线路周边建筑物带来较大的干扰。盾构法由于它自身的优点,如对地面影响较小、不受地面建筑物和交通的限制、不需降水,并可以避免许多深基坑的开挖等,因此盾构法在很大程度上克服了这一系列的困难,从而成为了城市地铁隧道快速、高质量施工的重要方法之一。

盾构法至今已有190年的历史,随着对盾构隧道的各种研究的不断深入,盾构法也得到了很大的发展。在对盾构隧道的研究中,主要包含了结构受力、适应环境、结构构造、衬砌防水以及与这些相关的施工技术和安全评估等方面,然而盾构隧道通缝拼装管片的上浮和错台是盾构施工和维护中常遇到的问题,管片结构的上浮和错台会引起管片拼装困难影响施工进度,甚至管片的开裂和接头的渗漏水等严重问题,这不仅增大了施工和维护的困难,影响了工程质量,更是隧道安全的隐患。

一、盾构类型、特点及适用条件

1. 盾构类型

从盾构机的出现到现在,盾构分类如图3-44所示,常见的盾构如图3-45所示。盾构一共可以分成四类,包括敞开型、部分敞开型、封闭型和复合型,其中敞开型和部分敞开型称为旧式盾构,而封闭型和复合型称为现代盾构。目前世界上所用的盾构都是现代盾构,主要有土压平衡式和泥水加压式两种,本节主要针对这两种盾构方式进行叙述。

图3-44 盾构分类

图3-45 常见盾构类型
a)泥土加压式;b)土压平衡式;c)泥浆式;d)泥水式;e)矩形盾构;f)多圆式盾构

2. 盾构特点及适用条件

1)盾构特点

旧式盾构现在已经很少使用,下面针对现代盾构的不同盾构类型介绍其适用条件。

封闭型盾构,施工人员不能直接观察开挖面土层工况,而是通过各种检测传感装置进行显示和自动控制。封闭型盾构主要有泥水加压和土压平衡两种类型。泥水加压盾构适用从软弱黏土、沙土到砂砾层等地层,但是它需要一套技术较复杂的泥水分离处理设备;土压平衡盾构既具有泥水加压盾构的优点,又消除了复杂的泥水分离处理设施,目前受到工程界的普遍重视。

复合型盾构,是在软土盾构的刀盘上安装切削岩层的各式刀具,有的还在盾构内安装碎石机,这种硬岩开挖工具与软土隧道盾构机械相结合,能在硬岩和软土地层交替作业。由于城市地铁的一条线路所处的地质条件很复杂,有较软的土层、砂层,也有较硬的岩层以及地下水等,所以,在选择盾构机型时一般都选择复合型盾构。又由于复合式泥水加压盾构需要在地面修建泥水处理厂,给居民的生活和周围的环境带来一定的不良影响,故一般选择复合式土压平衡盾构,这是一种城市地铁建设的发展趋势。具体优缺点如下:

(1)场地作业少,隐蔽性好,因噪声、振动引起的环境影响小。

(2)隧道施工的费用和技术难度基本不受覆土深浅的影响,适宜于建造覆土深的隧道。

(3)穿越河底或海底时,隧道施工不影响航道,也完全不受气候的影响。

(4)穿越地面建筑群和地下管线密集区时,周围可不受施工影响。

(5)自动化程度高、劳动强度低、施工速度较快。

(6)施工设备费用较高。

(7)覆土较浅时,地表沉降较难控制。

(8)用于施工小曲率半径隧道时,掘进较困难。

2)适用条件

(1)在松软含水地层,相对均质的地质条件。

(2)盾构法施工隧道应有足够的埋深,覆土深度不宜小于6m。隧道覆土太浅,盾构法施工难度较大;在水下修建隧道时,覆土太浅,盾构施工安全风险较大。

(3)地面上必须有修建用于盾构进出洞和出土进料的工作井位置。

(4)隧道之间或隧道与其他建(构)筑物之间所夹土(岩)体加固处理的最小厚度为水平方向1.0m,竖直方向1.5m。

(5)考虑经济性,连续的盾构施工长度不宜小于300m。

二、盾构原理、构造及选型

在城市地铁施工过程中主要采用土压平衡式盾构形式,故本节主要介绍这种形式的盾构。

1. 盾构机的基本工作原理

盾构机的基本工作原理就是一个圆柱体的钢组件沿隧洞轴线边向前推进边对土壤进行挖掘,该圆柱体组件的壳体即护盾,它对挖掘出的还未衬砌的隧洞段起着临时支撑的作用,承受周围土层的压力,有时还承受地下水压以及将地下水挡在外面。挖掘、排土、衬砌等作业在护盾的掩护下进行。

据了解,采用盾构法施工的掘进量占北京地铁施工总量的45%,目前共有17台盾构机为地铁建设效力。虽然盾构机成本高昂,但可将地铁暗挖功效提高8～10倍,而且在施工过程中,地面上不用大面积拆迁,不阻断交通,施工无噪声,地面不沉降,不影响居民的正常生活。不过,大型盾构机技术附加值高、制造工艺复杂,国际上只有欧美和日本的几家企业能够研制生产。

盾构机根据工作原理一般分为手掘式盾构、挤压式盾构、半机械式盾构、局部气压、全局气压、机械式盾构、开胸式切削盾构、气压式盾构、泥水加压盾构、土压平衡盾构、混合型盾构和异型盾构。

其中常用的土压平衡盾构机是利用安装在盾构最前面的全断面切削刀盘,将正面土体切削下来进入刀盘后面的贮留密封舱内,并使舱内具有适当压力与开挖面水土压力平衡,以减少盾构推进对地层土体的扰动,从而控制地表沉降,在出土时由安装在密封舱下部的螺旋运输机向排土口连续的将土渣排出,如图3-46所示。

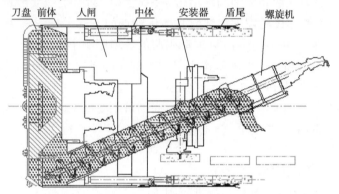

图3-46 土压平衡式盾构原理

螺旋运输机是靠转速控制来掌握出土量,出土量要密切配合刀盘切削速度,以保持密封舱内始终充满泥土而又不致过于饱满。这种盾构避免了局部气压盾构主要缺点,也省略了泥水加压盾构投资较大的控制系统、泥水输送系统和泥水处理等设备。

2. 盾构构造

盾构的种类繁多,所有盾构的形式,从工作面开始均可分为切口环、支承、盾尾三部分(图3-47),借以外壳钢板联成整体,拥有可充分承受土压、水压、盾构千斤顶推进反作用力、挖掘反作用力的强度。支承前部收纳有刀盘装置的驱动部分,通过舱墙与切口环区分开来,舱墙下方设置有螺旋输送机,上方装有人行孔,中央装有人行闸、回转节。支承外周呈圆周方向,均等配置有为推进盾构机运行的盾构千斤顶。

(1)切口环。切口环部分是开挖和挡土部分,位于盾构机的最前端,施工时最先切入土层并掩护开挖作业。切口环保持着工作面的稳定,并作为开挖下来的土砂向后方运输的通道,采用机械化开挖式盾构时,就根据开挖下来土砂的状态,确定切口环的形状、尺寸。

切口环的长度主要取决于盾构正面支承、开挖的方法。对于机械化盾构切口环内按不同的需要安装各种不同的机械设备,这些设备是用于正面土体的支护及开挖,而各类机械设备是由盾构种类而定的。

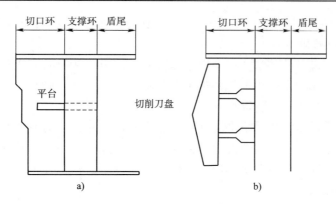

图 3-47 盾构构造示意图

(2) 支承环。支承环是盾构的主体结构,是承受作用于盾构上全部荷载的骨架,它紧接于切口环,位于盾构中部,通常是一个刚性很好的圆形结构。地层压力、所有千斤顶的反作用力以及切口环入土正面阻力、衬砌拼装时的施工荷载均由支承环来承受。

在支承环外沿布置有盾构千斤顶,中间布置拼装机及液压设备、动力设备、操纵控制台。当切口环压力高于常压时,在支承环内要布置人行加、减压舱。

支承环的长度应不小于固定盾构千斤顶所需的长度,对于有刀盘的盾构还要考虑安装切削刀盘的轴承装置、驱动装置和排土装置的空间。

拥有可充分承受土压、水压、盾构千斤顶推进反作用力、挖掘反作用力的强度。支承前部收纳有刀盘装置的驱动部分、通过舱墙与切口环区分开来。舱墙下方设置有螺旋输送机,上方装有人行孔,中央装有人行闸、回转节。支承外周呈圆周方向,均等配置有为推进盾构机运行的盾构千斤顶。推进油缸用螺栓紧固在连接凸缘上并在活塞杆端带有弹性轴承和顶在管片上的撑靴,它们可以分组由流量和压力控制推进和转向。

(3) 盾尾。盾尾钢结构钢板厚40mm,以适应预计的工作压力,与盾体的连接是一种被动式铰接设计,后体与中盾的连接采用的是铰接油缸,铰接油缸行程和压力由数字显示在控制室。盾尾密封(图3-48):安装在盾体的最后部分,3道钢丝密封刷,采用非常先进的盾尾注脂系统和有极好密封性能的密封刷相结合,其作用是防止地下水、土砂、壁后注浆材料等进入管片与盾构壳体之间的缝隙。双铰接密封:由重载型橡胶密封和紧急密封(紧急膨胀)组成。

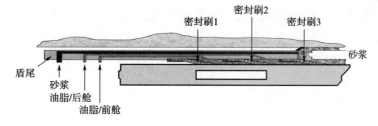

图 3-48 盾构密封示意图

为了提高密封刷的密封性能,需要在密封刷之间注入黏性油脂材料。盾构机对盾尾之间的前方一般有6处自动供给盾尾油脂,每条注脂管都连接到前油脂腔和后油脂腔。盾尾密封装置在加注密封油脂后能在0.4MPa压力下应能不漏浆液,否则就应更换。注浆管路直径50mm,整合在盾尾内(内置式),注浆管设计有特制的窗口以便进行维修或清洗堵塞。在正常的工作情况下(例如足够注脂等),不需要更换盾尾刷,如确有必要更换,选择地质条件较好的地段进行盾尾刷更换作业。

上一环拼装结束后,盾构推进,直至推进油缸完全伸出(2000mm),缩回推进油缸,安装垫木或顶铁(宽度约650mm),伸出推进油缸继续推进,至第一和第二道盾尾刷完全暴露,进行盾尾刷更换,拆除垫木或顶铁,拼装管片,恢复掘进。

盾构机主要由下列部件和系统构成:盾构壳、推进油缸、刀盘、刀盘驱动、主轴承、人闸仓、管片安装机、螺旋输送机、皮带输送机等设备和装置;还有控制系统、液压系统、电力系统、通风系统、密封润滑系统、隧道导向系统、报警装置;以及服务于盾构工作要求的后配套设备、运输设备、注浆设备等辅助设备。

1) 盾构壳(图3-49)

盾构机的钢结构是根据土压、水压、动荷载及操作荷载的压力而设计的。盾壳由两片焊接构件组成,此焊接构件带有机械加工的密封面和中心回转轴承以及两盾体间(前盾和中盾)的连接凸缘,这样,组装和拆卸工作将更加方便。盾构机集成了所有的接头和工作所需的管线。

2) 推进油缸(图3-50)

盾体的前进由推进油缸完成,每一组油缸均可独立控制压力进行操纵而不会引起管片移位或产生引起损坏的压力过载。在控制室里,驾驶员可以看到数字显示的每组油缸行程及压力,油缸的布置避开了管片接缝,所有的油缸撑靴均为球形铰接式以避开管片裂缝或损坏,推进油缸顶在压力舱板后部。

图3-49 盾构壳

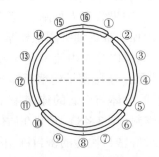

图3-50 油缸位置示意图

油缸缸体尾部由一个塑胶轴承支撑,这样,这些油缸就可以不受侧向力的作用从管片向压力舱板自由伸展。推进油缸为两个一组,每对油缸均有独立的撑靴,在推进时,组油缸各自独立进行压力调节,总的推进速度由一个总流量控制阀来调节,推进油缸回路设计最大推进速度为80mm/min,推进系统具有纠偏和爬坡功能。

3) 刀盘(图3-51)

(1) 刀盘设计要求:

①能够降低对刀具的磨损。

②保护刀盘的钢结构。

③能够实现高的贯入度。

④刀盘开口率为最小36%,大的开口率能够大大降低刀具的磨损。

⑤4个副轮设计以使每个旋转方向都有4个渣土出口。

⑥2个旋转方向(左/右)。

⑦刀盘前面4条独立的泡沫注入管用于渣土改良以降低磨损。

⑧连接到主驱动的连接臂(厚壁管)保证刀盘良好的稳定性。

⑨出渣通道的几何设计必须满足开挖舱容易出渣。

⑩大的物料通道从刀盘外缘通到刀盘中心区域,这样便于将挖掘的物料运输到开挖舱。

⑪渣土开口设计限制大的石块进入,这些石块可以通过螺旋输送机运出去。

图3-51　刀盘结构图

(2)刀盘材料。刀盘的结构材料为Q345B、16MnR、GS52或相当于这种材料的铸钢。

(3)刀盘结构。刀盘设计成盘形结构且带有很阔的进料口,4根副臂支撑的厚壁凸缘连接主驱动装置,并且作为刀盘面板的基座。刀盘在下列的开口边缘备有所需的刀具以便于将挖掘的物料运输到开挖舱:刀盘中心的径向开口边缘,刀盘外圆周的开口边缘。中心回转体上配有注射调节土壤介质的通道,刀盘有4个泡沫/膨润土/水通道和2个液压油通道。

(4)切削刀具(图3-52),包括刮刀、中心刀、铲刀和仿形刀。

①刮刀。刮刀安装在渣土通道的一侧;高质量的碳质刀刃,宽100mm;可以从刀盘后面更换刀具。

②铲刀。铲刀的设计保证了快速、清洁的开挖;可以双向进行开挖,同时保证了开挖直径的稳定不变;铲刀用可更换的螺纹固定到钢结构上,因此,可以被单独更换。

③仿形刀。安装的仿形刀通过一个行程(50mm 海瑞克;120mm 三菱)的油缸进行操作。仿形刀的伸缩则在主控室内按每10°事先加以设置控制;盾构具有仿形超挖功能,是目前盾构中较为先进的一种,其仿形超挖方位、超挖量可根据不同的施工要求而调整。

(5)耐磨保护。一般采用以下耐磨保护方法:

①刮刀。软土齿形刀具有高耐磨的钢刀体和高质量的碳化切削边缘;刀齿的支撑有硬质堆焊层保护。

②铲刀。铲刀的前刀面硬质堆焊到切削边缘,同时刀具后端由碳化衬片保护。

③刀盘。刀盘上某些极易磨损的部分安装了特殊的耐磨保护;在外围部分增加了硬质堆焊,圆周有耐磨保护环。

(6)刀具更换。所有的滚刀、刮刀和铲刀都可以在隧道内从刀盘后部更换,一般不需要中途换刀,如有必要,刀具更换作业可以在常压和带压方式下进行。

如果地面具备地层加固条件或事先已经进行了地层加固处理,开挖面的稳定有保障,则可在常压下进行刀具检查和更换作业。盾构在选定地点停机后,将土仓里的土排出一部分,直至土仓内土体高度低于土舱隔板上的密封门,此时作业人员可以通过气闸打开通往土仓的密封门在不带压的情况下进入土仓,从而进行刀具检查和更换。

如果没有注浆加固条件,开挖面又不是可以自稳的地层,则需要用压缩空气来维持开挖面的稳定。作业人员需在土仓内带压作业,这项工作由经过培训的专业人员进行。

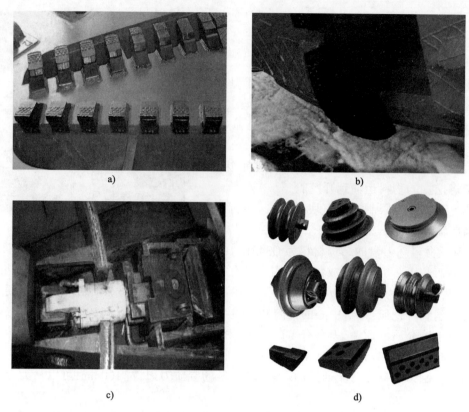

图 3-52 切削刀具

a)刮刀;b)铲刀;c)仿形刀;d)刀具

4)刀盘驱动

刀盘驱动用螺栓安装在压力舱壁上,主要部件如有齿轮箱、主轴承、密封支撑、刀盘安装凸缘环、密封压紧环、内外密封系统、小齿轮、齿轮电动机和轴承。刀盘驱动是液压驱动,通过在闭式回路的功率控制变量液压泵,可实现双向无级调速。

(1)齿轮箱和驱动齿轮。安装有 3 级液压变速电动机并带有齿轮冲刷装置,变速器齿轮的尺寸有足够的富余量以保证在给定的工地能安全的运行,驱动齿轮的两轴端都由球面滚动轴承支撑,可使承载时齿轮良好啮合。

(2)主轴承。主轴承由三轴滚柱轴承支撑,带有内齿圈,轴承设计使用寿命 10000h,该轴承具有承受径向和轴向推力的功能。

(3)密封系统。内外两个密封系统可将小齿轮或轴承室与土仓分隔开,密封系统使用一个三道唇密封系统,该系统有连续的油脂进行润滑。该三道密封是重荷载加强型唇形密封。润滑脂均匀注入第一、二层密封之间的整个环形间隙,多余的润滑脂从第一道密封溢出至土仓。润滑脂除润滑第一、二、三道密封唇外,还对第一道密封唇有清洁作用,第三层密封唇是通过小齿轮的润滑油来润滑,第二、三层密封之间的空间有孔通向后部,用来做泄漏检查。

(4)齿轮的润滑。驱动小齿轮的润滑由齿轮油完成,驱动齿轮轴承和啮合通过飞溅润滑和强制供油润滑,对油位、流量和温度的检查同取样程序一起进行。行星齿轮需要不间断供油,它与主轴承使用的齿轮油型号一致,同时还有监测系统以防止设备空转。变速器底部区域的齿轮油被吸出,再通过过磁性的滤器注入到存储箱内。

(5)主驱动输出。主驱动全为液压驱动。在后配套上装有电动机驱动液压泵,液压驱动变速器配备变量电动机。变量泵和变量电动机的联合使用可将刀盘适宜的转速控制在 0～2.5r/min,刀盘的最大扭矩为 5213kN·m(脱困扭矩)。

5)双室人闸仓

双室人闸仓与盾体上的连接凸缘相连,这些人闸仓的形状与尺寸取决于盾构机安装条件。双室人闸仓的中间被一个供人进出的压力门隔开此门的直径为600mm,右边的人仓用作进出土仓的正常通道,左边的人仓可用于材料闸或在紧急情况下使用,人闸能同时容纳3+2个人及一副1.8m长的担架。空气闸可以进入刀盘检查或更换刀具而不用使用昂贵的灌浆方法。

6)管片安装机(图3-53)

管片安装器安装在盾尾区域,用来安装衬砌管片,安装器所具有的各种动作能在施工场地条件下使管片精密地就位,它主要的运动构件的功能均可通过比例控制来实现。在管片安装模式下,为达到最理想的衬砌效果,每个对推进油缸可以单独控制。所有方向运动可靠,功率足够,采用比例液压控制的管片安装器可以快速达到毫米级的安装精度。

管片安装器由以下构件组成:臂梁、移动机架、回转机架和安装头。管片安装器的行程允许在隧道内更换前面两排盾尾刷。

图 3-53 管片安装机

(1)悬臂梁。悬臂梁用于管片安装器的纵向移动,它通过凸缘与中盾 H 架连接。盾构与拖车之间的所有管线连接都穿过管片安装机敞开的中心部位,管片安装器悬臂梁与桥架用油缸铰接。

(2)移动机架。移动机架安装在悬臂梁上,可通过两个液压缸的伸缩作纵向移动,带内齿的滚动轴承用凸缘连接在移动机架上,并以此带动回转机架,回转驱动电动机安装在移动机架上,回转运动通过驱动电动机上的齿轮驱动,该液压电动机具有制动装置。

(3)回转基架。回转机架用凸缘安装在滚动轴承的内圈上,其侧向安装有伸缩臂,由内部的伸缩油缸带动,伸缩油缸可以单独伸缩。

(4)安装头。内部伸缩管两端固定在安装头的悬臂梁上,安装头带有机械夹持系统,安装头上可以实现旋转与倾侧。

(5)动力输入。管片安装器旋转部件装有液压动力和阀的信号电压,动力通过组合供能系统供给。

(6)真圆保持器。盾构向前推进时管片就从盾尾脱出,管片受到自重和土压的作用会产生变形,当该变形量很大时,既成环和拼装环拼装时就会产生高低不平,给安装纵向螺栓带来困难。为了避免管片产生高低不平的现象,应有必要让管片保持真圆,该装置就是真圆保持器。

真圆保持器上装有上、下可伸缩的千斤顶,上下装有圆弧形的支架,它在动力车架挑出的梁上是可以滑动的。当管片拼装成环后,就让真圆保持器移到该管片环内,支柱千斤顶使支架圆弧面密贴管片后,盾构就可进行下一环推进,盾构推进后由于它的作用,圆环不易产生变形而保持真圆状态。

图 3-54　螺旋输送机

7）螺旋输送机（图 3-54）

掘进过程中产生的渣土,通过速度可调的螺旋输送机,从土仓运送到皮带输送机进料端,再由皮带输送机运送到盾构机后部的渣车,皮带输送机长度的确定取决于渣车的数量,每个渣车都可移动到皮带输送机出料口的下方。

螺旋输送机安装在土仓壁的连接凸缘上,把渣土从盾构机土仓底部运送到皮带输送机进料端。驱动装置由球面轴承支撑能应付螺旋输送机如有磨损时并保护驱动密封系统,螺旋输送机主要部件包括:安装/连接凸缘（焊接在仓壁上）、前段带有耐磨保护、伸缩段、料管、驱动装置（离合器座、离合器、带有球面轴承的 3 排密封系统、带有行星齿轮的液压马达）、有轴式螺旋（1/3 的螺旋具有耐磨保护）、卸料口的闸门。

螺旋输送机外管有 6 个螺纹接头型的物料注射孔。螺旋输送机内径和轴径决定了能通过的渣土的最大尺寸为 520mm×290mm。如果孤石的尺寸超过可以通过螺旋输送机的最大粒径,可以将螺旋输送机缩回,并关闭前闸门,然后可以从开挖舱人工搬除孤石。周末停机及维护期间,螺旋输送机出料口可用滑动闸门关上。滑动闸门靠液压油缸操纵,具备在停电时自动关闭的紧急功能。

8）皮带输送机

皮带输送机把螺旋机卸料口的出土运送到渣车。皮带机由驱动单元和位于后配套上的出料口组成,皮带上有防跑偏装置,皮带输送机主要由以下部件组成:皮带、卸料部件、张紧装置（在驱动装置部分装有一个机械式可调节的刮料器）、急停拉线装置。

9）压力传感器与排水

（1）土压传感器。土压传感器安装在舱壁上,可从壁后更换而无需进入前方的压力舱。

（2）排水。盾体内安装了一台气动电动机泵（$40m^3/h$）来进行盾体内的排水工作,废水经由该泵泵入列车上的水箱内。

10）后配套设备（图 3-55）

后配套系统靠轮子在轨道上滚动,由盾构机牵引,盾构操作和管片安装所需要的设备均安装在门架式拖车上。拖车系统主要包括管片起重机、管片输送机、4 节拖车,在拖车上装有盾构机操作所需的所有设备。在一号拖车上装有注浆设备、管片卸货吊机、油脂泵站、控制室、辅助配电箱;在二号拖车上装有液压油箱、液压动力站、液压油冷却器、膨润土设备;在三号拖车上装有主配电箱、泡沫站、空压机、通风机;在四号拖车上装有变压器、通风管储存供送装置、水管卷筒、高压电缆卷筒、备用内燃空压机。在一至三号拖车的顶部装有皮带输送机。管片输送机的作用是暂时储存管片和将管片输送到管片安装机。

图 3-55　后配套设备

11）电力系统

盾构电力系统一般包括以下部分：

（1）电力变压器。盾构机一般为10kV以上的电，因此需设置变压器进行降压。若无防护外壳，则一般选用防护等级IP55以上，全封闭，户外型的油浸式变压器；若在变压器另有防护外壳，则可选用户内型的干式变压器。

（2）配电柜。盾构机配电柜防护等级为IP55以上，配电柜由高压进线柜和若干低压馈线柜组成，在主配电柜面板上须装有仪表测量电压、电流、有功功率、无功功率等电参数。根据实际需要，设置电度表用于监测电量使用情况。每个回路设置单独的过载保护和短路保护器件。

（3）电容补偿装置。盾构机上必须安装适当的功率补偿设备以保证系统功率因数大于0.9，无功补偿装置通过无功补偿控制器自动投切。在明显位置设置功率因数用于检测系统实时功率因数。

（4）箱式变电站。上述设备即可以分散安装，也可以安装与同一箱式变电站中，我国目前完成的盾构机配电产品多为此种形式。

（5）散热系统。由于盾构机工作环境恶劣，箱变空间紧张、箱变防护等级又高达IP55，因此需设置有效的通风措施帮助变压器和电容补偿装置散热，以保证盾构机的稳定运行。

（6）电缆卷筒。电缆卷筒通过控制电缆的卷起和放出，选择合适的电缆长度将外界电源引入系统中。盾构机上类似的装置还有水管卷筒等辅助设备。

（7）电缆。电缆必须置于专用的电缆桥架或悬挂系统中永久固定，对其加以保护以防止绝缘层损坏，电缆的行走路径应方便接线或维护。动力电缆与控制、通信电缆应分离，防止出现电力干扰。

（8）安全装置。设置有专用的声光报警装置、安全继电器、急停回路保证电力系统的安全运行。

（9）照明。在合适位置设置照明装置方便系统设备的操作、维护及检修。

（10）接地系统。盾构机安全接地系统用适当的接地线将所有拖车连接在一起，使得盾构机成为一个等势区域，在此区域中所有暴露的导电零件和外部金属件维持相同的电位。电力系统内的所有设备的地线都必须连接起来并在同一点统一接地。

12）泡沫发生系统

泡沫是盾构掘进的调节媒介，特别适用于土质不均匀的地质。泡沫站由粉末箱、泡沫发生器、液体控制装置、空气控制装置、测量装置、注入泵、冲洗水转换装置、膨润土转换装置等组成。盾构司机通过控制板上的操作件控制可控球阀，进而控制刀盘前的、盾体上的和螺旋输送机上的相应注入点。泡沫生产、人舱等所需的压缩空气由2台$10m^3/min$电动空压机供应。

13）膨润土系统

膨润土现场混合并运送到盾构机后配套，由潜水泵送到膨润土罐体中，通过1个注射泵，膨润土通过方向阀被泵到土仓，螺旋机和刀盘前端的注射点。

14）数据采集系统

数据采集的任务包括：采集、处理、存储、显示和评估与掘进机联网所获得的数据。

（1）数据处理。机器的操作状态在该系统中被转换为数字数据的收集，信息如下：

①及时数据。在掘进过程由传感器取得的数据。

②状态数据。表示机器操作状态的数据,多数情况下,这些数据由及时数据产生。

③平均数值。按管片环做出更改的数值:最小值、最大值、初始值和最终值。

④错误信息。PLC 系统中的错误单位,它可能已经被执行,或被停止执行,或正在新掘进循环中执行。

(2)数据显示。测量的数据将以图形方式显示在控制室内的显示器上,机器的类型将单个显示器细分到具体的功能小组,通过功能键 <F1> ~ <F8>、简单的菜单、鼠标和键盘,用户可以选择单个的显示区域,测量的数据以数字方式显示,相关过程也将显示出来。

15) 隧道导向系统

系统可以提供盾构机高精度地沿着设计路线掘进所需的必要信息。为了进行文件处理,测量到的盾构机姿态和管片数据可以在任何时候保存、显示或打印出来,明显地,可以提供当前隧道的推进记录,隧道推进和管片安装过程的图形也可以打印出来。

16) 通风系统

新鲜的空气是由一条空气管来输送,抽风管从拖车一直延伸到整个后配套系统,它将盾体及液压系统中的废气撤出,此管路中含有消音通风机。通风机及管路保证了隧道中有持续的新鲜空气提供,空气通过压缩后还用来驱动盾尾油脂泵和润滑油脂泵,用来给人行闸、开挖室加压,用来操作膨润土、盾尾油脂的气动开关,用来与泡沫剂、水混合形成改良土壤的泡沫等。

3. 盾构选择

一般来说,用盾构法施工的地层都是复杂多变的,因此,对于复杂的地层要选定较为经济的盾构是当前的一个难题。

实际上,在选定盾构时,不仅要考虑到地质情况,还要考虑到盾构的外径、隧道的长度、工程的施工程序、劳动力情况等,而且还要综合研究工程施工环境、基地面积、施工引起对环境的影响程度等。

选择盾构的种类一般要求掌握不同盾构的特征。同时,还要逐个研究以下几个项目:开挖面有无障碍物;气压施工时开挖面能否自立稳定;气压施工并用其他辅助施工法后开挖面能否稳定;挤压推进、切削土加压推进中,开挖面能否自立稳定;开挖面在加入水压、泥压、泥水压作用下,能否自立稳定;经济性。

1) 选型依据

(1) 土质条件、岩性(抗压、抗拉、粒径、成层)等各参数。

(2) 开挖面稳定(自立性能)。

(3) 隧道埋深、地下水位。

(4) 设计隧道的断面。

(5) 环境条件、沿线场地(附近管线和建筑物及其结构特性)。

(6) 衬砌类型。

(7) 工期。

(8) 造价。

(9) 宜用的辅助工法。

(10) 设计线路、坡度。

(11) 电气等其他设备条件。

(12) 地层渗透系数对于盾构机的选型是一个很重要的因素。根据欧美和日本的施工经验,当地层的透水系数小于 10^{-7} m/s 时,可以选用土压平衡盾构;当地层的渗水系数在 10^{-7} m/s 和 10^{-4} m/s 之间时,既可以选用土压平衡盾构也可以选用泥水式盾构;当地层的透水系数大于 10^{-4} m/s 时,宜选用泥水盾构。

2) 土压平衡式盾构选用

土压平衡式盾构适用于含水率和粒度组成比较适中的粉土、黏土、砂质粉土、砂质黏土、夹砂粉黏土等土砂可以直接从掘削面流入土舱及螺旋排土器的土质;但对含砂粒量过多的不具备流动性的土质,不宜选用。

3) 泥水加压式盾构选用

泥水加压式盾构适用于冲积形成砂砾、砂、粉砂、黏土层、弱固结的互层地基以及含水率高开挖面不稳定的地层;洪积形成的砂砾、砂、粉砂、黏土层以及含水很高固结松散易于发生涌水破坏的地层,是一种适用于多种土质条件的盾构形式,但是对于难以维持开挖面稳定性的高透水性地基、砾石地基,有时也要考虑采用辅助施工方法。

三、盾构施工工艺流程

盾构施工法是在地面下暗挖隧洞的一种施工方法,它使用盾构机在地下掘进,在防止软基开挖面崩塌或保持开挖面稳定的同时,在机内安全地进行隧洞的开挖和衬砌作业,其施工过程需先在隧洞某段的一端开挖竖井或基坑,将盾构机吊入安装,盾构机从竖井或基坑的墙壁开孔处开始掘进并沿设计洞线推进直至到达洞线中的另一竖井或隧洞的端点,其施工工艺流程如图 3-56 所示。

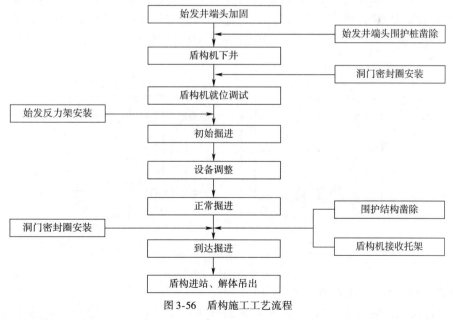

图 3-56 盾构施工工艺流程

1. 端头加固

为了确保盾构始发和到达时施工安全,确保地层稳定,以防端头地层发生坍塌或涌漏水等意外情况,根据各始发和到达端头工程地质、水文地质和端头结构等综合分析与评价,决定是否对洞门端头地层进行加固处理。端头加固有高压旋喷桩、搅拌桩、静压注浆等多种形式。

2. 洞门破除(图 3-57)

始发前将车站洞门部位的端头围护桩进行凿除,采用油炮+人工施工方式进行凿除,先沿洞四周凿除采用油炮 A 部分,再用人工持风镐凿除 B 部分。凿除时围护桩内层钢筋先不割除,待盾构进洞或出洞时再迅速割除。

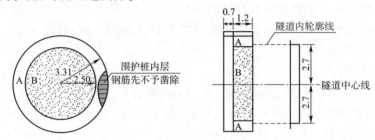

图 3-57 洞门破除(尺寸单位:m)

3. 始发设施的安装

(1)始发托架安装(图 3-58a)

洞门凿除完成之后,依据隧道设计轴线定出盾构始发姿态的空间位置,然后反推出始发台的空间位置。由于始发台在盾构始发时要承受纵向、横向的推力以及约束盾构旋转的扭矩。所以在盾构始发之前,先对始发台两侧进行加固。

(2)反力架安装(图 3-58b)

在盾构主机与后配套连接之前,开始进行反力架的安装。由于反力架为盾构始发时提供反推力,在安装反力架时,反力架端面与始发台水平轴垂直,以便盾构轴线与隧道设计轴线保持平行。安装时反力架与盾构始发井结构连接部位的间隙要垫实,以保证反力架脚板有足够的抗压强度。

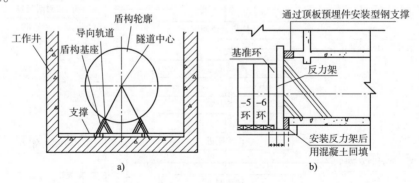

图 3-58 始发设施安装
a)始发托架安装;b)反力架安装

(3)洞门密封及止水装置的安装

洞门密封采用折叶式密封压板,其施工分两步进行施工:一是在始发端墙施工过程中,做好始发洞门预埋件的埋设工作,在埋设过程中预埋件与端墙结构钢筋连接在一起;二是在盾构正式始发之前,清理完洞口的渣土后及时安装洞口密封压板及橡胶帘布板。

4. 负环管片安装(图 3-59)

按设计要求经精确测量定位后,组装反力架和负环管片,为盾构推进提供后座反力。反力架和负环管片的布置,靠近反力架的一环为基准环,基准环为钢管片,其余负环管片为与隧道管片相同的混凝土管片。为利于洞门施工,0 环伸入洞内 0.4~0.8m,在洞门施工时再将这环管片凿除,负环管片组装采用错缝拼装。

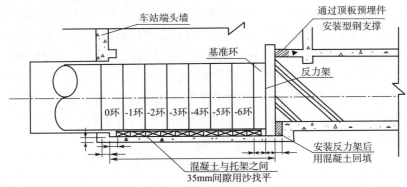

图 3-59 负环管片安装

5. 盾构掘进

(1) 试验段(始发段)掘进

盾构始发井始发,始发掘进长度为 80~100m 定义为试验段掘进。掘进时应注意以下几点:

①盾构机与后续台车的长度为 80m。

②始发井内洞口处布置双线道岔所需长度。

③管片与土体之间的摩擦力足以支撑盾构机的正常掘进。

(2) 盾构机正常掘进段

盾构机正常掘进范围为除初始掘进 80m 和到达掘进 50m 外的长度。盾构机在完成试验段掘进后,对始发设施进行必要的调整,为正常掘进准备条件,调整工作包括:拆除负环管片、始发基座和反力架、在站内铺设双线轨道、其他各种管线的延伸和连接。

盾构机正常掘进段根据隧道穿过不同的地层情况,选定不同的盾构机掘进模式如下:

①Ⅰ、Ⅱ级围岩:地层岩石组织结构部分破坏,岩质坚硬,地层稳定性较好,采用敞开掘进模式掘进,向掌子面注入泡沫或水,减少对滚刀的磨损。

②Ⅲ类围岩:岩石组织结构已大部分破坏,风化裂隙发育,岩体破碎,遇水易崩解,地层有一定的自稳性,采用半敞开掘进模式掘进,在土仓内注入高压空气,以稳定掌子面土体和排水,并向开挖面注入泡沫等改良剂,改良切削土体的和易性和流塑性,防止在刀盘上和土仓内形成泥饼。

③Ⅳ、Ⅴ、Ⅵ级围岩及地表有建筑物的地段:地层自稳性较差,盾构机切削土体以刮刀为主,采用土压平衡模式掘进。刀盘紧贴开挖面,土仓所设压力与开挖面水土压力相平衡,严格控制出土量。

(3) 到达掘进段。在盾构机距离端头墙 50m 时,即进入到达掘进阶段,在此阶段增加测量次数,不断校准盾构机掘进方向,确保盾构机掘进方向的准确性。盾构到达时,由于正面土体压力降低,千斤顶推力逐渐减小及盾尾密封刷与管片之间的摩擦,将管片带动使管片之间的纵缝变大。为保证已安装的管片环与环之间紧密连接,盾构机到达掘进阶段时,及时紧固螺栓,并在管片环间加型钢将管片拉紧,用角钢固定。

6. 管片安装

(1)管片在预制工厂通过质检后,由专门的平板运输车将其运输至施工现场临时存放,在施工现场场地粘贴三元乙丙防水橡胶条并编号,管片由龙门吊吊入井下,洞内采用两节专用平车运输管片,每节平车可装运3片,安装采用能够左右旋转220°全自动安装机。拼装形式采用错缝拼装,当盾构向前推进一环管片长度1.5m时,即可安装一环管片。管片安装前先进行防水处理,并将管片、连接件备齐,盾尾杂物清理干净,检查管片拼装机的举重臂等设备运转正常后方可进行管片安装。管片安装顺序先就位底部管片,再自下而上左右交叉安装,每环相邻管片控制环面平整度和封口尺寸,最后插入封顶管片成环。

(2)管片拼装可采用错缝及通缝拼装,由于错缝比通缝拼装最大正、负弯矩增加,对应的轴力则减少,单点变形量错缝比通缝拼装减少,而错缝拼装由于纵向接头引起衬砌圆环的咬合作用,刚度增强而产生的变形被相邻管片约束,内力加大,空间刚度加大,衬砌圆环变形量减小,对隧道防水有利。管片拼装采用先纵后环法,错缝安装管片,错缝方式见图3-60。

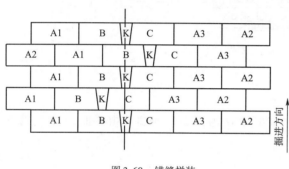

图3-60 错缝拼装

四、施工易出现的问题及防治措施

1. 上浮及防治措施

上浮的原因:由于盾构机的开挖直径为6.28m,而管片的外径为6m,当盾构机掘进的岩层硬,自稳性能好,同时地下水丰富时,容易出现管片上浮的现象。这时,同步注浆凝固时间过长,加之地下水的稀释,盾构掘进施工产生的振动,造成砂浆发生离析,降低了砂浆的固结效果,管片未能收到有效的约束,从而导致管片上浮。

防治措施:

(1)改变砂浆的配比,提高水泥用量,降低浆液的初凝时间,及时、足量地注浆,提高固结效果。

(2)加强管片姿态测量,一旦有上浮异常现象,立即进行二次注浆(双液浆),有效地控制管片的进一步上浮。

(3)在变坡段一定要注意管片的选型及正确安装。

(4)做好管片螺栓的复紧工作。

(5)控制盾构机的姿态略低于设计中心线下约30mm,避免蛇形和超挖,尽量使各组油缸推力平衡。

(6)适当放慢推进速度,使浆液有足够的凝固时间。

2. 管片开裂及防治措施

(1)因地制宜调整配合比。要通过系列试验确定适应本地的混凝土配合比,特别是要根据气候条件(如季节性温度变化和粉煤灰的掺量)及时调整配合比。

(2)改善施工工艺。管片生产的施工程序依次为混凝土搅拌、混凝土浇筑、振捣、模内自养或蒸养、脱模、蓄水或喷淋养护,其中,振捣工艺和养护工艺(包括蒸养)对管片质量控制影响最大。

①振捣工艺:要求工人熟练掌握振捣技术,每一步认真操作,对于整体振捣所产生的上层浮浆必须增加额外的混凝土进行补偿,浮浆太厚将产生表面收缩裂缝,影响保护层质量。

②养护工艺:蒸养时间要控制在6~8h,恒温时最高温度不超过60°,控制内外温差小于15°,升温和降温梯度要小于20°/h,脱模后的养护要采用蓄水池养护。

(3)在施工过程中要控制总推力尽量小于1500t。

(4)管片尽可能居中拼装,并且要保证环面平整。

(5)盾尾密封要及时注油脂,进站时必须将损坏的盾尾刷更换。

(6)要根据地质条件,及时改善盾尾同步注浆的性能和工艺;并建立和完善充填物质量检验的指标。

(7)要监控隧道周围土压和水位的变化,并作为地铁保护的长期任务。

(8)防止隧道的漂移。

3. 管片破损、错台的防治措施

解决管片破损和错台的主要措施是从施工操作入手,即严格按照规定操作,尽可能减少误操作,具体防治措施如下:

(1)无论出现什么问题,对盾构机的姿态都不能"急纠",要逐步校正。

(2)要根据盾尾间隙、千斤顶的行程差以及盾构机的姿态来选择管片,避免隧道轴线由于人为的失误造成偏离设计轴线。

(3)要按相关的规范进行操作,包括管片进入隧道前的检查、注浆、盾构机推力和扭矩等参数的设定,管片的吊运和安装等。

(4)要采取及时有效的措施避免隧道管片上浮。

(5)要防止由于隧道围岩应力环境和地下水环境突然变化造成隧道变形。

第三节 TBM 掘进机法

一、国内外发展、特点、与盾构的区别

1. 国内外发展概况

隧道掘进机(Tunnel Boring Machine,TBM)施工法是用隧道掘进机切削破岩,开凿岩石隧道的施工方法。它始于20世纪30年代,随着掘进机技术的迅速发展和机械性能的日益完善,隧道掘进机施工得到了很快发展。掘进机施工特别是对于长隧道的施工,较之钻爆法施工有

其显著的特点:大大降低工人劳动强度,保证施工人员的安全;掘进速度快,进一步发展将有达到自动化的可能等,在世界科技飞速发展的今天,更使掘进机有了广阔的使用条件。虽然钻爆法仍是当前山岭隧道施工的最普遍的方法,而且掘进机也不能取代钻爆法施工,但用掘进机施工的隧道数量不断上升。据不完全统计,世界上采用掘进机施工的隧道已有1000余座,总长度在4000km左右,特别是在欧美国家,由于劳动力昂贵,掘进机施工已成为进行施工方案比选时必须考虑的一种方案。近年来,用掘进机完成的大型隧道如英法海峡铁路隧道,三座平行的各长约50km的隧道,使用了11台掘进机,用三年多时间即修建完成。另外,如长19km的瑞士费尔艾那隧道,其中有约9.5km用掘进施工,已于1997年4月贯通。瑞士拟建穿越阿尔卑斯山的新圣哥达(Gotthard)铁路隧道,长约57km,也将采用掘进机施工。在美国,芝加哥TARP工程是一项庞大的污水排放和引水地下工程,有排水隧道大约40多公里,全部采用掘进机施工。在我国,铁路隧道采用掘进机施工始于20世纪70年代,但由于机械性能很差,得不到发展;改革开放以来,在一些水利工程上引入了外商承包,他们采用了掘进机施工,如意大利CMC公司曾在甘肃引大入秦和山西万家寨引水工程中用掘进机施工引水隧道获得成功。1997年底,我国西安至安康铁路秦岭隧道首次引入德国维尔特(WIRTH)公司TB880E型隧道掘进机。该铁路隧道长18.5km,开挖直径8.8m,已于2000年贯通。可以预测,随着科技发展的加快,掘进机技术得到不断完善,今后会有更多隧道采用掘进机法施工,国外有关掘进机应用情况见表3-13。

国外隧洞掘进机应用情况　　　　　　　表3-13

序号	隧道名称	国名	直径(m)	掘进长度(m)	用途	岩性	施工年度	TBM形式
1	Mangla坝,水工隧洞	巴基斯坦	11.2	500×5	水工	砂岩、黏土、石灰岩	1963年	敞开式
2	Heitersberg	瑞士	10.65	2600	铁道	砂岩(磨砾岩)	1970~1972年	敞开式
3	Hallendsasen隧道	瑞典	9.1	8600×2	铁路	花岗片麻岩,片麻岩	1992年3月	敞开式
4	Bergen绕越干道隧道	挪威	7.8	3200+3800	公路	花岗片麻岩	1986年12月	敞开式
5	Bozberg隧道	瑞士	11.93	3750×2	道路	石灰岩,泥灰岩,页岩	1990~1993年	敞开式

2.特点

与钻爆法开挖隧道施工过程相比,使用掘进机开挖隧道的特点在于施工过程是连续的,具有隧道工程"工厂化"的特点。

(1)安全。掘进机开挖断面一般为圆形,承压稳定性好,由于用机械方法切削成型,没有爆破法的危险因素,减少了周围岩层松动、冒顶的可能性,因此也减少了支护的工作量。在土质或软弱地层施工,可采用护盾式掘进机,作业人员在司机房内或护盾内工作,大大提高了作业的安全性。

(2)快速。根据现有使用效果看,在均质岩层中,掘进速度一般可达:软岩层2m/h,中硬岩层1m/h,硬岩层0.5m/h。按一般的中硬岩石,掘进机每月掘进约600m以上,如英法海峡隧道,英国端每月掘进764m,法国端每月为685m。一般认为,掘进机的掘进速度较钻爆法的掘进速度可提高 2~2.5 倍。

(3)经济。用机械方法开挖的断面平整,洞壁光滑,免去爆破应力,通常不需要临时支护(硬岩中),或可用喷锚、钢圈梁、钢丝网等简易支护(软岩或中硬岩中),而且,超挖量能控制在几厘米之内,能减少清理作业和混凝土用量(混凝土用量约节省 50%),适合于喷射混凝土衬砌。因此,国外有人认为在作业条件适宜时,总成本可降低 20%~30%,但掘进机自身造价高,工程一次性购入成本高。

(4)省工与降低劳动强度。有人统计,一般掘进机施工所需总人数为 40~45 人即能达到月进尺 200m,而用钻爆法施工欲达到月成洞 200m 则需 700 人(三班制),更为重要的是用掘进机施工可以大大减轻劳动强度。

(5)排渣容易。机械法破碎的土屑和岩渣多成中块或粉状,粒度均匀,可由皮带运输机直接排出。如果采用适应于开挖量的转载运输机,则可利用掘进机的换步时间,进行调车作业,尽量不因运输工序而影响掘进速度。

(6)由于集中控制操作,有实现远距离操作和自动化的可能性。

(7)一次投资大,尺寸质量大,机器较复杂(但对于岩层适宜的长隧道,由于掘进机掘进速度高,总的工程成本就不高)。制造周期长,装运费时费钱,刀具的消耗和维修费用亦很昂贵,但也要看到随着冶金技术的发展,刀具消耗的问题也能够解决。如国外某掘进机(ϕ3.3m),在瑞士开挖一条 1461m 长的公路隧道导洞,其岩石抗压强度为 100MPa(砾岩和砂岩),只换过一把刀。

(8)对岩层变化的适应性差。就目前试用和使用情况来看,对中硬岩使用较为有效,对软岩和硬岩仍存在许多困难。如遇到破碎岩层及不均匀多变的岩层,掘进速度下降,甚至无法工作;如遇涌水、溶洞及漂石砾石等情况,多需改为其他方法开挖。

(9)开挖的隧洞断面局限于圆形,对于其他形状的断面,则需进行二次开挖。如要机器本身来完成,则机器构造将更为复杂。

(10)作业率低。由于隧道施工工序多,要求施工组织严密、配合协调。如机器能否正常运转,电缆延伸、洞壁保护、水管路延长及机器方向调整等工序,一般占整个作业时间的 50% 左右。

(11)能耗大。纯机械破岩,不像钻爆法利用炸药的化学能,过分破碎石渣而耗费能量,粉状石渣难于再利用。

经过近一个世纪的努力,随着现代技术的发展,特别是近几十年来,掘进机不仅能在岩石整体性及磨蚀性强的条件下工作,也能在稳定条件差的地层中施工,从而被许多隧道作为主要施工方案进行比选。

3.与盾构的区别

(1)掘进系统是类似的,都是采用刀盘机械破碎岩石或土体。

(2)走行系统类似,都是在位于基础上的轨道上走行,不同的是盾构轨道安装在管片上,而 TBM 一般安装在预制仰拱块上。

(3)反力提供机理不同,TBM 依靠撑靴撑在隧道侧面上提供反力,盾构机依靠反力架及管片提供反力。

(4)衬砌施工方式不同,盾构采用预制管片加壁后注浆,TBM 采用管棚、超前导管、锚杆、喷混凝土为初支,常规方法施作二衬。

二、TBM 类型、原理、构造及选型

1. 类型

TBM 按适用范围分为开敞式、双护盾式和单护盾式。

(1) 开敞式 TBM(图 3-61a):配置钢拱架安装器与喷锚等辅助设备,常用于硬岩,采取有效支护手段后也可应用于软岩隧道。

(2) 双护盾 TBM(图 3-61b):适用于各种地质,既能适应软岩,也能适应硬岩或软硬岩交互地层。

(3) 单护盾 TBM(图 3-61c):常用于劣质地层。单护盾 TBM 推进时利用管片作支撑,其原理类似于盾构,与双护盾 TBM 相比,掘进与安装管片不能同时进行。

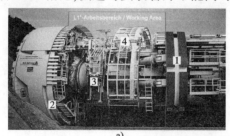

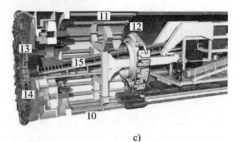

图 3-61 TBM 类型
a) 开敞式;b) 双护盾式;c) 单护盾式

1-支撑鞋;2-钢支架举升器;3-锚杆安装机构;4-钢筋网举升器;5-护盾;6-液压推进油缸;7-管片;8-刀盘;9-装渣斗;10-皮带输送机;11-可伸缩护盾;12-刀盘;13-活动支撑鞋;14-辅助推进油缸;15-管片

TBM 按直径大小分为微型 TBM:$\phi 0.25 \sim \phi 3.00 m$、中型和巨型:

① 微型 TBM:$\phi 0.25 \sim \phi 3.00 m$。

② 中型 TBM:$\phi 3.0 \sim \phi 8.0 m$。

③ 巨型 TBM:大于 $\phi 8.0 m$。

2. 破岩方式与原理

TBM 破岩方式主要有挤压式与切削式。

1) 挤压式

主要是通过水平推进油缸使刀盘上的滚刀强行压入岩体,并在刀盘旋转推进过程中联合挤压与剪切作用破碎岩体。

滚刀类型:圆盘型、楔齿形、球齿型。

2)切削式

主要利用岩石抗弯、抗剪强度低(仅为抗压强度的 5%~10%)的特点,靠铣削(即剪切)与弯断破碎岩体。在两种破岩方式总的破岩体积中,大部分并不是由刀具直接切割下来的,而是由后进刀具剪切破碎的,先形成破碎沟或切削槽是先决条件。

3)圆盘型滚刀破岩原理

圆盘型滚刀(图 3-62a)工作压力 50~200kN,岩体表面在刀圈刀尖强集中力作用下破碎而被切入,并形成切入坑(图 3-62b)。随着滚刀滚动,在岩面上形成一条条的破碎沟,破碎沟之间岩石 AO_1O_2B 受滚刀侧刃挤压力的作用而剪切破碎,当切入深度 h 较大时,剪裂面为 O_1O_2(图 3-62c)。

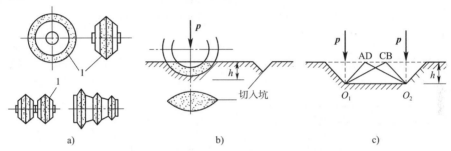

图 3-62 圆盘型滚刀及破岩原理
a)圆盘形刀具;b)刀具切入情况;c)剪切破岩情况
1—刀圈

4)楔齿型与球齿型滚刀破岩原理(图 3-63)

最初由楔齿尖端在滚刀转动情况下产生切向张力破坏岩石的表面,切入深度为 λ,然后由齿尖的楔入力继续引起剪切破坏,楔入深度为 h,由于各齿环的齿节是不同的,因此加大了楔齿的破岩效果。球齿型滚刀的破岩原理与楔齿型滚刀相同,适用于硬岩掘进。

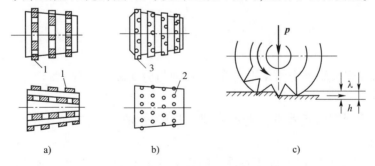

图 3-63 齿型刀具及破岩原理
a)楔齿型刀具;b)球齿型刀具;c)齿型刀具破岩
1—楔齿;2、3—球齿

5)削刀破岩原理(图 3-64)

削刀在挤压力 P_C 和切割力 P_H 作用下,首先在刀尖处形成切碎区 2,随着刀具的回转运动形成剪力破碎区 3。削刀继续回转即在岩壁上留下环状切削槽,两槽之间的岩石在削刀侧向挤压力 R 的作用下而剪切破坏。

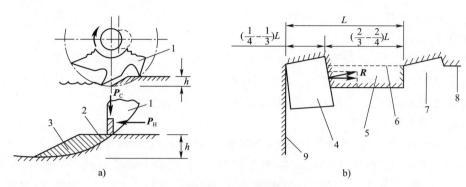

图 3-64 削刀及破岩原理
a) 削刀破岩(Ⅰ); b) 削刀破岩(Ⅱ)
1-削刀; 2-切碎区; 3、5-剪力破碎区; 4-刀刃; 6-剪切破碎线; 7-切割槽; 8-洞壁; 9-掌子面

3. 构造

TBM 由破岩机构、推进机构、岩渣装运机构、导向调向机构及吸尘、通风装置等几部分组成,其掘进过程如图 3-65 所示。

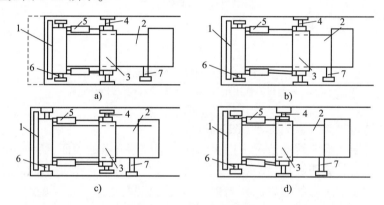

图 3-65 TBM 掘进过程示意
1-刀盘; 2-机体; 3-套架; 4-锚撑; 5-推进缸; 6-前支撑缸; 7-后支撑缸

1) 破岩机构

滚刀或削刀在强大轴推力的作用下旋转,切削与剪切破碎岩石。

2) 推进机构

主支撑鞋顶撑洞壁以支承和推进机身,副支撑鞋控制振动与方向。

3) 出渣机构

破岩形成的片状石渣,由安装在刀盘上的铲渣斗铲起,铲斗旋转到顶部卸入集料斗,经皮带机装车运出洞外。

4) 导向及调向机构

导向机构是用来指示和校核掘进机推进的方向,使其保证符合设计的轴线和坡度的要求。

5) 通风及吸尘装置

掘进机工作时将产生大量的热量与粉尘,故对通风、降尘要求较高,一般在刀盘头部安装有吸尘设备和喷水装置,掘进时连续喷水降尘,机房内专设通风降温设备。

4. 选型

TBM 掘进断面大可达 10m 以上,小仅为 1.8m。由于 TBM 与辅助施工技术日臻完善以及现代高科技成果(液压新技术、电子技术与材料科学技术等)的应用大大提高了 TBM 对各种困难条件的适应性,因此简单从开挖可能性来考虑 TBM 的适用范围是不全面的。

1)判定依据

(1)隧道围岩的抗压强度、裂缝状态、涌水状态等岩性条件。

(2)机械构造、TBM 直径等机械条件。

(3)隧道断面、长度、位置状况、地址条件等。

2)TBM 工法选用流程

TBM 工法选用流程如图 3-66 所示。实际工程中 TBM 选用应根据以下原则:

①整条隧道地质情况均差时采用单护盾 TBM。

②良好地质条件中则采用开敞式 TBM。

③双护盾 TBM 常用于复杂地层的长隧道开挖,一般适用于中厚埋深、中高强度、地质稳定性基本良好的隧道,对各种不良地质与岩石强度变化有较好适应性。

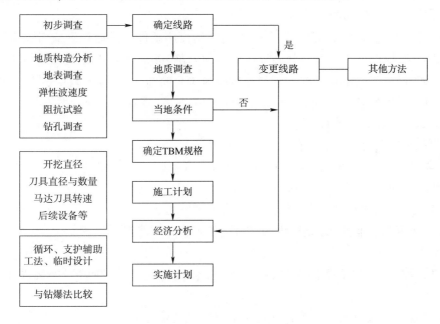

图 3-66 TBM 工法选用流程

3)影响 TBM 选用的地质因素

(1)岩石强度。开挖难易一般用抗压强度来判定。刀具消耗应考虑岩石中石英粒范围、大小与抗拉强度等判断。

(2)岩层裂隙。岩层节理、层理、片理对开挖效率影响极大。裂隙适度发育的岩层,即使抗压强度大也能进行较为有效的开挖。

(3)岩石硬度。一般地,对于 $q<100\mathrm{MPa}$ 的岩层,其石英含量较多、粒径较大,刀具磨耗很大。

(4)破碎带等恶劣条件。在破碎带、风化带等难于自稳的困难条件下进行机械开挖,均需采取辅助施工方法配合施工,特别是在有涌水的条件下更为困难,拱顶崩塌、机体下沉、支承反力降低等问题时有发生。

4)影响 TBM 选用的机械因素

TBM 不仅受地质条件约束,还受到开挖直径、开挖机构的约束。在硬岩中开挖大直径隧道很是困难,日本实例的最大直径仅为5m左右。目前 TBM 多数是单轴回转式,若开挖直径越大,刀头内周与外周的周差速越大,将对刀头产生种种不良影响,随着开挖直径的增大,需要增大推力,支撑靴也要增大,将导致运输困难与承载力问题。

5)开挖长度

TBM 进场需经历运输、组装等过程。根据其直径与形式、运输途径、组装基地状况等不同,需准备1~2个月。TBM 后续设备长100~200m,为正规地进行掘进也需先筑一段长200m左右的隧道。隧道长度小于1000m时,其运行成本急剧增大,在3000m左右时的成本大致是一定的。国外在断面10~30m^2、长1000km以上的隧道开挖,优先考虑采用 TBM 施工,最佳开挖长度为3000km以上,短隧道慎用。

6)工程所在地的道路设施

TBM 的运输与组装要求注意工程所在地的基础设施条件。搬运计划应考虑道路宽度、高度与质量等限制,根据组装条件充分调查运输时的分割方法(即最小分割尺寸与质量)。TBM 一般在工厂试组装、试运输后分割。分割重量约为35t,断面3.5m×3.5m左右。TBM 施工电耗较高,约为同规模其他工法施工的双车道隧道的1.5倍,规划时应充分考虑。

7)TBM 选用应考虑的条件

(1)工程规模:隧道形状、长度、直径、埋深、走向。

(2)地质情况:岩石类型与强度、节理分布与发育程度、断层、暗河、溶洞、地下水分布、已有地表建筑、河流等。

(3)基础设施:交通运输能力、水电来源、进出洞口场地。

(4)施工进度与企业能力(制造维修、经济、施工管理与习惯)。

8)TBM 适用范围

(1)一般只适用于圆形断面隧道,只有铣削滚筒式掘进机可在软岩中掘进非圆形断面隧道。

(2)开挖隧道直径在1.8~12m,以直径3~6m最为成熟。

(3)一次性连续开挖长度不宜短于1km,也不宜长于10km,以3~8km最佳。

(4)适用于中硬岩层,岩石单轴抗压强度介于20~250MPa,尤以50~100MPa最佳。

(5)地质条件对 TBM 掘进效率影响很大。在良好岩层中月进尺可达500~600m,而在破碎岩层中只有100m左右,在塌陷、涌水、暗河地段甚至需停机处理。

(6)选用 TBM 开挖隧道应尽量避开复杂不良岩层。

总之:整条隧道地质情况均差时采用单护盾 TBM;良好地质条件中则采用开敞式 TBM;双护盾 TBM 常用于复杂地层的长隧道开挖,一般适用于中厚埋深、中高强度、地质稳定性基本良好的隧道,对各种不良地质与岩石强度变化有较好适应性。

三、施工工艺流程

TBM 施工主要流程：施工准备→全断面开挖与出渣→外层管片式衬砌或初期支护→TBM 前推→管片外灌浆或二次衬砌。具体施工步骤如下：

（1）TBM 循环开始时，外机架已移动到内机架的前端，将"X"形支撑靴牢牢地抵在隧道墙壁上。前支撑（仰拱刮板）与仰拱处的岩面轻微接触，收回后支撑，此时大刀盘可以转动，推进千斤顶将转动的大刀盘向前推进一个行程，此即为掘进状态，如图 3-67 所示。

（2）再向前推进、到达推进千斤顶行程终点处，结束开挖，大刀盘停止转动，放下后支撑，同时前支撑（仰拱刮板）支住大刀盘，此时整个机器重量全部由前、后支撑承担，如图 3-68 所示。

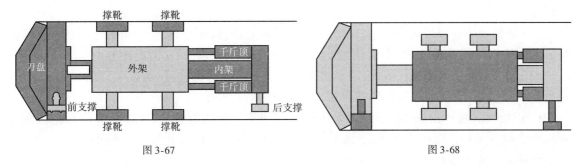

图 3-67　　　　　　　　　　　　　图 3-68

（3）收回两对"X"形撑靴，移动外机架的前端。TBM 掘进方向可以通过后下支撑进行水平、垂直的调整，使掘进机始终保持在所要求的隧道中心线上，如图 3-69 所示。

（4）当外机架移动到前端限位后，又重新将"X"形撑靴撑紧在隧道墙壁上，此时收回后下支撑（仰拱刮板）与仰拱又转换成浮动接触状态，准备开始新的掘进循环，如图 6-70 所示。

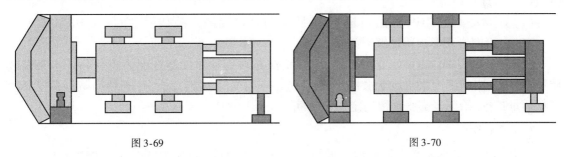

图 3-69　　　　　　　　　　　　　图 3-70

四、施工易出现的问题及处理措施

TBM 掘进机在施工中经常会受到各种不良地质条件的影响，尤其是在深埋长隧道中地质情况不完全被预测的情况下，主要归结为地质构造、岩性、地应力和地下水四方面因素。在 TBM 施工中出现的问题绝大多数与不良地质条件有关，有时与一种因素有关，如断层破碎带可引起多种工程地质问题，更多的是几种因素同时存在而引起。就具体工程而言，往往是一种或几种因素为主导，通过一定的相互作用而导致了工程地质问题发生，当几种不利因素组合时易出现一些特大型工程地质问题，威胁到机器和人员安全或构成地质灾害。

1. 断层破碎带

断层是地壳在构造运动中,岩体所受构造应力作用超过其强度而发生较大错断和明显位移的地质现象,因此,破裂面两侧的岩体构造裂隙发育、岩体十分破碎、完整性差,且岩石强度还相应降低,透水性急剧增强,断裂面还常构成危险的滑动面。TBM 在掘进过程中,由于遇到围岩坍塌,挤压围岩等,使得围岩体卡在 TBM 刀盘上,使 TBM 刀盘无法转动、机身无法向前掘进。在施工过程中,若没有很好地对开挖前方的地质条件进行预报,将会出现很多不可预见的断层破碎带,给工程带来很大的困难。

断层破碎带施工所采取的处理措施有:

(1)施工时一定要进行深入的地面地质调查和高密度电法等地球物理探测或超前钻探等,对断层破碎带的位置、规模作出合理的预测,超前采取措施避免造成 TBM 通过时受阻。

(2)如果断层破碎带规模较小,则可以不进行预处理,采用低转速、大扭矩、小推力、快速掘进的方法直接掘进通过,尽可能不停机或减少停机时间,以防 TBM 刀盘被卡。

(3)如果断层破碎带规模较大,当采用直接掘进方法无法通过时,则可对刀盘前方破碎带进行预处理(如注浆预加固等),然后再缓慢掘进通过。

(4)对于规模很大的断层破碎带,采用以上方法均无法通过时,则可以从旁边开挖绕洞,对破碎带地段采用钻爆法进行开挖,施工完毕后,TBM 在空载状态下直接步进通过。

2. 软岩大变形地段

软岩大变形是影响 TBM 正常掘进的重要因素之一,开挖过程中隧洞的快速收敛经常会导致混凝土管片变形、破损,严重时还会导致卡机事故的发生。

当 TBM 在软岩地层中掘进时,为了防止 TBM 卡机等工程事故的发生,可以采取以下处理措施:

(1)对于大多数 TBM,可适当超挖,把盾壳与开挖面的间隙从通常的 6~10cm 调整到 15~25cm,给围岩变形预留足够空间。

(2)施工过程中做好防水止渗工作,要特别注意衬砌管片接缝宽度的控制和止水条安装质量,避免洞内施工用水与地下水相互渗透,防止围岩崩解、软化。此外,还要对隧洞开挖断面进行适量扩挖,给围岩膨胀预留一定变形空间。

3. 突泥(砂)

突泥(砂)是软弱破碎围岩在地下水的作用下,突然涌入 TBM 护盾内,使 TBM 排渣系统无法及时将岩渣排出,积压在传送系统上,使得 TBM 不能正常工作。突泥(砂)还有一种情况,就是在 TBM 卡机之后开挖支洞时,从支洞向主洞及护盾内突然涌入大量泥沙等,危险情况还会造成人员伤亡。对突泥(砂)可以采取以下处理措施:

(1)利用 TBM 自带的超前地质钻进行超前灌浆处理。

(2)必要时采用液态氮进行冷冻。

(3)超前扩挖处理,此种办法代价过高,不得已才采用。在超前小洞内开挖工作仓,从工作仓继续开挖至 TBM 掌子面。开挖时采用重型钢支撑、喷射混凝土支护,然后启动 TBM,并在空腔内填充豆砾石。

4. 含煤地层与瓦斯突出地段

由于含煤地层常含有 CO、CH_4 等易燃、有害气体,严重威胁着洞内施工人员的健康和生命安全。因此,当 TBM 掘进到煤系等地层时,应加强洞内通风,还要在 TBM 上安装有害气体检测仪,加强对瓦斯等有害气体的监测,并制定严格的防火措施,确保施工安全。

第四节 沉埋(管)法

一、定义、断面形式和适用条件

1. 定义

沉埋法又称沉管法(图3-71),是在水底建筑隧道的一种施工方法。沉管隧道就是将若干个预制段分别浮运到海面(河面)现场,并一个接一个地沉放安装在已疏浚好的基槽内,以此方法修建的水下隧道。沉管法施工时,要先在隧址附近修建的临时干坞内(或利用船厂的船台)预制钢筋混凝土管段,预制的管段用临时隔墙封闭起来,然后浮运到隧址的规定位置,此时已于隧址处预先挖好一个水底基槽。待管段定位后,向管段内灌水压载,使其下沉到设计位置,将此管段与相邻管段在水下连接起来,并处理基础,最后回填覆土,铺装隧道内部,从而形成一个完整的水底隧道,这种方法成隧质量好,但技术要求高。

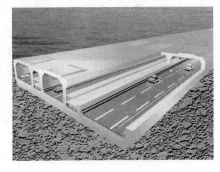

图3-71 沉埋(管)法

2. 断面形式

1)圆形(图3-72a、b、c)

内轮廓为圆形,外轮廓为圆形、八角形或花篮形。一般只安设二个车道。

其优点是:圆形断面中弯矩较小,在水深较大时经济;沉管的底宽较小,基础处理较易;钢壳既是浇筑混凝土的外模,又是隧道的外防水层,防水效果较好。

其缺点是:圆形断面空间不能充分利用;钢材消耗量大、造价高;钢壳本身需做防锈处理;对4~8车道的隧道往往需用平行沉放几条隧道。

2)矩形(图3-72d、e)

在临时干坞制作钢筋混凝土管段,一个断面内能同时容纳2~8个车道。

其优点是:干坞中预制管段,施工质量有保障;断面利用率高;由于不需要使用钢壳,可大量节省钢材。其缺点是建造干坞费用较大。

3. 适用条件

沉管施工方法的选择,应根据管道所处河流的工程水文地质、气象、航运交通等条件,周边环境、建(构)筑物、管线以及设计要求和施工技术能力等因素,经技术经济比较后确定。其主要条件是:水道河床稳定和水流并不过急。前者不仅便于顺利开挖沟槽,并能减少土方量;后者便于管段浮运、定位和沉放。其优缺点如下:

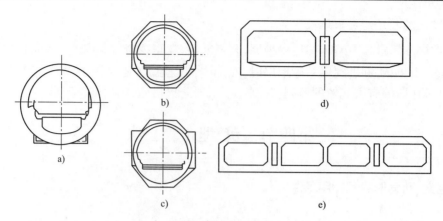

图 3-72 断面形式

圆形管段:a)圆形;b)八角形;c)花篮形。矩形管段:d)六车道断面;e)八道断面

(1)优点:

①对地质水文条件适应能力强(施工较简单、地基荷载较小)。

②可浅埋,与两岸道路衔接容易(无需长引道,线形较好)。

③防水性能好(接头少漏水几率降低,水力压接滴水不漏)。

④施工工期短(管段预制与基槽开挖平行,浮运沉放较快)。

⑤造价低(水下挖土与管段制作成本较低,短于盾构隧道)。

⑥施工条件好(水下作业极少)。

⑦可做成大断面多车道结构(盾构隧道一般为两车道)。

(2)缺点:

1 管段制作混凝土工艺要求严格,需保证干舷与抗浮系数。

2 车道较多时,需增加沉管隧道高度。导致压载混凝土量、浚挖土方量与沉管隧道引道结构工程量增加。

二、施工程序及工艺

沉埋(管)法施工程序较如图 3-73 所示。在所有的工序中,干坞修筑、管段制作、管节浮运、沉放、水下对接和基础处理的难度较大,是影响沉管隧道成败的关键工序。

1. 干坞修筑

1)干坞施工

一般用"干法"土方开挖,具体为:施作干坞周围防渗墙→由端部向坞口开挖(部分回填、大部分弃渣)→坞底与坞外设排水沟、截水沟与集水井→塑料膜铺坡面并压沙袋→坞底处理(铺填砂与碎石)→坞内车道修筑。

2)坞内主要设备

(1)混凝土搅拌站:应能连续浇筑 15~20m 长的节段。

(2)起重设备:轨行门式或塔式起重机(能力 5.0~7.5t)。

(3)运输设备:载货汽车、翻斗车、轨道车、混凝土输送车、混凝土输送泵及管道等。

(4)管段拖运设备:电动卷扬机与绞车。

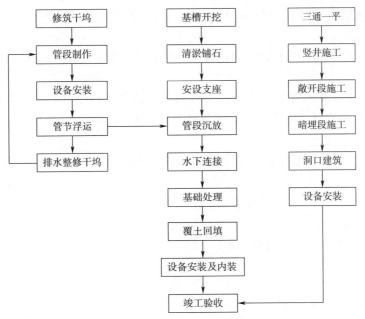

图 3-73 施工程序

(5)其他:钢筋加工、抽水、电焊机、空气压缩机、钢模板、拼装式脚手架、千斤顶、混凝土振捣与养护设备。

2. 管段预制(图 3-74)

1)管段浇筑

(1)需保证管段混凝土的均质性与水密性。

(2)保证均质性的意义:若管段混凝土重度变化幅度超过1%以上,管段常会浮不起来;若管段各部分板厚局部偏差较大或管段各部分混凝土密度不均匀,将导致侧倾。

(3)保证措施:采用刚度大、精度高、可微动调位的大型滑动内、外模板台车;实行严格的密实度管理制度。

图 3-74 管段预制

(4)密实度要求:$(\rho - \rho_m)/\rho_m \leq 0.6\%$。

(5)保证水密性的措施:

①结构自身防水(采用防水混凝土;防止管段裂缝)。

②结构物外侧防水(钢壳、钢板防水;卷材、保护层防水;涂料防水)。

③施工接缝防水(横向施工变形缝设置1~2道止水带)。

(6)横向变形缝构造要求:

①能适应一定幅度的线变形和角变形。

②施工阶段能传递弯矩,使用阶段能传递剪力。

③变形前后均能防水。

(7)保证变形缝抵抗波浪与施工荷载引起的纵向弯矩的措施:

①切断变形缝处所有内、外侧纵向(水平)钢筋,另设临时预应力筋承受浮运时的纵向弯矩。

②只将所有外排纵向钢筋切断,内排纵向钢筋保留,管段沉放后切断,使之成为完全的变形缝。

③穿过变形缝的纵向钢筋截面积仅为管段内纵向钢筋的2/3~3/4,且在变形缝前后各15d范围内用套管与混凝土隔离。管段沉放后不予切断,留作"安全阀"。

2)封端墙

(1)管段浇筑拆模后,需在管段两端离端面50~100cm处设置钢结构或钢筋混凝土结构密封墙。

(2)封端墙实现水力压接的设施:

①鼻式托座(左右对称布置)。

②人孔钢门(密封防水)给气阀(设于上部)。

③拉合结构(左右对称布置)。

3)压载设施

(1)压载材料:水以及矿渣、石渣。

(2)水箱压载:对称布置于管段四角,可采用全焊接钢结构或拆装式。水箱容量取决于管段下舷值与下沉力的大小。

图3-75 干坞注水与管段检漏调整

3. 管段检漏(图3-75)与干舷调整

管段预制后需做一次检漏,一般在干坞灌水之前,先往压载水箱里注水压载,然后再往干坞坞室内灌水(也有的在干坞灌水后进一步抽吸管段内的空气,使管段气压降到0.6atm)。灌水24~48h后,工作人员进入管段内对管段所有内壁(包括顶板和底板)进行水底检漏,若无问题即可排水浮升管段;若有渗漏则在干坞室排干后修补。

经检验合格后浮起的管段,还要在干坞中检查四边干舷是否符合规定,是否有侧倾现象,如有上述现象,可用调整压载的办法来纠正。在一次制作多节管段的大型干坞中,经检漏与调整好干舷的管段应再次注水压载沉置坞底,待使用时再逐一浮升,拖运出坞。

4. 基槽开挖与航道疏浚

1)基槽开挖

(1)开挖要求:

①基槽底宽一般比管段底宽大4~10m(即每边宽2~5m)。

②基槽深度=管顶覆土厚度+管段高度+基础处理超挖深。

(2)开挖方法:

①开挖工作两阶段:粗挖与精挖。

②粗挖,一般挖到离管底高程约1m处。

③精挖,精挖长度只需超前2~3节管段长度,应在临近管段沉放前再挖。挖到基槽底部

高程后,应将槽底浮土与淤渣清掉。

④一般可用吸泥船疏浚,自航泥驳运泥。

⑤土层坚硬、水深超过20~25m时,可用抓斗挖泥船配小型吸泥船清槽与水下爆破,炮孔一般超深0.5m。

⑥粗挖也可用链斗式挖泥船,硬质土层可采用单斗挖泥船。

2)航道疏浚

(1)航道疏浚包括临时航道和管段浮运航道的疏浚。

(2)临时航道疏浚必须在基槽开挖以前完成,以保证施工期间河道上正常的安全运输。

(3)浮运航道是专门为管段从干坞到隧址浮运时设置的,管段出坞拖运之前,浮运航道应疏浚好。

(4)浮运路线的中线应沿着河道的深槽,以减少疏浚航道的挖泥工作量。浮运航道要有足够水深。

(5)根据河床地质情况应考虑一定的富余水深(0.5m左右),并使管段在低水位(平潮)时也能安全拖运。

5. 管段浮运、沉放

1)管段浮运

(1)管段出坞(图3-76)。

①管段浮升后用地锚钢绳固定,再由干坞坞顶的绞车逐节牵引出坞。

②出坞后在坞口系泊。

③分批预制管段时,也可在临时拖运航道边选一个具备条件的水域临时抛锚系泊。

(2)管段向隧址浮运(图3-77)。

①可采用拖轮拖运或岸上绞车拖运。

②拖轮大小与数量应根据管段几何尺寸、拖航速度及航运条件(航道形状、水流速度等),通过计算分析后选定。

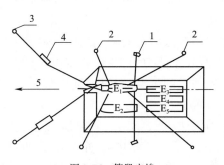

图3-76 管段出坞

1-绞车;2-地锚;3-沉埋锚;4-工作驳;5-出去牵引缆

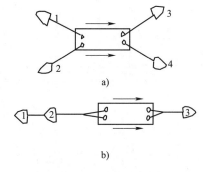

图3-77 管段拖运

a)四轮拖运;b)三轮拖运

(3)拖轮拖运形式。四轮拖运(两艘拖轮排前领拖、后两艘反拖并制动转向,一艘领拖,旁侧两艘帮拖,后一艘制动转向);三轮拖运(两艘主拖一艘反拖并制动转向,一艘主拖,两艘靠帮导向)。

(4)绞车拖运(水面较窄时)。以宁波甬江沉管隧道(绞车拖运管段与浮箱组合体)和广州珠江沉管隧道(绞车拖运和拖轮顶推管段)绞车拖运形式为例说明,如图3-78和图3-79所示。

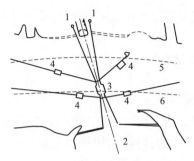

图3-78 宁波甬江沉管隧道

1-绞车;2-干坞;3-管段与浮箱骑吊组合体;4-工作方驳;5-主航道线;6-副航道南线

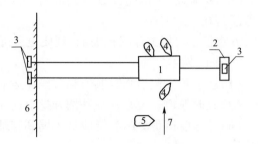

图3-79 广州珠江隧道

1-管段;2-方驳;3-液压绞车;4-顶推拖轮驳;5-备用拖轮;6-芳村岸;7-水流

2)管段沉放

(1)管段沉放阶段

管段沉放作业分为3个阶段进行,初次下沉、靠拢下沉和着地下沉。在沉放前,应对气象、水文条件等进行监测、预测,确保在安全条件下进行作业。

①初步下沉。压载至下沉力达50%规定值后校正位置,之后再继续压载至下沉力达100%规定值,然后按不大于30cm/min的速度下沉,直到管段底部离设计高程4~5m为止。

②靠拢下沉。将管段向前节既设管段方向平移至距前节管段2~2.5m处,再将管段下沉到管段底部离设计高程0.5~1.0m左右,再次校正管段位置。

③着地下沉。先将管段底降至距设计高程10~20cm处,再将管段继续前移至距既设管段20~50cm处,校正位置后即开始着地下沉。下沉速度缓慢,随时校正管段位置。

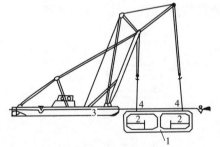

图3-80 起重船吊沉法

1-沉管;2-压载水箱;3-起重船;4-吊点

(2)管段沉放方法

沉放方法主要有吊沉法和拉沉法。吊沉法使用最多,分为起重船吊沉法、浮箱吊沉法、自升式平台吊沉法和船组杠沉法。

①起重船吊沉法(浮吊法),如图3-80所示。浮吊法一般用2~4艘起重能力为1000~2000kN的起重船提着管段顶板预先埋设的吊点,同时逐渐压载,使管段慢慢沉放到规定的位置上。

②浮箱吊沉法(图3-81)。管段顶板上方用4只浮力1000~1500kN的方形浮箱直接吊起,吊索起吊力作用于各浮箱中心,前后每组两只浮箱用钢桁架连接,并用4根锚索定位。起吊卷扬机与浮箱定位卷扬机均安放在浮箱顶部,管段本身则另用6根锚索定位,其定位卷扬机则安设在定位塔顶部。

③自升式平台(SEP)吊沉法(图3-82)。自升式平台一般由4根柱脚与平台(船体)组成,移位时靠船体浮移,就位后柱脚靠液压千斤顶下压至河床以下,平台沿柱脚升出水面,利用平台上的起吊设备吊沉管段,施工完平台落到水面,利用平台船体的浮力拔出柱脚,浮运转移。

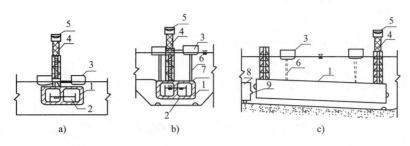

图 3-81 浮箱吊沉法
a) 就位前; b) 加载下沉; c) 沉放定位
1-沉放管段; 2-压载水箱; 3-浮箱; 4-定位塔; 5-指挥室; 6-吊索; 7-定位索; 8-既设管段; 9-鼻式托座

6. 管段的水下连接

1) 水下混凝土连接法

水下混凝土连接法主要是沉管法发展期使用，目前只用于最终接头连接。其施工方法为：先在接头两侧管段端部安设平堰板（与管段同时制作），管段沉放后在前后两块平堰板的左右两侧，于水中安放圆弧形堰板，围成圆形钢围堰。同时在隧道衬砌的外边用钢堰板把隧道内外隔开，最后往围堰内灌筑水下混凝土，形成管段连接。

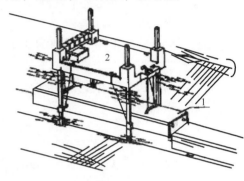

图 3-82 自升式平台吊沉法
1-沉管段; 2-SEP 自升式平台

2) 水力压接法

（1）作用原理。利用作用在管段上的巨大水压力使安装在管段前端面周边上的一圈胶垫发生压缩变形，形成一个水密性相当可靠的管段接头。沉放对位后拉紧相邻管段，接头胶垫第一次压缩初步止水；抽出封端墙之间的水使之为空气压力，作用于后封端墙的巨大压力二次压缩胶垫紧密连接，其作用原理如图 3-83 所示。

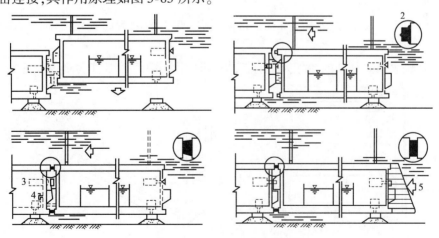

图 3-83 水力压接法原理
1-鼻式托座; 2-接头胶垫; 3-拉合千斤顶; 4-排水阀; 5-水压力

（2）接头胶垫。GINA 尖肋型橡胶垫（安装于管段接头竖直面上）；"Ω" 或 "W" 形橡胶板（用扣板与螺栓连接）安装于管段接头水平方向。

（3）施工顺序。

①对位：着地下沉后，管段对位连接精度应满足要求。鼻式托座与卡式托座可确保定位精度。

②拉合：用带有锤形拉钩的千斤顶将管段拉紧，压缩尖肋型橡胶垫初步止水。

③压接：打开既设管段后封端墙下部的排水阀，排出前后两节沉管封端墙之间被胶垫所封闭的水。后封端墙水压力高达数十兆牛到数百兆牛，从而使管段紧密连接。

④拆除封端墙：拆除封端墙，安装"Ω"或"W"形橡胶板，使管段向岸边延伸。

7. 基础处理

基础处理方法主要是垫平基槽底部，有刮铺、喷砂、压注与桩基法。

（1）刮铺法（图3-84）

①在管段沉放前采用专用刮铺船上的刮板在基槽底刮平铺垫材料（粗砂或碎石或砂砾石）作为管段基础。

②采用刮铺法开挖基槽底应超挖60~80cm，在槽底两侧打数排短桩安设导轨，以便在刮铺时控制高程和坡度。

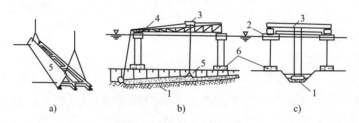

图3-84　刮铺法
1-粗砂或砾石垫层；2-驳船组；3-支架；4-桁架及轨道；5-钢犁；6-锚块

（2）喷砂法（图3-85）

①从水面上用砂泵将砂、水混合料通过伸入管段底下的喷管向管段底喷注、填满空隙，砂垫层厚度1m左右。

②可沿着轨道纵向移动的台架外侧挂三根L形钢管，中间为喷管两侧为吸管。

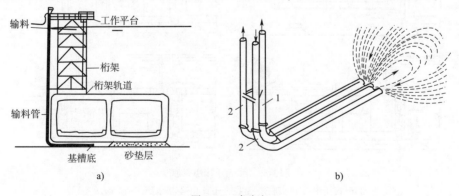

图3-85　喷砂法
1-喷（砂）管；2-（回）吸管

(3)压注法

在管段沉放后向管段底面压注水泥砂浆或砂作为管段基础,根据压注材料不同分成压浆法和压砂法两种。

①压浆法:开挖基槽时应超挖1m左右,然后摊铺一层厚40~60cm的碎石。两侧抛堆沙石封闭槛后,通过隧道内预留压浆孔注入由水泥、膨润土、黄沙和缓凝剂配成的混合砂浆。

②压砂法:与压浆法相似,但注浆材料为砂水混合物。

8.覆土回填

(1)回填工作是沉管隧道施工的最终工序,包括沉管侧面与管顶压石回填。沉管外侧下半段一般采用沙砾、碎石、矿渣等材料回填,上半段则可用普通土砂回填。

(2)注意事项:

①全面回填工作必须在相邻的管段沉放完后方能进行。

②采用压注法进行基础处理时,先对管段两侧回填,但要防止过多的岩渣存落管段顶部。

③管段上、下游两侧(管段左右侧)应对称回填。

④在管段顶部和基槽的施工范围内应均匀回填,不能在某些位置投入过量而造成航道障碍,也不得在某些地段投入不足而形成漏洞。

三、施工易出现的问题及对策

迄今为止,世界各国采用沉管法修建的水下隧道已达130余座,有近100年的历史,但设计和施工中仍存在一些问题。

1.基槽边坡及回淤

沉管下放前需进行基槽开挖,而基槽开挖与沉管下放存在一定时间空当。一般基槽开挖好后至沉管沉没,可允许空置约一个月。实际施工时应根据沉管隧道的施工组织安排,基槽开挖完成至管节沉放就位的时间一般不超过10d,可采用吸泥船或专用清淤设备快速清淤,而不会影响工期。

2.水流条件及管节浮运、沉放

对于沉管施工影响较大的是水流速度和水的重度,而对沉管结构设计及接头止水带选型影响较大的是高、低水位及水位差。设计提出的浮运沉放方案有水工模型试验依据,各项参数的选择都是在模拟隧址水流条件的情况下取得的。设计和实际常常存在差别,在工程实施阶段,可将第一管节作为现场试验管节,以便根据现场实际情况,修正和改善浮运沉放参数。但应注意如下问题:

(1)制订浮运沉放施工方案前必须先进行模拟试验,同时要实测河床断面、流速、江水重度、风速、风向、波浪高度等,并应注意天气情况。

(2)在沉管结构设计时,必须进行浮运沉放各种工况的结构安全性检算,包括浮运稳定性检算、浮运工况下应力及沉放工况的内力检算,并通过水工试验,确定拖航阻力及安装定位系泊力等。

(3)管段对接的第一道止水屏障目前必须采用荷兰出品的吉那止水带,不能用其他产品替代;第二道止水必须用荷兰的欧米加止水带,以确保水力压接及接头防水万无一失。

(4)吉那止水带的选型必须考虑各接头所处位置的水深,包括最低水位时最大压接水深和最小压接水深以及百年一遇水位时的最大压接水深和最小压接水深,确保止水带的水密性要求。

(5)管节的浮运、沉放、对接施工难度较大,必须在11月至次年4月枯水期进行且必须编制一套严谨的施工组织计划。

3.沉管隧道的沉降

1)沉管隧道的沉降原因

(1)沉管地基变形是一个卸载、回弹、再压缩的过程。

(2)槽底原状土的扰动。

(3)基础的初始压缩。

(4)列车振动使基底一定范围内的沙土进一步密实。

(5)河床断面的变化。

(6)震陷。前三种沉降主要发生在施工期,由于绝大部分沉管基底为细沙土,为瞬时沉降,施工阶段即已完成;后三种沉降发生在运营期,需采取措施加以控制。

2)控制沉降的措施

(1)采用压浆法处理沉管基础。

(2)对可液化地层换填处理。

(3)所有沉管管节沉放时,根据具体位置预留沉降量。

(4)全部接头采用半柔半刚接头并设置竖向剪切键,以抵抗不均匀沉降。

4.沉管隧道的防水性

沉管隧道位于水下,它的防水性能比任何用其他方法修建的水下隧道都好,其主要原因是:

(1)沉管管节在干坞中预制,可以有效控制混凝土的浇筑质量。

(2)仅在管节之间存在连接接头。

(3)连接接头的止水有两道屏障,即吉那止水带和欧米加止水带,其使用寿命均在一百年以上。

(4)混凝土结构采用自防水和外防水相结合的方式,混凝土的抗渗强度等级不低于S12,管节底板及以上2m采用钢板外包防水,其余均用橡胶防水涂料防水。

通过上述处理后的沉管隧道,可以做到滴水不漏。沉管防水的关键部位是接头,吉那止水带和欧米加止水带的产品质量和使用寿命是最重要的条件,必须采用业已成熟的产品,不宜自行研制,否则会带来风险。

5.沉管隧道的抗震性能

沉管隧道的抗震性能包括:

(1)列车及地震作用下沉管地基的稳定性。

(2)列车振动及地震作用下沉管结构的安全性。

在列车振动及地震动力作用下,沉管地基稳定性和结构安全性一般是有保障的,但为了保证沉管隧道安全,在接头部位设置水平剪切键是有必要的。

6. 防灾问题

防灾问题对隧道而言是十分重要的大事,在结构断面选择中必须考虑。在沉管隧道结构断面的设计中,由于管节是在干坞中工厂化制作,因此断面选择的自由度相对较大,可以是单框双线,也可以是带隔墙或隔廊的双框单线。从防灾来说,应采用带隔墙或隔廊的双框断面,这种断面由于基槽开挖及混凝土圬工数量增加,从而工程投资增加4千万~5千万元,但从防灾来说是值得的,因为一旦发生灾害所造成的损失有可能比这还大,因而从降低运营风险性来考虑,建议选用带隔墙或隔廊的双框断面形式。

复习思考题

1. 区间隧道施工易出现的问题及解决方法?
2. 区间隧道浅埋暗挖常用施工方法?
3. 区间隧道浅埋暗挖常用辅助工法?
4. 盾构法与掘进机法各自的适用条件?
5. 盾构法与掘进机法施工中易出现的问题和对策?
6. 沉管法适用条件、易出现问题及对策?

施工案例

【案例3-1】 区间隧道浅埋暗挖法施工

1. 工程概况

西直门站—动物园站区间隧道处于西直门外大街下方。该区间起点里程左线为K13+902.747、右线为K13+903.000,终点里程为K15+125.853,左线全长1224.066m、右线全长为1222.853m。隧道正线于桩号K14+000~K14+104段穿过高梁桥基础,设计过桥段长104m;高梁桥上部结构为跨度23m×3的预应力简支T梁;下部为厚2m的扩大基础,分两层浇筑,底层面积5.5m×5.5m,上层面积3m×3m,基础埋深4.874m。扩大基础上为独立桥墩,两相邻桥墩上有盖梁相连。与区间隧道纵向相垂直方向一排上有4个基础,中心间距11.546m;沿区间纵向有两排桥基,间距21m。隧道埋深17.9m,两隧道中心间距为8.0m,如图3-86所示。隧道结构从一排4个基础中的中间2个基础正下方附近通过,结构顶与基础底之间净距为11.66m。

该区间段隧道左右线全部穿越砂卵石地层。砂卵石地层是一种典型的力学不稳定地层,颗粒之间空隙大,黏聚力小,颗粒之间点对点传力,地层反应灵敏,稍微受到扰动,就很容易破坏原来的相对稳定平衡状态而坍塌,引起较大的围岩扰动,使开挖面和洞壁都失去约束而产生不稳定现象。通过筛分试验表明,该处地层为卵石~圆砾层,粒径20~70mm,最大粒径达到150mm,含砂率11%~30%,平均内摩擦角35°左右,N值27~50,施工中遇到最大的卵石达250mm。

在砂卵石地层中采用浅埋暗挖法施工,存在以下难点:

(1) 超前小导管或注浆孔施工成孔难度大,施工速度慢。
(2) 砂卵石地层容易坍塌,地层成拱性差,超挖量较大,工作面稳定性难以保证。
(3) 由于没有地面降水条件,拱顶上方存在的上层滞水,易造成砂体的部分流失,增加了地层沉降量控制的难度。
(4) 砂卵石地层中浅埋暗挖法隧道下穿桥墩桩基相对其他地层,容易造成不均匀沉降。

2. 施工方案

为了严格控制结构沉降,通过对比试验,研究提出了适用于砂卵石地层的前进式分段超前深孔注浆加固方案。

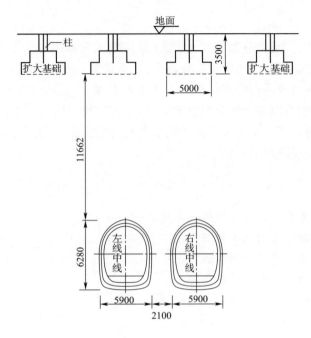

图 3-86 隧道与上部桥梁结构关系(尺寸单位:mm)

隧道采用 CRD 法进行施工,根据分析,确定区间两隧道按照导洞 1、2、3、4 和导洞 5、6、7、8 顺序施工,错距 10m。先施工 1 号导洞,为了减小各导洞之间的相互影响,待施工 10m 后,再施工 2 号导洞,依次施工其他导洞,直至完成(图 3-87),具体施工步骤如下:

第一步:施作超前支护,注浆加固地层,前后开挖两侧 1 号洞室,并预留核心土,施作初期支护。

第二步:继续前后开挖两侧 2 号洞室,施作初期支护,1、2 号洞室纵向间距 10m 左右。

第三步:施作超前支护,前后开挖两侧 3 号洞室,并预留核心土,施作初期支护,2 号与 3 号洞室纵向间距 10m。

第四步:继续前后开挖两侧 4 号洞室,施作初期支护,左侧 3 号与 4 号洞室纵向间距 10m。

第五步:待左洞开挖完毕,再以同样的方式开挖右导洞。

第六步:根据监测情况纵向分段拆除中隔墙,临时支撑,逐步完成侧洞底板防水与二次衬砌,先作业左洞,再作业右洞。

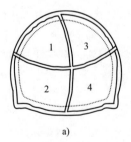
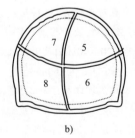

a)   b)

图 3-87 施工工序示意图

【案例 3-2】 区间隧道盾构法施工

1. 工程概况

南锣鼓巷站—东四站右线由盾构始发井向东至东四站西端盾构接收井为盾构法区间,盾构为土压平衡盾构机,盾构管片环外径6m,内径5.4m,壁厚0.3m,环宽1.2m,混凝土强度等级C50,抗渗等级P10。线路里程为右K11+204.221~K12+862.303,右线长度约1658m。左线的盾构始发井位于右线始发井东侧35m处,两井之间为暗挖区间,从左线盾构井向东为盾构法区间。里程范围左K11+253~K11+328为交叠段,左右线隧道成叠落状向东走向,左线在上右线在下。平面上隧道向东出发后接半径300m曲线折向南,沿北河沿大街南行,再接半径300m曲线折向东,与东四西大街顺行至东四站西端盾构接收井。左右线隧道逐渐分离,最终并行(图3-88)。纵剖面上,随着平面上两线分离,左线逐渐降低、右线先降低后抬高,最终两线基本等高前进。左线埋深18.8~26.8m,右线埋深13.7~26.8m。隧道先施工位于叠落段下方的右线,后施工左线,方向均为自西向东。盾构始发完毕后开始正常掘进,在K11+300~K11+350处下穿4、5层居民楼,拱顶与建筑物垂直距离9.31m。居民楼与盾构隧道位置关系如图3-89所示。

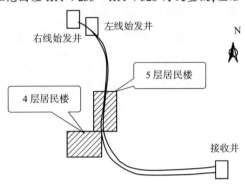

图3-88 工程总布置图

左线隧道主要通过粉细砂和卵石层,右线隧道主要通过卵石层和粉土层。勘察50m深度范围内,实际量测5层地下水,分别为上层滞水、潜水、层间潜水、承压水、层间水,其中层间水位于卵石层,本工程未涉及。本区间结构位于第二层潜水层以下,底板进入第三层层间潜水水位和第四层承压水静止水位0~3.5m。左线盾构机到达居民楼,到完全离开共需要13d的时间,盾构经过可能造成较大的地表沉降,给房子造成一定的损伤,因此下穿该居民楼是本工程的难点,施工风险较大。

2. 施工方案

盾构法施工的地铁6号线下穿既有建筑物叠落段,呈左上右下交叠状,两线最小垂直距离为3.84m,为确保施工过程中左、右线以及既有建筑物的安全,采取如下综合技术措施:降水、打设竖井、盾构始发井WSS深孔旋喷加固,分体始发进行右线正线盾构,在下穿既有建筑物叠落段采用加强型盾构管片并向上注浆加固左右线间土体。待右线盾构完毕,进行左线盾构施工,同时设置右线内台车支撑体系,采用壁后注浆技术适时补强左右线间土体和弥补地层损失,防止既有建筑物沉降过大。

【案例3-3】 区间隧道TBM法施工

1. 工程概况

重庆地铁6号线一期工程是国内首次采用复合式TBM法施工(图3-90)的城市地铁工程,是继1、2、3号线之后开始建设的第四条轨道交通线路。线路起点为茶园南站,终点为五路口站,线路全长61.23km。6号线一期工程TBM试验段全长约12.122km,起点位于五里店站,终点为光电园与竹林公园区间的山羊沟水库段。刀盘开挖直径6.36m,建筑限界为$R=2.7$m的圆形隧道,初期支护厚度0.12~0.15m,二次衬砌厚度为0.3m。沿线地层由第四系全新统松散层和侏罗系中统沙溪庙组泥岩、砂岩组成。线路埋深在10~56m,有穿越地段以砂岩与砂质泥岩的不等厚土层为主沿线地下水以地层孔隙潜水与基岩裂隙水为主,有岩体裂隙与地下水均不发育。根据重庆轨道交通6号线地下区间所经地层主要以岩石为主、局部地段表层存在一定厚度的第四系人工填土和粉质黏土的具体条件,采用复合式TBM进行施工。复合式TBM是以传统硬岩掘进机硬岩掘进机(TBM)为基础,吸取了土压平衡盾构和泥水平衡盾构的原理及优点后产生的一种掘进机。

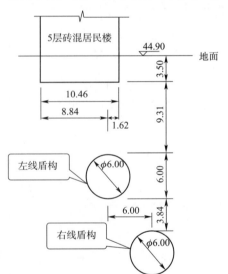

图3-89 居民楼与隧道位置关系图(尺寸单位:m)

2. TBM 穿越建筑物的施工微扰动方案

图 3-90 复合式 TBM

重庆地铁 6 号线工程纵贯主城区,地表、地下建筑物众多,由于线路条件和车站埋深的控制,区间隧道与一些建筑物或其基础距离非常近,区间隧道与建筑物的平面位置关系主要分为侧穿(隧道结构与建筑物有一定的距离)、下穿两种,其中下穿又可细分为正下穿、侧下穿、斜下穿三类。根据复合式 TBM 下穿建筑物的控制因素和控制标准,主要采取从两结构物之间地层进行预加固,对既有建筑物进行现状评价和加固处理,根据需要适当调整复合式 TBM 施工参数等措施,确定复合式 TBM 下穿建筑时的掘进技术和具体的应对措施。本节则以 6 号线区间隧道典型的几次穿越施工为例进行说明,具体见表 3-14。

复合式 TBM 下穿建筑物微扰动控制技术　　　　　　　　　表 3-14

类别	复合式 TBM 下穿涵洞	复合式 TBM 下穿建筑物桩	复合式 TBM 上下立体小净距掘进
工程地质水文地质	涵洞基础以上为回填土,下伏厚层状泥质砂岩,浅埋隧道成洞条件差,洞顶易坍塌,涵洞内水体易通过裂隙下渗,造成隧道涌水量急剧增大,存在塌方、突水(泥)等风险	桩基与隧道间为中等风化砂质泥岩,呈块状砌体结构,为较完整Ⅳ级围岩,有基岩裂隙水水文地质条件简单,成洞条件较好	隧道所处地层以中等风化砂质泥岩为主,岩体较完整,成洞条件好,以松散层孔隙水及基岩裂隙水为主
空间位置关系	①隧道从涵洞正下方垂直穿越; ②隧道拱顶距涵洞基础底面约 4.5m	①区间隧道与建筑物桩基正交; ②桩基底部距隧道拱顶约 6.6m	左右线上下垂直设置,左下右上(右线先施工),净距 5.45m
建筑物现状评价	涵洞为双跨 5m 拱涵,起拱线高 5m,拱高 1.5m;基础材料为 C15 现浇混凝土或 M10 水泥砂浆砌 30 号毛条石,墙身材料为水泥砂浆砌 30 号毛条石,拱圈为 C25 钢筋混凝土(厚 0.50m)	建筑物为 7F,采用桩基础,桩径 1.30m,桩底以中等风化砂质泥岩为主,嵌岩桩;隧道左右线范围内存在 5 根桩基	右线掘进完成后、二次衬砌作前,进行左线掘进
微扰动控制措施	涵洞进行预加固(基底注浆加固);穿越前,采用地质雷达对穿越地段地下做地下勘探;调整 TBM 掘进参数(减少推力,降低转速);保证 TBM 匀速、连续穿越,确保在涵洞范围内不停机;严格控制盾尾同步注浆和二次补注浆加强对涵洞的变形监控量测,对监测数据及时分析并反馈	调整 TBM 姿态及掘进参数(减少推力,降低转速),保证 TBM 匀速、连续穿越,确保在建筑物范围内不停机;严格控制掘进土压力和出土量,严格控制盾尾同步注浆和二次补注浆;加强对建筑物的变形监控量测,对监测数据及时分析并反馈	条件允许时尽量扩大隧道间距;保护好围岩,对围岩进行预注浆加固;加强上下隧道衬砌支护参数,提高右线的纵向刚度,左线掘进时设置必要的超前支护

由表 3-14 可知,复合式 TBM 穿越建筑物时,附加措施一般分为地表注浆加固与隧道内超前支护(包括支护参数的加强),但无论对地层如何加固,穿越过程中减少对周边地层的扰动才是解决问题的根本。

【案例 3-4】 水底区段沉埋管法施工

1. 工程概况

珠江越江隧道沉管段长 457m,隧道分为 4 孔,其中 2 孔为机动车道孔、1 孔为地铁孔、另 1 孔为专用管线廊道。管节由北向南分段长度:$E_1=105m$,$E_2=120m$,$E_3=120m$,$E_4=90m$,$E_5=22m$。在黄沙侧(北岸)和芳村侧(南岸)与岸上段连接,其中 E5 管节主要用于承受当水压消失后管节间接头释放的轴向推力,最后成为南岸暗挖段一部分。沉管段基础处理砂垫层厚度为 0.6m,管节顶部回填厚度为 1m 的片石,管节侧壁外回填透水性好的砾石。

用于管节间的连接或管节与岸上段连接的接头,是沉管隧道结构的重要组成部分,也是其相对薄弱环节。珠江过江隧道接头分为刚性接头(用于管节 E_4、E_5 之间的连接)和柔性接头(用于其余管节之间的连接)两大类。这里的柔性接头是指管节之间连接的接头,而非柔性管段的小分段接头。刚性接头由两层钢板之间充填混凝土而成;柔性接头主要出于抗震的考虑,在管节间采用 Ω 形钢板作为纵向弹簧构件。对 Ω 形钢板承受的剪力不足部分,通过设计抗剪键来承受。抗剪键又分为垂直剪切键和水平剪切键,垂直剪切键设置在管节端头中隔墙,水平剪切键设置在管节端头的顶部和底部。柔性接头设有两道止水带,其中 GINA 橡胶止水带是管节在水下定位后,进行人工拉合水压接的关键部件,对长期使用中保持良好水密性起到重要作用;Ω 形橡胶止水带是第二道防水设施,主要承受长期运营产生的轴向、垂直、横向变形量。

2. 施工方案

管节的浮运沉放工程要在平潮时进行,避免大流速的影响。工程采用大型吊船沉放法,其安装沉管的主要步骤如下:

(1) 将预制管节从干坞浮出,然后拖航到沉放位置。

(2) 注水于管内压载舱,以抵消江水浮力,令管节沉入已挖好的河床沟槽内预定的位置(从黄沙岸向芳村岸依次第 1~4 个管节的负浮力为 200~300kN,第 5 个管节的负浮力为 50kN)。

(3) 将管节与前段已就位的管节拉合,使 GINA 橡胶垫在两个管节间,形成有效的初始水密圈。

(4) 抽走两管节端封间的水分,形成真空状态,因而四周江水紧压 GINA 橡胶垫,使接头达到所需的强大水密圈。

(5) 拆除接头两侧的端封,在接头内侧安装 Omega 密封圈,作为第二道止水防线。

(6) 注水 1400~1500t 于压载舱,并利用四个垂直千斤顶调节。使管底与基槽间空隙为 600mm。

(7) 以砂流法灌填中粗砂,进行管底基础处理,使隧道结构均匀地支承于一个基础平面上。

(8) 拆除垂直千斤顶,留下四根支杆。

(9) 最后沉管上再铺上一层碎石,以保护管道。

第四章 不良地质和特殊地质段隧道施工

教学目标
1. 会识别不良地质的类型。
2. 能针对不同不良地质条件选择适当的施工方法。
3. 能对不良地质提出应对措施。
4. 能够针对黄土隧道选择合理的施工方法。
5. 能对岩溶地区溶槽、溶沟、空洞进行处理。
6. 能应用超前支护措施对隧道出现塌方、渗水、沉降等事件进行合理的处置。
7. 掌握典型不良地质隧道选择合理的施工方法。
8. 能对不良地质和特殊地质条件下的隧道施工进行工程类比。

第一节 概 述

一、不良地质和特殊地质地段施工一般规定

1. 不良地质地段

不良地质地段是指滑坡、崩坍、岩堆、偏压地层、岩溶、高应力、高强度地层、松散地层、软土地段等不利于隧道工程施工的不良地质环境。

不良地质地段的变异条件是非常复杂的。设计文件提供的地质资料,施工前所制定的施工方法和防范措施及对策,不可能自始至终完全符合实际情况,因此,在施工全过程中,应经常观察地层与地质条件的变化,勤检查支护与衬砌的受力状态,及时排险,防止事故的发生。

2. 特殊地质地段

特殊地质地段是指膨胀地层、软弱黄土地层、含水未固结围岩、溶洞、断层、岩爆、流沙等地段以及瓦斯溢出地层等。

特殊地质地段隧道,由于岩层的地质成因复杂,地质条件具有突变性,事故具有突发性,对隧道施工的危害性极大。如果仅靠常规的隧道施工技术和施工方法,是很难处理好特殊地质地段的施工。在进行隧道施工时,除了应遵守一般技术要求外,还应采取针对性较强的辅助方法施工。在开挖、支护衬砌施工中,由于各种因素的影响可能会发生土石坍塌、坑道受压、支撑被压坏,衬砌结构断裂和各种特殊施工难题,严重影响施工进度、安全和工程质量。瓦斯溢出

地层,更严重地威胁着隧道施工安全。

不良地质和特殊地质地段的工程问题,虽然有的是在勘察阶段就已经查明的,在施工阶段采取了相应的对策,但有的则是在施工阶段才发现的,使施工处于十分被动的局面,因此,掌握在不良地质和特殊地质段隧道施工时应注意的问题和处理方法是十分必要的。

隧道现场围岩及支护结构变形监控量测,以及反馈用于修改设计支护参数,指导施工,对隧道建筑构造物来说,具有重要作用和积极的意义,效果也是十分显著的。不良地质和特殊地质地段隧道围岩变形大,变化快,事故具有突发性,因此,积极采取现场围岩变形量测,及时了解变形量、变形时间及空间变化规律是非常有益的。这样,施工开挖与支护衬砌就有了较充分的科学依据,可以减少施工中人为主观因素的影响。

二、不良地质和特殊地质地段隧道施工的注意事项

1. 施工计划编制的注意事项

施工前应组织有关人员对隧道工程设计文件、图纸、资料,尤其应对勘测设计所提供的工程地质和水文地质资料进行认真详细的研究分析,了解设计意图,并深入细致地作施工调查。对地质资料应进行专门调查研究,特别应查明隧道影响范围内的各种不良地质和特殊地质地段的围岩级别。超前钻探和超前进行弹性波探测,是预报隧道中复杂、多变段重大不良地质情况的有效手段。

在充分调查研究的基础上,根据围岩类别结合施工单位的具体情况,综合考虑各种因素拟订施工方案。根据施工方案,制定相应的施工方法和技术措施,编制实施性施工组织设计,编制主要材料、劳动力、机具设备的数量及供应计划,以使隧道工程施工达到安全、优质、高效的目标。

2. 不良地质和特殊地质地段隧道施工方法选择的注意事项

施工中应经常观察围岩和地下水的变异情况,量测支护、衬砌的受力情况,注意地形、地貌和地表的变化,防止突发事故。一旦发现险情,应立即分析情况并采取相应技术措施迅速处理。渗水地段应及时治水,其技术要求和作业应以"短开挖、弱爆破、强支护、早衬砌、勤量测、稳步前进"为指导原则。

选择隧道施工方法(包括开挖及支护)时,应以确保安全及工程质量为前提,综合考虑隧道工程地质及水文地质条件、断面形式、尺寸、埋置深度、施工机械装备、工期要求、经济和技术的可行性论证等因素而确定。同时应考虑围岩变化时施工方法的适应性及变更的可能性,以免因施工方法或技术措施不妥导致施工事故、延误施工进度和增加投资。

3. 不良地质和特殊地质地段的监控和量测工作

采用新奥法施工的隧道,为掌握施工中围岩和支护的力学动态及稳定程度,以及确定施工工序,保证施工安全及工程质量,应实施现场量测,充分利用监控量测指导施工。

对软岩浅埋地段隧道须进行地表下沉观测,对开挖面的地质素描及对围岩和支护的应力、应变须进行测试等,这些对及时预报洞体稳定程度和力学动态,及时修正支护设计参数和改变施工方法,采取针对性技术措施都是十分重要的。

4. 使用锚喷技术的注意事项

特殊地质地段隧道,除大面积淋水地段、流沙地段外,均可采用锚喷支护施工。施工时应符合下列要求:

(1)当开挖工作面自稳性很差,难以开挖成型时,在清除危石后,应尽快在开挖面上喷射厚度不小于5cm的混凝土护面。必要时,可在开挖轮廓线处和开挖面上打超前锚杆,其长度宜大于开挖进尺的3倍。

(2)当锚杆支护完成后,仍不能提供足够的支护能力时,应及时设置钢架支撑加强支护。

(3)另外,隧道穿过未胶结松散地层和严寒地区冻胀地层等,施工时应采取相应的措施,如先护后挖,密闭支撑、边开挖边封闭。

5. 采用临时支护时的注意事项

不宜采用锚喷支护的特殊地质地段,应用构件支撑作临时支护,并应符合下列要求:

(1)支撑要有足够的强度和刚度,能承受开挖后的围岩压力。构件支撑基础应铺设垫板。当支撑出现变形、断裂时,应立即加固或部分撤换,以确保安全和工程质量。

(2)围岩出现底部压力,产生底鼓现象或可能产生沉陷时,应加设底梁。

(3)当围岩极为松软破碎时,必须先护后挖,暴露面应采用支撑封闭严密。

(4)根据现场条件,可结合管棚或超前锚杆等支护,形成联合支撑。

(5)构件支撑作业应迅速、及时,以充分发挥构件支撑的作用。

6. 选用掘进方法时的注意事项

特殊地质地段隧道施工时,不宜采用全断面开挖。无论是采用钻爆开挖法、机械开挖法或人工和机械混合开挖法,应视地质环境、工程质量和安全等条件合理选用。如选用钻爆法施工时,一般采用光面爆破和预裂爆破技术,能使开挖轮廓线易符合设计要求并减少对围岩的扰动破坏。

爆破应严格按照钻爆设计进行施工,而钻爆设计时,应严格控制炮眼数量、深度和装药量。如遇到地质变化,应及时修改完善设计和改变施工方法,并采用相应的辅助施工方法。

7. 掘进时,遇有围岩压力过大的注意事项

围岩压力过大,支撑下沉可能侵入衬砌设计断面时,必须挑顶,并按以下方法处理:

(1)拱部扩挖前发现顶部下沉,应先挑后扩。

(2)当扩挖后发现顶部下沉,应立好拱架和模板,先灌筑满足设计断面部分的拱圈,待混凝土达到所需设计强度并加强拱架支撑后,再行挑顶灌筑其余部分。

(3)挑顶作业(即将隧道顶部提高),宜先护后挖,暴露面应用支撑封闭严密。

8. 掘进时,遇有松散、自稳差的围岩的注意事项

对于极松散的未固结围岩、自稳性极差的围岩,当采用先护后挖法施工时,仍不能开挖成型时,宜先用压注水泥砂浆或化学浆液加固围岩的方法,以达到提高围岩自稳性的目的。

9. 衬砌出现开裂或下沉时注意事项

特殊地质地段隧道衬砌,为了防止围岩松胀,岩石压力作用在衬砌结构上,致使衬砌出现开裂、下沉等不良现象,采用模筑衬砌施工时,除应遵守《铁路隧道施工规范》(TB 10204—2002)

的有关规定之外,还应注意下列要求:

(1)当拱脚、墙基松散时,灌筑混凝土前应排净基底积水,并采取措施加固基底。

(2)衬砌混凝土应采用提高强度等级及掺速凝剂、早强剂或采用早强水泥等,以达到提高衬砌的早期承载能力的目的。

(3)仰拱施工,应在边墙完成后抓紧进行,或根据需要在初期支护完成后立即施作仰拱,使衬砌结构尽快封闭,构成环形以改善受力状态,确保衬砌结构的长期稳定坚固。

10. 特殊地质地段隧道施工方案

特殊地质地段隧道施工方案应由设计、施工主管技术负责人共同研究确定。在监控、量测过程中,发现设计与实际情况不符合时,或地质变异时,施工单位应会同设计、监理、业主等共同研究,做出必要合理的修改。

第二节 不良地质和特殊地质地段隧道施工方法

一、膨胀性围岩地段施工

所谓的膨胀性围岩是指一些特殊的围岩体,如含蒙脱石、高岭土石等的泥岩、页岩、长石、云母、蛇纹岩等岩石,它们在水的物理-化学作用下,体积会发生膨胀。

我国是世界上膨胀土分布面积最广的国家之一,现已发现有膨胀土发育的地区达20余个省、市、自治区,遍及西南、西北、东北、长江与黄河中下游及东南沿海地区,其中,主要有云南、贵州、四川、湖北、安徽、广东、广西、陕西、山西、河南、山东和河北等省区。

1. 膨胀土围岩的特性

隧道穿过膨胀土地层,隧道开挖后不久,常常可以见到围岩因开挖而产生变形,或者因浸水而膨胀,或因风化而开裂等现象,使坑道的顶部及两侧向内挤入,底部鼓起,随着时间的增长导致围岩失稳,支撑、衬砌变形和破坏。这些现象说明膨胀土围岩性质是极其复杂的,它与一般土质的围岩性质有着根本的区别。膨胀土围岩的基本特性,主要有以下三方面:

(1)膨胀土围岩大多具有原始地层的超固结特性,使土体中储存有较高的初始应力。当隧道开挖后,引起围岩应力释放,强度降低,产生卸荷膨胀,因此,膨胀土围岩常常具有明显的塑性流变特性,开挖后将产生较大的塑性变形。

(2)膨胀土中发育有各种形态的裂隙,形成土体的多裂隙性。膨胀土围岩实际上是土块与各种裂隙和结构面相互组合形成的膨胀土体。由于膨胀土体在天然原始状态下具有高强度特性,隧道开挖后洞壁土体失去边界支撑而产生胀缩,同时因风干脱水使原生隐裂隙张弛,使围岩强度急剧衰减,因此,隧道施工开挖过程中,常有初期围岩变形大,发展速度快等现象。

(3)膨胀土围岩吸水膨胀,失水收缩,土体中干湿循环产生胀缩效应。一是使土体结构破坏,强度衰减或丧失,围岩压力增大;二是造成围岩应力变化,无论膨胀压力或收缩压力,都将破坏围岩的稳定性,特别是膨胀压力将对增大围岩压力起叠加作用。

2. 膨胀土围岩对隧道施工的危害

由于膨胀土围岩的特殊工程地质性质及其围岩压力特性,使膨胀土的隧道围岩具有普遍开裂、内挤、坍塌和膨胀等变形现象。膨胀土隧道围岩变形具有速度快、破坏性大、延续时间长和整治较困难等特点,施工中常见以下几种情况:

(1)围岩裂缝:隧道开挖后,由于开挖面上土体原始应力释放产生胀裂;另外,因为表层土体风干而脱水,产生收缩裂缝。同时,两种因素都可以使土中原生隐裂隙张开扩大。沿围岩周边产生裂缝,尤其在拱部围岩容易产生张拉裂缝与上述裂缝贯通,形成局部变形区。

(2)坑道下沉:由于坑道下部膨胀土体的承载力较低,加之上部围岩压力过大,而产生坑道下沉变形。坑道的下沉,往往造成支撑变形、失效,进而引起土体坍塌等现象。

(3)围岩膨胀突出和坍塌:膨胀土开挖过程中或开挖后,围岩产生膨胀土变形,周边土体向洞内膨胀突出,开挖断面缩小。在土体丧失支撑或支撑力不够的状态下,由于围岩压力和膨胀压力的综合作用,使土体产生局部破坏,由裂缝发展到出现溜塌,然后逐渐牵引周围土体连续破坏,形成坍塌。

(4)底鼓:隧道底部开挖后,洞底围岩的上部压力解除,又无支护体约束,由于应力释放使洞底围岩产生卸荷膨胀,加之坑道积水使洞底围岩产生浸水膨胀,因而造成洞底围岩鼓出变形。

(5)衬砌变形和破坏:在先拱后墙法施工中,拱部衬砌完成后至开挖马口的这段时间,由于围岩和膨胀压力,常常产生拱脚内移,同时发生不均匀下沉,拱脚支撑受力大,发生扭曲、变形或折断,拱顶受挤压下沉,也有向上凸起。拱顶外缘经常出现纵向贯通拉裂缝,而拱顶内缘出现挤裂、脱皮、掉块现象。在拱腰部位出现纵向裂缝,这些裂缝有时可发展到张开、错台。当采用直墙时,边墙常受膨胀侧压而开裂,甚至张开、错台,少数曲墙也有出现水平裂缝的情况。当底部未做仰拱或仅做一般铺底时,有时会出现底部鼓起,铺底被破坏。

3. 膨胀土围岩的隧道施工要点

1)加强调查、量测围岩的压力和流变

在膨胀土地层中开挖隧道,除了认真实施设计文件所提出的技术要求外,在施工过程中应对围岩压力及其流变情况进行充分的调查和量测,分析其变化规律。对地下水亦应探明分布范围及规律,了解水对施工的影响程度,以便根据围岩动态采取相应的施工措施。如原设计难以适应围岩动态情况,也可据此作适当修正。

2)合理选择施工方法

膨胀土隧道围岩压力的施工效应,是导致隧道变形病害的主要原因,采用合理的施工方法,对隧道的稳定性有着十分重要的作用,因此,在施工中应以尽量减少对围岩产生扰动和防止水的浸湿为原则,所以宜采用无爆破掘进法,如采用掘进机、风镐、液压镐等开挖。在开挖过程中尽可能缩短围岩暴露时间,并及时衬砌,以尽快恢复洞壁因土体开挖而解除的部分围岩应力,减少围岩膨胀变形。开挖方法宜不分部或少分部,多采用正台阶法、侧壁导坑法和"眼镜法"。正台阶法适用于跨度小的隧道,它分部少、相互干扰小,且能较早地使支护(衬砌)闭合;侧壁导坑法和"眼镜法"较适用于跨度较大的隧道,具有防止上半断面支护(衬砌)下沉的优点,但全断面闭合时间较迟,必须注意防止边墙混凝土受压向隧道内挤。

3)防止围岩湿度变化

隧道开挖后,膨胀土围岩风干脱水或浸水,都将引起围岩体积变化,产生胀缩效应,因此,隧道开挖后及时喷射混凝土,封闭和支护围岩。在有地下水渗流的隧道,应采取切断水源并加强洞壁与坑道防、排水措施,防止施工积水对围岩的浸湿等。如局部渗流,可采用注浆堵水阻止地下水进入坑道或浸湿围岩。

4)合理进行围岩支护

膨胀土围岩支护必须适应围岩的膨胀特性,在施工时应注意以下几点:

(1)喷锚支护,稳定围岩

喷锚支护作为开挖膨胀土围岩的施工支护,可以加强围岩的自承能力,允许有一定的变形而又不失稳。采用喷锚支护,应紧跟开挖必要时在喷射混凝土的同时采用钢筋网,也可采用钢纤维混凝土提高喷层的抗拉和抗剪能力。当膨胀压力很大时,可用锚喷及钢架或格栅联合支护,在隧道底部打设锚杆,也可以在隧道顶部打入超前锚杆或小导管支护。采用木支撑或钢木混合支撑时,应加密其间距,支撑与围岩间用木板或钢板和楔子填塞密实。

拱圈灌注后,拱脚部位应立即设置足够强度的横撑,以抵挡两侧围岩向内挤压变形。膨胀土围岩隧道的支护,应尽可能使其在开挖面周壁上迅速闭合。如果是台阶开挖,可在上半部开挖后尽快作出半部闭合,使围岩尽早受到约束,上导坑与拱部扩大的支护,应预留足够的沉落量。总之,不论采用哪一种类型的支护,都必须根据工程实际情况及围岩变形状态而定。若采用钢架支撑,钢架支撑宜采用可缩性结构,钢支撑的制作和安装应符合下列规定:

①钢支撑的可缩接头,应根据位移量确定,可设 2~3 个。

②接头的伸缩量,应根据隧道最大控制位移计算确定,每个接头最大伸缩量不宜大于 10cm,可缩接头的滑动阻力,可按钢架支撑承受轴向力的 1/2 进行计算。

③当采用钢管制作支撑时,应设灌浆孔;可缩接头收缩合拢后,管内应灌满 C15 混凝土或 M10 砂浆。

④可缩接头处的喷射混凝土应设置纵向伸缩缝,待可缩接头合拢后用喷射混凝土封闭。

(2)衬砌结构及早闭合

膨胀土围岩隧道开挖后,围岩向内挤压变形一般是在四周同时发生,所以施工时要求隧道衬砌及早封闭。从理论上讲,拱部、边墙及仰拱宜整体完成,衬砌的受力条件最好,但受施工条件的限制往往难以实现,因此,在灌筑拱圈部分时,应在上台阶的底部先设置临时混凝土仰拱或喷射混凝土作临时仰拱,以使拱圈在边墙、仰拱未完成前,自身形成临时封闭结构,然后当进行下部台阶施工时,再拆除临时仰拱,并尽快灌筑永久性仰拱。

二、黄土地段施工

黄土在我国分布较广,黄河中游的陕西和甘肃大部分地区,山西南部、河南西部地区为我国黄土和湿陷性黄土的主要分布区,这些地区的黄土地层分布连续、厚度较大,发育较典型,其他在青海、新疆、河北、山东、内蒙古和东北各地亦有所分布。黄土质砂黏土地层土体强度低、垂直裂隙发育、遇水易软化,在地表水的作用下极易冲蚀,有些风积土层具有不同程度的湿陷性。在此种地层中开挖隧道,容易出现坍塌、沉陷,尤其是有地下水出现处,导致围岩强度大幅度降低而不能自稳。

1. 黄土地层对隧道施工的影响

(1)黄土节理影响。黄土层常具有各方向的构造节理,有的原生节理呈 X 形,成对出现,并有一定延续性,在开挖时容易顺着节理张松或剪断。这种地层位于坑道顶部时,极易产生塌顶;位于侧壁时,则普遍出现侧壁掉土,处理不当,常会引起较大坍塌。

(2)黄土冲沟的影响。当隧道在较长的范围内沿着黄土冲沟或沿边平行走向,而覆土较薄或偏压很大的情况下,容易发生较大的坍塌或滑坡现象。

(3)黄土溶洞与陷穴的影响。黄土溶洞与陷穴是黄土地区经常见到的不良地质现象,若隧道修建在其上方,则有基础下沉的危险;若修建在其下方,则有发生冒顶的危险;若隧道修建在其侧邻边,则有可能承受偏压,使围岩与衬砌结构处于不利的受力状态。

(4)水对黄土隧道的影响。黄土受水浸湿后,会呈不同程度的湿陷性,会突然发生下沉现象,使开挖后的围岩迅速丧失自稳能力,如支护措施满足不了变化后的情况,极易造成坍塌。

2.黄土地层隧道施工要求

(1)要做好黄土构造节理和分布状况的调查。对因构造节理切割而形成的不稳定部位,在施工时重点注意加强支护,防止坍塌。

(2)黄土围岩开挖后不能暴露时间过长。暴露时间过长围岩周壁风化至内部,围岩松弛会加快,进而造成塌方,因此宜采用复合式衬砌,在开挖时少扰动,开挖后及时喷射混凝土,并以锚杆、钢筋网和拱架支撑作为初期支护,快速形成严密的支护体系。必要时还可采用超前锚杆、管棚预支护加固围岩。在初期支护基本稳固后,进行永久支护的施工,并要求衬砌背后尤其是拱顶回填要密实。

(3)做好洞顶、洞门及洞口的防排水系统,并妥善处理好陷穴、裂缝,以免地面积水侵蚀洞体周围,造成土体坍塌。在含水或地下水量较大的地层中,要做好排水设施,并采用井点降水法将地下水位降至隧道衬砌底部以下,以改善施工条件。

(4)施工中应遵循"短开挖、少扰动、强支护、及时密贴、实回填、严治水、勤量测"的施工原则,紧凑施工工序,精心组织施工。在开挖时宜采用短台阶开挖法或分部开挖法(留核心法),初期支护要紧随开挖面进行,并注意观察开挖面情况,及时紧凑地进行施工。

3.黄土隧道施工注意事项

(1)首先,做好洞口、洞门及洞顶的排水系统,并妥善处理好陷穴、裂缝,以免大面积水浸蚀洞体周围,造成土体坍塌。

(2)施工中如发现有失稳现象,应及时用喷射混凝土封闭、加设锚杆、架立钢支撑等加强支护。喷射机的压力不宜超过 0.2MPa。

(3)施工时要特别注意拱脚与墙脚处断面,如超挖过大,应用浆砌片石回填。如发现该处土体承载力不够,应立即加设锚杆或采取其他措施进行加固。钻锚杆孔时,宜采用干钻。

(4)在开挖与灌筑仰拱前,为防止边墙向内位移,宜加设横向撑梁顶紧。

(5)锚杆宜采用药包式或早强砂浆式。若拱部位于砂层时,为防止喷射混凝土层塌落,可用 $\phi 4 \sim \phi 6mm$ 的密钢筋网,紧贴开挖面作为固定初喷混凝土层之用。

(6)施工中如发现不安全因素时,应暂停开挖,加强临时支护,以便适应调整工序安排。

三、松散地层施工

松散地层岩体松散,胶结性弱,稳定性差,在施工中极易发生坍塌,如极度风化破碎已失岩性的松散体,漂卵石地层、砂夹砾石和含有少量黏土的土壤以及无胶结松散的干沙等。隧道穿过这类地层时,应减少对围岩的扰动,一般采取先护后挖,密闭支撑,边挖边封闭的施工原则,必要时可采用超前注浆改良地层和控制地下水等措施。下面简述几种主要施工方法:

1. 超前支护

隧道开挖前,先向围岩内打入钎、管、板等构件,用以预先支护围岩,防止坑道掘进时岩体发生坍塌。

(1) 超前锚杆或超前小钢管。采用这种方法是爆破前,将超前锚杆或小钢管打入掘进前方稳定的岩层内,末端支撑在拱部围岩内的悬吊锚杆或格栅拱支撑上,使其起到支护掘进进尺范围内拱部上方,有效地约束围岩在爆破后的一定时间内不发生松弛坍塌。超前锚杆宜采用早强型砂浆锚杆,以尽早发挥超前支护作用。

(2) 超前管棚法。此法适用于围岩为砂黏土、黏砂土、亚黏土、粉砂、细砂、砂夹卵石夹黏土等非常松软、破碎的土壤,钻孔后极易塌孔的地层。在采用此法时,管棚长度应按地质情况选用,但应保证开挖后管棚有足够的超前长度。为增加管棚刚度,可在钢管内灌入混凝土或设置钢筋笼,注入水泥砂浆,在地层中建立起一个临时承载棚,在其防护下施工。

2. 超前小导管预注浆

超前小导管预注浆是沿开挖外轮廓线,以一定角度打入管壁带孔的小导管,并以一定压力向管内压注水泥或化学浆液的措施。它既能将洞周围岩体预加固,又能起超前预支护作用。此法适用于自稳时间很短的砂层、砂卵(砾)石层等松散地层施工。

3. 降水、堵水

松散地层中的水对隧道施工的危害极大。排除施工部位的地下水,有利于施工。降水、堵水的方法较多,如可在洞内或辅助坑道内井点降水。在埋深较浅的隧道中,可用深井泵降水,在洞外地面隧道两侧布点进行。

在地下水丰富,排水条件或排水费用太高,经过技术、经济比选,可采用注浆堵水措施。注浆堵水又分地面预注浆和洞内开挖工作面预注浆,两种方法的选用应根据隧道埋深、工程地质和水文地质情况,钻孔和压浆设备能力,以及技术、经济、工期等方面进行综合分析后采用。

以上技术要求可参见本书前面章节相关内容。

四、断层地段施工

隧道穿过断层地段,施工难度取决于断层的性质、断层破碎带的宽度、填充物、含水性和断层活动性以及隧道轴线和断层构造线方向的组合关系(正交、斜交或平行)。此外,与施工过程中对围岩的破坏程度、工序衔接的快慢、施工技术措施是否得当等,均有很大关系。

1. 选择合理施工方法

在断层带施工应根据有关施工技术与机具设备条件、进度要求、材料供给等,慎重选择通过断层地段的施工方法。

当断层带内充填软塑状的断层泥或特别松散的颗粒时,比照松散地层中的超前支护,采用先拱后墙法。墙部的首轮马口可用挖井法施工,如断层带特别破碎,则二、三轮马口应以扩井法施工,最后挖去核心土,随即筑仰拱。

如断层地段出现大量涌水,则宜采取排堵结合的治理措施。

2. 施工注意事项

1）防排水作业

（1）如断层带地下水是由地表水补给时，应在地表设置截排系统引排。对断层承压水，应在每个掘进循环中向巷道前进方向钻凿不少于2个超前钻孔，其深度宜在4m以上，以探明地下水的情况。

（2）随工作面的向前推进挖好排水沟，并根据岩质情况，必要时加以铺砌。如为反坡掘进，则除应准备足够的抽水设备外，并应安排适当的集水坑。

（3）坑壁或坑顶有水流出时，应凿眼安置套管集中引排，使其不漫流。

2）施工工序

（1）通过断层带的各施工工序之间的距离宜尽量缩短，并尽快地对全断面进行衬砌封闭，以减少岩层的暴露，防止围岩松动和地压增大。

（2）当采用上下导坑，先拱后墙法施工时，其下导坑不宜超前过多，并改用单车道断面，掘进后随即将下导坑予以临时衬砌。上下导坑间的漏斗间距宜加大到10m左右，并全部以框架紧固。

3）开挖作业

（1）采用爆破法掘进时，应严格掌握炮眼数量、深度及装药量，原则上应尽量减小爆破对围岩的振动。

（2）采用分部开挖法时，其下部开挖宜左右两侧交替作业。如遇两侧软硬不同时，应用偏槽法开挖，按先软后硬顺序交错进行。

4）支护作业

（1）断层地带的支护应采宁强勿弱，并应经常检查加固。

（2）在断层地带中，开挖面要立即喷射一层混凝土，并架设有足够强度的钢架支撑。

（3）当采用分部开挖，采用以往木支撑时，要注意上导坑和扩大两工序间的支撑倒换工作，并需预留足够的支撑沉落量，防止因倒拆横、纵梁及反挑顶而引起塌方，这种塌方往往处理困难，且安全性差。此外，当拱圈封顶后应立即设置拱脚卡口梁，并应以木楔切实塞紧。

5）衬砌作业

（1）衬砌应紧跟开挖面。

（2）衬砌断面应尽早封闭。

五、溶洞地段施工

岩溶是可溶性岩层（包括碳酸盐、硫酸盐、硝酸盐等，如石灰岩、白云岩、石膏等）受具有溶解能力的水的长期作用而产生的。当隧道穿过可溶性岩层时，有的溶洞位于隧道底部，充填物松软且深，隧道基底难于处理。有的溶洞岩质破碎，容易发生坍塌；有时遇到大的水囊和暗河，岩溶水或泥沙夹水会大量涌入隧道，当含水充填物不断涌入坑道时，甚至会发生地表开裂下沉，使山体压力剧增。有的溶洞、暗河迂回交错，错综复杂，范围宽广，处理起来十分困难。

隧道在溶洞地段施工时，应根据设计文件有关资料和现场实际，查明溶洞的分布范围、类型情况（包括死、活、干、湿、大、小，以及有无充填物等），岩层的稳定程度和地下水流情况（有无长期补给来源、雨季水量有无增长）等，从而根据不同情况采取不同的方法进行处理。

1.隧道遇到溶洞的处理措施

(1)隧道通过岩溶区,应查明溶洞分布范围和类型,岩层的完整稳定程度、填充物和地下水情况,据以确定施工方法。对尚在发育或穿越暗河水囊等地质条件复杂的岩溶区,应查明情况审慎选定施工方案;对有可能发生突然大量涌水、流石流泥、崩坍落石等,必须事先制定措施,确保施工安全。

(2)隧道穿过岩溶区,如岩层比较完整、稳定,溶洞已停止发育,有比较坚实的填充,且地下水量小,可采用探孔或物探等方法探明地质情况,如有变化便于采取相应的措施。如溶洞尚在发育或穿越暗河水囊等岩溶区时,则必须探明地下水量大小、水流方向等,先要解决施工中的排水问题,一般可采用平行导坑的施工方案,以超前钻探方法向前掘进。当出现大量涌水、流石流泥、崩坍落石等情况时,平行导坑可作为泄水通道,正洞堵塞时也可利用平行导坑在前方开辟掘进工作面,不致正洞停工。

(3)岩溶地段隧道常用处理溶洞的方法,有"引、堵、越、绕"四种。

①引:遇到暗河或溶洞有水流时,宜排不宜堵。应在查明水源流向及其与隧道位置的关系后,用暗管、涵洞、小桥等设施宣泄水流或开凿泄水洞将水排除洞外(图4-1)。当岩溶水流的位置在隧道顶部或高于隧道顶部时,应在适当距离处开凿引水斜洞(或引水槽),将水位降低到隧底高程以下,再行引排。当隧道设有平行导坑时,可将水引入平行导坑排出。

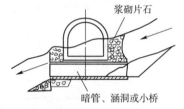

图4-1 桥涵引水示意图

②堵:对已停止发育、跨度较小、无水的溶洞,可根据其与隧道相交的位置及其充填情况,采用混凝土、浆砌片石或干砌片石予以回填封闭;或加深边墙基础,加固隧道底部(图4-2)。当隧道拱顶部有空溶洞时,可视溶洞的岩石破碎程度在溶洞顶部采用锚杆或锚喷网加固,必要时可考虑注浆加固并加设隧道护拱及拱顶回填进行处理(图4-3)。

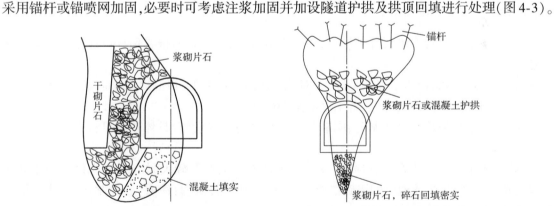

图4-2 溶洞堵填示意图　　图4-3 喷铺加固与浆砌护拱示意图

③越:当隧道一侧遇到狭长而较深的溶洞时,可加深该侧的边墙基础通过(图4-4)。隧道底部遇有较大溶洞并有流水时,可在隧道底部以下砌筑圬工支墙,支承隧道结构,并在支墙内套设涵管引排溶洞水(图4-5)。隧道边墙部位遇到较大、较深的溶洞,不宜加深边墙基础时,可在边墙部位或隧底以下筑拱跨过(图4-6)。当隧道中部及底部遇有深狭的溶洞时,可加强两边墙基础,并根据情况设置桥台架梁通过(图4-7)。隧道穿过大溶洞且情况较为复杂时,可根据情况采用边墙梁、行车梁等,由设计单位负责特殊设计后施工。

④绕：在岩溶区施工，个别溶洞处理耗时且困难时，可采取迂回导坑绕过溶洞，继续进行隧道前方施工，并同时处理溶洞，以节省时间，加快施工进度。绕行开挖时，应防止洞壁失稳。

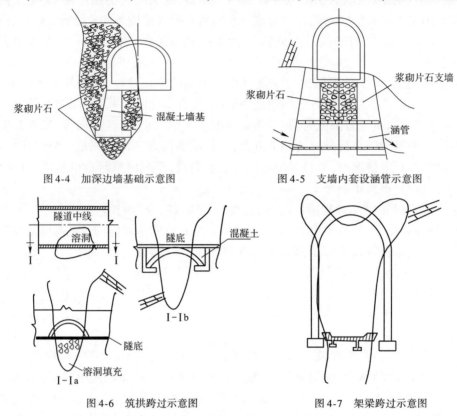

图 4-4　加深边墙基础示意图　　　图 4-5　支墙内套设涵管示意图

图 4-6　筑拱跨过示意图　　　图 4-7　架梁跨过示意图

2. 溶洞地段隧道施工注意事项

（1）施工前应对地表进行详细勘查，注意岩溶状态，根据地质报告估计可能遇到溶洞的施工地段。

（2）了解地表水、出水地点的情况，并对地表水进行必要的处理，以防止地表水下渗。

（3）当施工达到溶洞边缘时，各工序应紧密衔接。

（4）当在下坡地段遇到溶洞时，应准备足够数量的排水设施，具体数量可根据前面探明的溶洞大小来确定。

（5）施工中要注意检查溶洞顶板，及时处理危石。当溶洞较大、较高时，应设置施工防护架和钢筋防护网；在溶蚀地段的爆破作业，应尽量做到多打眼、打浅眼，并控制药量，实行弱爆破、短进尺的施工指导方针。

（6）在溶洞充填体中掘进，如充填物松软，可用超前支护法施工。如充填物极为松散的砾、块石堆积或有水，可于开挖前采取预注浆加固。

（7）处理情况复杂的溶洞，要根据现场具体情况制定安全措施，以确保施工安全。

六、瓦斯地层施工

瓦斯是地下工程中有害气体的总称。其中以沼气（甲烷 CH_4）为主，其他还有 CO_2、H_2S、

SO_2 和 N_2 等。瓦斯在煤层中的含量最多。

瓦斯是无色、无味、无臭的气体,当空气中的体积含量在5%以下时,不会发生爆炸,但可能在高温中燃烧;当空气中氧气浓度达到10%时,若瓦斯浓度在5%~16%时,就会发生爆炸;当浓度在30%左右时,就能安静的燃烧。一般坑道中瓦斯的允许含量只有0.5%~1.0%。

瓦斯从地层中释放分三种情况:其一是涌出,即均匀且较缓慢地释放,延续时间较长,有时带有一种嘶声;其二是突出,即大量瓦斯在压力的状态下,从煤层裂隙中放出;其三是煤和瓦斯突出,即在压力状态下很短的时间(几秒钟或几分钟)内煤和瓦斯突然大量喷出,并伴有强烈的声响和强大的机械效应(冲击力量),突出的松散煤块可达几吨至几千吨之多。

对瓦斯的防治,可采取"早避开、强通风、勤检查、强防爆、多排放、快封闭"的措施,具体在勘察设计时应尽量探明瓦斯情况以使线路避开该地段,或尽量少地穿过含有瓦斯的地段。在施工中要加强通风,以降低坑道中的瓦斯含量。使用防爆设备,并执行防爆施工规程。如排放的瓦斯可用钻孔、通道排放,对瓦斯地段的隧道衬砌要用带仰拱的封闭式衬砌,防止隧道在运营使用中瓦斯泄露。

1. 防止瓦斯事故的措施

(1)隧道穿过瓦斯溢出地段,应预先确定瓦斯探测方法,并制定瓦斯稀释措施、防爆措施和紧急救援措施等。

(2)隧道通过瓦斯地区的施工方法,宜采用全断面开挖,因其工序简单、面积大、通风好,随掘进、随衬砌,能够很快缩短煤层瓦斯放出时间和缩小围岩暴露面,有利于排除瓦斯。上下导坑法开挖,因工序多,岩层暴露的总面积多,成洞时间长,洞内各工序交错分散,易使瓦斯处积滞浓度不匀。采用这种施工方法,要求工序间距离尽量缩短,尽快衬砌封闭瓦斯地段,并保证混凝土的密实性,以防瓦斯溢出。

(3)加强通风是防止瓦斯爆炸最有效的办法。把空气中的瓦斯浓度降低到爆炸浓度以下的1/10~1/5,并将其排出洞外。有瓦斯的坑道,决不允许用自然通风,必须采用机械通风。通风设备必须防止漏风,并配备备用的通风机,一旦原有通风机发生故障时,备用机械能立即供风,以保证工作面空气内的瓦斯浓度在允许限度内。当通风机发生故障或停止运转时,洞内工作人员应撤离到新鲜空气地区,直至通风恢复正常,才准许进入工作面继续工作。

(4)洞内空气中允许的瓦斯浓度应控制在下述规定以下:

①洞内总回风风流中小于0.75%。

②从其他工作面进来的风流中小于0.5%。

③掘进工作面2%以下。

④工作面装药爆破前1%以下。

如瓦斯浓度超过上述规定,工作人员必须立即撤到符合规定的地段,并切断电源。

(5)开挖工作面和电动机附近20m以内风流中,瓦斯浓度达到1.5%时,必须停工、停机,撤出人员并切断电源并进行处理。开挖工作面内,局部积聚的瓦斯浓度达到2%时,附近20m内,必须停止工作,切断电源,进行处理。因瓦斯浓度超过规定而切断电源的电气设备,都必须在瓦斯浓度降到1%以下时,方可开动机器。

(6)瓦斯隧道必须加强通风,防止瓦斯积聚。由于停电或检修,使主要通风机停止运转,必须有恢复通风、排除瓦斯和送电的安全措施。恢复正常通风后,所有受到停风影响的地段,必须经过监测人员检查,确认无危险后方可恢复工作。所有安装电动机和开关地点的20m范围内,必须检查瓦斯,符合规定后才可启动机器。局部通风机停止运转,在恢复通风前,必须检查瓦斯含量,符合规定方可开动局部风机,恢复正常通风。

(7)如开挖进入煤层,瓦斯排放量较大,使用一般的通风手段难以稀释到安全标准时,可使用超前周边全封闭预注浆。开挖前,沿掌子面拱部、边墙、底部轮廓线轴向辐射状布孔注浆,形成一个全封闭截堵瓦斯的帷幕,特别对煤层垂直方向和断层地带进行阻截注浆,其效果会更佳。开挖后,应及时进行喷锚支护,并保证其厚度,以免漏气和防止围岩的失稳。

(8)采用防爆设施。

①遵守电气设备及其他设备的安全规则,避免发生电火。在瓦斯散发区段,应使用防爆安全型的电气设备,洞内运转机械须具有防爆性能,避免运转时发生高温火花。

②凿岩时用湿式钻岩,防止钻头发生火花,洞内操作时,防止金属与坚硬岩石撞击、摩擦产生火花。

③在爆破作业时,应使用安全炸药及毫秒电雷管。采用毫秒雷管时,最后一段的延期时间不得超过130ms。爆破电闸应安装在新鲜风流中,并与开挖面保持200m左右距离。

④洞内只准用电缆,不准使用皮线,使用防爆灯或蓄电池灯照明。

⑤铲装石渣前必须将石渣浇湿,防止金属器械摩擦和撞击发生火花。

2. 严格执行有关制度

(1)瓦斯检查制度:指定专人、定时和经常进行检查,测量风流和瓦斯含量,严格执行瓦斯允许浓度的规定。瓦斯检查手段可采用瓦斯遥测装置、定点报警仪和手持式光波干涉仪。发现异常情况时,应及时报告技术主管负责人,采取措施进行处理。

(2)洞内严禁使用明火,严禁将火柴、打火机、手电筒及其他易燃品带入洞内。

(3)进洞人员必须接受瓦斯知识和防止瓦斯爆炸的安全教育,抢救人员未经专门培训不准在瓦斯爆炸后进洞抢救。

(4)瓦斯检查人员必须挑选工作认真负责、有一定业务能力、经过专业培训、考试合格者,方可进行监测工作。

以上仅介绍了瓦斯隧道施工的几项主要制度,施工时应按照瓦斯防爆的技术安全规则与有关制度严格执行。

七、高温地层施工

隧道通过高温、高热地段,会给施工带来困难。一般在火山地带的地区修建隧道或地下工程会遇到比较高温高热的情况,如日本某地的发电厂工程的隧道,其围岩温度高达175℃。更甚者,在高温隧道中发生过施工人员由于地层喷出热水或硫化氢等有害气体而烫伤或中毒。

1. 高温地层的热源

地热的形成按热源分类,可分为三大类,即地球的地幔对流、火山岩浆集中处的热及放射性元素的裂变热成为热源。其中,对隧道工程造成施工影响的,主要是火山的热源和放射性元素的裂变热源。

(1) 火山热的热源

由于火山供给的热是地下的岩浆集中处的热能而产生热水,这种热水(泉水)成为热源又将热供给周围的岩层。当隧道或地下工程穿过这种岩层,就有发生高温、高热的现象。

(2) 放射性元素的裂变热的热源

根据日本文献介绍,由于地壳内岩石中含有放射性物质,其裂变热产生地温,地下增温率以所处的深度不同而异,其平均值为3℃/100m。东京大学院内测定的实例表明,该处地下增温率为2.2℃/100m,假定地表温度为15℃,地下增温率以3℃/100m计,覆盖层厚1000m深处的地温而成为45℃。日本某地质调查所对30处深层热水地区调查的结果,在平原地区认为不受火山热源的影响,其地下2000m深处的地下温度为67~136℃。这说明如果覆盖层很厚,即使没有火山热源供给也有发生高温、高热的可能性。

2. 高温地段隧道施工的措施

(1) 为保证隧道施工人员进行正常的安全生产,我国有关部门对隧道施工作业环境的卫生标准都有规定,如原铁道部规定,隧道内气温不得超过28℃;交通运输部规定,隧道内气温不宜高于30℃。国外的资料介绍,日本规定隧道内温度应低于37℃。

(2) 为达到规定的标准,在施工中一般采取通风和洒水及通风与洒水相结合的措施。地温较高时,可采用大型通风设备予以降温。地温很高时,在正洞开挖工作面前方的一段距离利用平行导坑超前钻探,如有热水涌出,可在平行导坑内增建降水、排水设施和排水钻孔,以降低正洞的水位。如正洞施工中仍有热水涌出时,可采用水玻璃水泥系药液注浆,以发挥截水及稳定围岩的作用。

(3) 高温地段的衬砌混凝土:在高温(如70℃高温)的岩体及喷混凝土上浇筑二次衬砌混凝土时,即使厚度再薄,水化热也不易逸出。由于混凝土里面和表面的温差,在早龄期有可能存在裂缝,因此,对二次混凝土衬砌防止裂缝,应采取下述措施:

①为了防止高温时强度的降低,应选定合适的水灰比,并考虑到对温泉水的耐久性,宜采用高炉矿渣水泥(分离粉碎型水泥)。混凝土配合比和掺和剂应做试验优选。

②在防水板和混凝土衬砌之间设置隔热材料,可隔断从岩体传播来的热量,使混凝土内的温度应力降低。

③把一般衬砌混凝土的浇筑长度适当缩短。

④用防水板和无纺布组合成缓冲材料,由于与喷混凝土隔离,因此,混凝土衬砌的收缩可不受约束。

⑤适当设置裂缝诱发缝,一般设置在两拱脚延长方向。

(4) 中暑症的防治措施:在高温条件下施工除采用降温措施外,还应注意中暑症的防治工作。中暑症可分为热痉挛症、热虚脱症和热射症三种类型,其症状及处置如下:

①热痉挛:由于出汗过多,体内的水分、盐类丧失而引起。其症状为在作业中和作业后,发作性肌肉痉挛和疼痛。对此症应采取充分摄取水和盐类措施缓解症状。

②热虚脱:由于循环系统失调而引起。其主要症状为血压降低、速脉、水脉、头晕、呕吐、皮肤苍白、体温轻度上升。采取的措施是,循环器官有异常的人员严禁参加施工。对有症状者增加补水次数,并在阴凉处静卧休息。

③热射症:由于体温调节中枢失调导致体温上升,症状为体温高、兴奋、乏力和皮肤干燥

等。采取的措施为:对高温不适应者应避免在洞内作重体力劳动。在高温施工地段采用冷水喷雾等方法降温,必要时对患者可采取医疗急救处置。

(5)合理安排高温作业时间:根据坑道内的高温程度、劳动强度和劳动效率,确定劳动工时,以保证施工人员的健康和安全。

(6)加强健康管理:有高血压、心脏病的患者,由于高温作业有引起症状恶化之虞;疲劳、空腹、睡眠不足、酒醉等容易诱发中暑症,对此类人员应禁止作业。在高温作业时,易发生维生素、水分、盐类的不足,对此需进行充分的补充。为解除疲劳,应在适温适湿的环境下休息或充分地卧床休息。

八、流沙地段施工

流沙是沙土或粉质黏土在水的作用下丧失其内聚力后形成的,多呈糊浆状,对隧道施工危害极大。由于流沙可引起围岩失稳坍塌,支护结构变形,甚至倒塌破坏,因此,治理流沙必先治水,以减少沙层的含水率为主。宜采取以下措施进行治理:

(1)加强调查,制订方案。施工中应调查流沙特性、规模,了解地质构成、贯入度、相对密度、粒径分布、塑性指数、地层承载力、滞水层分布、地下水压力和透水系数等,并制订切实可行的治理方案。

(2)因地制宜,综合治水。隧道通过流沙地段,处理地下水的问题,是解决隧道流沙、流泥施工难题中的首要关键技术。施工时,因地制宜,采用"防、截、排、堵"的治理方法。

①防——建立地表沟槽导排系统及仰坡地表局部防渗处理,防止降雨和地表水下渗。

②截——在正洞之外水源一侧,采用深井降水,将储藏丰富构造裂隙水,通过深井抽水排走,减少正洞的静水和动水压力,对地下水起到拦截作用。

③排——有条件的隧道在正洞水源下游一侧开挖一条洞底低于正洞仰拱的泄水洞,用以降排正洞的地下水,或采用水平超前钻孔真空负压抽水的办法,排除正洞的地下水。

④堵——采用注浆方法充填裂隙,形成止水帷幕,减少或堵塞渗水通道。

以上几种施工方法,应根据工程地质、水文地质条件和地下水的性质、类型、赋存部位以及工期要求和经济效益等因素综合分析,合理选用。

(3)先护后挖,加强支护。开挖时必须采取自上而下分部进行,先护后挖,密闭支撑,边挖边封闭,遇缝必堵,严防沙粒从支撑缝隙中逸出。也可采用超前注浆,以改善围岩结构,用水泥浆或水泥水玻璃为主的注浆材料注入或用化学药液注浆加固地层,然后开挖。在施工中应观测支撑和衬砌的实际沉落量的变化,及时调整预留量。架立支撑时应设底梁并纵横、上下连接牢固,以防箱架断裂倾倒。拱架应加强刚度,架立时设置底梁并垫平楔紧,拱脚下垫铺牢固。支撑背面用木板或槽型钢板遮挡,严防流沙从支撑间逸出。在流沙逸出口附近较干燥围岩处,应尽快打入锚杆或施作喷射混凝土,加固围岩,以防止逸出扩大。

(4)尽早衬砌,封闭成环。流沙地段,拱部和边墙衬砌混凝土的灌筑应尽量缩短时间,尽快与仰拱形成封闭环,这样,即使围岩中出现流沙也不会对洞身衬砌造成破坏。

复习思考题

1.简述流沙治理的方法。

2. 遇溶洞隧道怎样施工？
3. 断层地段隧道怎样施工？
4. 岩溶地段隧道施工有哪些注意事项？
5. 黄土隧道施工受到哪些不利因素影响？黄土隧道施工有哪些注意事项？

施工案例

【案例 4-1】 黄土地段隧道施工

××省黄土隧道基本可分成两类，一类是纯黄土隧道，另一类核心部分为红泥岩的黄土隧道。

纯黄土隧道主要分布在××市附近，一般洞口两端浅埋段为 Q_3 马兰黄土及 Q_4 新近堆积黄土。隧道核心部分为 Q_2 黄土，黄土颗粒大，粉砂含量较高，相对较密实，为弱湿陷性黄土，含水率小于 7% 时强度相对较高，隧道开挖后围岩自稳时间较短。纯黄土隧道一般埋深为 30~250m，受力复杂。纯黄土隧道实际工程如新庄岭隧道最大埋深为 87m，含水率为 12%，施工中全隧道出现了地表纵向开裂情况；白虎山隧道最大埋深为 226m，含水率仅为 6%，除埋深 60m 以下部分外，隧道未发生纵向开展现象。

核心部分为红色泥岩的黄土隧道，主要分布在××市周边地区，洞口两端浅埋段地质条件与纯黄土隧道较为一致，隧道核心部位为第三系红色泥岩。隧道开挖后围岩在 1~3h 内有一定的自稳能力。由于泥岩全风化层属黏性土，透水性较差，上覆不整合接触黄土为疏松大孔隙湿陷性黄土，垂直节理发育，地表水极易沿黄土裂隙垂直入渗，滞留在黄土与泥岩交界面处，在附近冲沟地下水排泄不畅的条件下，形成泥岩风化软化层及饱和黄土地层，围岩开挖时极不稳定，施工难度较大。典型的该地质条件的隧道有车道岭隧道、祁家大山隧道、土家湾隧道、王肖梁隧道、青土岘隧道等。

1. 黄土隧道三种开挖方法

(1) 双侧壁导坑先拱后墙正台阶法

如图 4-8 所示，采用上下长台阶法开挖，上台阶部分又采用预留核心土小眼镜法。在完成超前支护后，先用挖掘机开挖双侧壁，再开挖拱部土体，人工修整开挖断面后，立即施作初期支护及一次模筑混凝土衬砌。上台阶一般长度为 40m，下台阶采用开挖中槽及四步跳跃马口法开挖，并完成纵横向排水系统安设及侧墙支护衬砌。

新庄岭隧道、白虎山隧道除洞口极浅埋段外，在一般新黄土及深埋段老黄土地层中均采用此方法施工，土家湾隧道全段采用此方法施工。

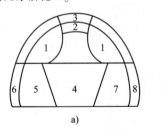 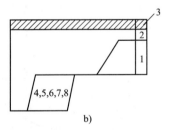

图 4-8 双侧壁导坑先拱后墙正台阶法开挖、支护顺序图

(2) 双侧壁大导坑全断面法

在完成超前支护后，机械开挖双侧壁大导坑，立即人工开挖拱部土体，预留大核心土，安装格栅支撑，再进行墙脚纵横向排水系统安设，完成全断面一次模筑衬砌混凝土施工。白虎山隧道、赵家楞杆隧道在洞口极浅埋段采用此方法施工，如图 4-9 所示。

(3) 双侧壁导坑先墙后拱反台阶法

施作超前支护后，先开挖下断面双侧壁导坑，完成格栅支撑与排水系统安设及一次衬砌后，一次弧形开挖拱部土体，保留核心土，完成初期支护及一次衬砌，新庄岭隧道浅埋段采用此方法施工，如图 4-10 所示。

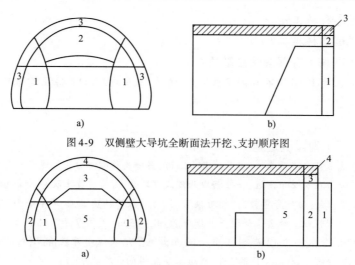

图 4-9 双侧壁大导坑全断面法开挖、支护顺序图

图 4-10 双侧壁导坑先墙后拱开挖、支护顺序图

以上三种开挖方式完成后均紧跟部分核心土解除,完成小边墙、防水层、仰拱及填充混凝土浇筑,全断面铺设防水板后,再利用钢模台车进行隧道混凝土二次衬砌。

2. 三种施工方法的优缺点

方法1:优点是可实现上下断面各工班平行作业,施工进度较快,劳动力安排连续,作业人员无安全恐惧感,一次衬砌发挥作用早;缺点是一次衬砌下沉量较大,拱墙结合处混凝土质量不易保证,仰拱封闭速度较慢。

方法2:施工进度相对较慢,一次衬砌混凝土发挥作用滞后,混凝土浇筑难度大,施工安全性相对较差,优点为一次衬砌整体受力好,仰拱封闭速度较快。

方法3:优点为隧道下沉变形小,缺点为施工工序相互干扰大,进度慢,劳动力布置不连续,不能形成流水作业,施工安全性差。

【案例 4-2】 隧道塌方处理

飞鸾岭隧道塌方发生在洞口附近,长约10m。洞口的围岩级别为Ⅴ级,全风化花岗岩(含亚砂、亚黏土),结构松散,稳定性差,遇水完全失稳,该段地下水较多,隧道底部和上部均有渗水。塌方的断面情况及掘进进展情况如图4-11所示。

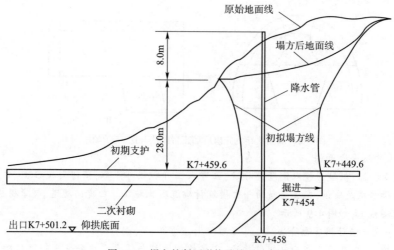

图 4-11 塌方的断面形状及处理示意图

在洞口右侧,距隧道中线1.8m处,拱部有一降水管,拱部地下水沿降水管周边大量渗下,左侧4.0m拱部有较大裂隙水渗出,初步分析是地质钻孔所致。

1. 塌方的具体情况

(1) 刚开始,在喷层上出现裂纹,在距开挖面5~6m的拱部首先发生掉块,当时正在进行复喷,随后裂纹逐渐扩大,其中最大的一条裂纹长6~7m,宽1~2cm,斜穿拱部至起拱点。

(2) 工人们正在对出现裂纹的地方进行喷射混凝土加强时,于K7+455处的降水管附近突然发生坍塌,估计数量有2.0m³左右,工人们立即撤出,大约2min后,整个靠近开挖面10m长度的初期支护包括格栅全部垮塌下来,并一直坍塌至地表,形成冒顶塌方,地表形成9.0m×15.0m的凹形漏斗,在塌口周围35m半径范围内出现大量裂缝,已做好的排水沟出现多处拉裂,塌方高度达32.0m,塌方数量为3760m³。

2. 塌方的主要原因

通过各方在现场进行察看和分析后,大家一致认为造成本次大规模塌方的原因有以下几点:

(1) 该段的地质为强风化的花岗岩,从洞内的坍塌体表面观察来看,大约80%已完全风化成砂黏土,其结合力主要依靠砂粒之间的摩擦力,整体稳定性极差。

(2) 地下水丰富,在开挖过程中,就经常出现大量的渗漏水,特别是风化花岗岩这样的松散结构遇水后,其自稳时间几乎为零,特别是在K7+455的降水管,把垂直上方的地下水都引入洞中,致使发生冒顶的大型塌方。

(3) 支护措施存在一定的问题,针对这样的地质条件,应采取适当的超前支护措施,如管棚、预注浆加固等。另外,采用台阶法施工时,上台阶的格栅直接放在砂土层中,很容易引起下沉,从而导致整个初期支护的整体稳定性下降,应采取诸如设置纵向托梁的方法,尽量控制下沉位移。

3. 塌方的处理

(1) 塌方处理的总原则

① 安全,塌方的处理必须安全可靠,做到万无一失。
② 快速,即处理时间要最短,要求两个月内完成。
③ 保质,即保证工程质量,不得留有任何隐患。
④ 节约,即整个塌方处理费用要最低。

(2) 塌方处理的要点

① 地表处理,并做好防排水,防止塌方的扩大。
② 洞内塌体注浆固结,形成整体受力壳(环)。
③ 塌方段的开挖及支护。

(3) 塌方处理的具体措施

① 采用喷射混凝土和锚杆挂网,封闭地表。
② 用黏土堵塞裂缝,用M10水泥砂浆修补截(排)水沟裂缝,并设置变形观测点。
③ 在塌体稳定3d后,清刷塌口松动土方,刷方、夯填后打设地表注浆管(ϕ42mm,L=5.0m),灌注水泥砂浆,然后采用喷锚网封闭塌口,局部用砂袋回填仰坡上方的凹部。
④ 按设计坡率分台阶清刷仰坡,进行减载。
⑤ 清理隧道两侧排水沟,并在临近塌体处设集水坑集中抽水,仰坡顶设钢管降水井并不断抽水。
⑥ 设止浆墙,采用浆砌条石,厚度1.5m。
⑦ 安设ϕ70mm注浆导管,长2.5m。
⑧ 循环注浆,每次注浆长度4.0m,分三次完成,注浆厚度应保证洞内塌方体以设计拱顶高程以上3.0m的松散体全部固结,注浆压力1.0~1.5MPa,要求固结强度达到2~3.0MPa,注浆材料选择单液浆,渗水较多处采用双液浆。

(4) 塌方段的开挖与支护

①先施作超前支护,采用φ42mm小导管预注浆,长4.0m,间距0.5m。
②采用弧形导坑预留核心土法开挖,先开挖一侧,完成初期支护后再开挖另一侧,开挖高度1.5~2.0m,开挖长度为每一循环1.0m,开挖后立即进行喷锚支护,并安设格栅;具体参数为:锚杆φ22mm,长3.5m,喷射混凝土厚25cm,分2~3次完成,格栅间距0.8m,格栅钢架之间采用φ22的钢筋纵向连接,格栅的底部要用22号槽钢纵向连接。
③弧形导坑完成后,采用挖马口的方法,分别开挖左、右两侧边墙,边墙开挖后,立即进行喷锚支护并将格栅拱顺接下来,形成整体。
④边墙开挖完成以后,最后开挖核心土,如图4-12所示。
⑤二次衬砌,采用先墙后拱法施工,每环混凝土的灌注长度控制在2.0~4.0m。

4. 塌方处理过程中采取的应变措施

(1)由于在风化花岗岩中的注浆效果不理想,从开挖出来的坍塌体来看,并未形成2.0~3.0MPa的注浆固结体,而是浆液呈树枝状分布,注进的浆液呈薄片状,对整个坍塌体而言不能形成完整的注浆固结体,但仍起到了一定的"挤压致密"作用。因此在进行分部开挖时拱顶及拱脚的下沉变形仍较大,为此采用了临时预应力仰拱技术,严格控制下沉,形成闭合环受力,效果较好。

图4-12 分部台阶法开挖示意图

(2)由于坍塌体中渗漏水仍然较大,使开挖后的喷射混凝土厚度很难达到25cm,实施中采用以格栅厚度(22~25cm)为界立模,喷混凝土变成模注混凝土,使施工过程变得简单、快速,而且保证了质量。

(3)拱部坍塌体虽经过了两次注浆(第一次是通过注浆导管的整体注浆,第二次是超前小导管注浆),但仍未形成注浆固结体,理由同前。开挖时为了避免拱顶的局部坍塌,增加了密排的超前锚杆(即采用φ22mm,长3.5m,间距0.3m,仰角15~30),每开挖2.0m,施作一排,这样确保了拱部的稳定和施工的安全。

第五章 施工质量检测、监控量测、安全及环保

教学目标
1. 熟悉隧道质量检测内容。
2. 掌握隧道监控量测必测项目内容。
3. 熟悉隧道施工安全及环保。

第一节 施工质量检测

隧道一次性投资大,使用年限长,并且一旦修建成型不易更改。因此施工过程中的质量控制显得异常重要。常见质量问题如下。

(1)隧道渗漏:隧道在施工期间和建成后,一直受地下水的影响,特别是建成后的隧道更是处于地下水的包围之中。水压较大,防水工程质量欠佳时,隧道便会发生渗漏,对行车安全及衬砌结构的稳定构成威胁(十隧九漏)。

(2)衬砌开裂:有设计方面的原因,但多是由于施工管理不当造成的,或是因为衬砌厚度不足,或是因为混凝土强度不够。

(3)限界受侵:围岩大变形(施工方法不当、支护形式欠妥、支护不及时)、衬砌模板强度、刚度不足造成走模。

(4)衬砌结构同围岩结合不密实:光爆破效果不良,初支背后填充石块等、泵送混凝土压力不足拱顶会出现空洞。

(5)通风、照明不良:原因是设计欠妥、器材质量存在问题和运营管理不当。

隧道质量检测内容有:

(1)材料检测:重点是锚喷材料、防水材料。

(2)施工检测:包括施工质量和施工监控量测,量测的基本内容有隧道围岩变形、支护受力和衬砌受力。

(3)环境检测:施工环境检测(粉尘和有害气体)和运营环境检测(通风-CO浓度、烟尘浓度和风速、照明-照度仪或亮度仪和噪声-噪声计)。

一、预加固(预支护)围岩质量检测

1. 常用预加固方法

常用的辅助施工方法一般分为对地层预加固和预支护(超前支护)两大类,主要有:

(1)地表砂浆锚杆或地表注浆加固:适用于浅埋、洞口地段和某些偏压地段。

(2)超前锚杆或超前小导管支护:适用于浅埋松散破碎的地层内。

①应保证前后两组支护纵向大于100cm搭接。

②自稳时间在12~14h时,必须先支护,后开挖。

(3)管棚钢架超前支护:适用于极破碎的地层、塌方体、岩堆等地段。管棚钢架纵向搭接长度大于3m。

(4)超前小导管预注浆:适用于自稳时间短的砂层、砂卵(砾)石层、断层破碎带、软弱围岩浅埋地段或处理塌方等地段。

(5)超前围岩深孔注浆:适用于断面较大和不允许有过大沉陷的各类地下工程中。

2. 注浆材料质量检测

注浆材料质量检测通常采用注浆材料性能试验来评定。

1)注浆材料分类

浆液材料通常划归两大类,即水泥浆液和化学浆液。按浆液分散体系划分以颗粒直径 $0.1\mu m$ 为界,大者为悬浊液,如水泥浆;小者为溶液,如化学浆。通常采用的注浆材料为水泥浆液、水泥水玻璃浆液(双液浆)、超细水泥浆液和化学浆液等。

2)理想的注浆材料,应满足以下要求

(1)浆液黏度低,渗透力强,流动性好,能进入细小裂隙和粉、细砂层,这样浆液可达到预想范围,确保注浆效果。

(2)可调节并准确控制浆液的凝固时间,以避免浆液流失,达到定时注浆之目的。

(3)浆液凝固时体积不收缩,能牢固黏结砂石;浆液结合率高,强度大。

(4)浆液稳定性好,长期存放不变质,便于保存运输,货源充足,价格低廉。

(5)浆液无毒,无臭,不污染环境,对人体无害,非易燃、易爆之物。

3)性质及测定

(1)黏度:表示浆液流动时,因分子间相互作用而产生的阻碍运动的内摩擦力,用简易黏度计测定。NDJ-79型旋转黏度计如图5-1a)所示。

(2)渗透能力:即渗透性,指浆液注入岩层的难易程度。悬浊液渗透能力取决于颗粒大小,砂性土孔隙直径必须大于浆液颗粒直径的3倍以上浆液才能注入。对于溶液渗透能力则取决于黏度。水泥细度检验《水泥细度检验方法(80μm筛筛析法)》。渗透能力通常用渗透仪测定,如图5-1b)所示。

(3)凝胶时间:指参加反应的全部成分从混合时起,直到凝胶发生,浆液不再流动为止的一段时间。测定方法:凝胶时间长的,用维卡仪(图5-1c);一般浆液,通常采用手持玻璃棒搅拌浆液,以手感觉不再流动或拉不出丝为止,从而测定凝胶时间。

(4)渗透系数:浆液固化后结石体透水性高低或表示结石体抗渗性强弱。用渗透试验测定。

(5)抗压强度:注浆材料自身强度决定了注浆材料的使用范围,大者可以加固地层,小者仅能用于堵水。

a)　　　　　　　　　　　　b)　　　　　　　　　　　　c)

图 5-1　注浆材料检测常用仪器

a)NDJ-79 型旋转黏度计;b)渗透仪;c)维卡仪计

3. 施工质量检测

1)超前锚杆

(1)基本要求:

①锚杆的材质、规格等应符合设计和规范的要求。

②超前锚杆与隧道轴线外插角宜为 5°～10°,长度应大于循环进尺,宜为 3～5m。

③超前锚杆与钢架支撑配合使用时,应从钢架腹部穿过,尾端与钢架焊接。

④锚杆插入孔内的长度不得短于设计长度的 95%。

⑤锚杆搭接长度应不小于 1m。

(2)实测项目:长度、孔位、钻孔深度、孔径。

2)超前小导管

(1)基本要求:

①钢管的型号、规格、质量等应符合设计和规范要求。

②超前钢管与钢架支撑配合使用时,应从钢架腹部穿过,尾端与钢架焊接。

③钢管插入孔内的长度不得短于设计长度的 95%。

(2)实测项目:长度、孔位、钻孔深度、孔径。

3)注浆效果检查

检查方法有三种:分析法;检查孔法;无损检测法(例如地质雷达、声波探测仪),无损检测通过对注浆前后岩体声波、波速、振幅及衰减系数进行检测。

二、隧道开挖质量检测

隧道开挖质量的评定包含两项内容:一是检测开挖断面的规整度(目测),二是超欠挖控制(激光断面仪)。

1. 开挖质量标准

1)基本要求

(1)不良地质段开挖前应做好预加固、预支护。

(2)当前方地质出现变化迹象或接近围岩分界线时,必须用地质雷达、超前小导坑、超前探孔等方法先探明隧道的工程地质和水文地质情况,才能进行开挖。

(3)开挖断面尺寸要符合设计要求,应严格控制欠挖,尽量减少超挖。拱脚、墙脚以上1m范围严禁欠挖。当石质坚硬完整且岩石抗压强度大于30MPa,并确认不影响结构强度时,允许岩石个别凸出部分(每$1m^2$内部大于$0.1m^2$)侵入断面,但其隆起量不得大于50mm。

(4)隧道开挖轮廓应按设计要求预留变形量,预留变形量大小根据监控量测信息进行调整。

(5)隧道爆破开挖时应严格控制爆破震动。

(6)洞身开挖在清除浮石后应及时进行初喷支护。

(7)超挖部分必须回填密实。超挖控制标准为:

$$平均线性超挖值 = \frac{超挖面积}{爆破设计开挖断面周长(不含隧底)} \quad (5\text{-}1)$$

最大线性超挖值系指最大超挖处至设计开挖轮廓切线的垂直距离。

2)爆破效果要求

开挖轮廓圆顺,开挖面平整,其周边炮眼痕迹保存率见式(5-2)。

$$周边炮眼痕迹保存率 = \frac{残留有痕迹的炮眼数}{周边眼总数} \times 100\% \quad (5\text{-}2)$$

具体标准如表5-1所示。

炮眼痕迹保存率标准　　　　表5-1

围岩条件	硬 岩	中 硬 岩	软 岩
炮眼痕迹保存率(%)	≥80	≥70	≥50

对于松散岩层,软岩周边主要应以满足平整圆顺即可认为合格。

2.超欠挖测定方法

检测方法有四种:直接测量法、直角坐标法、三维近景摄影法和极坐标法(激光断面仪法),如表5-2所示。

超欠挖测定方法　　　　表5-2

测定方法及采用的测定仪		测定法概要
直接测量开挖断面面积的方法	直接测量法	以内模为参照物,用钢尺直接测量超欠挖
	使用激光束法	利用激光射线在开挖面上定出基点,并由该点实测开挖断面
	使用投影机的方法	利用投影机将基点或隧道基本形状投影在开挖面上,然后据此实测开挖断面
非接触观测法	断面仪法(极坐标法)	以某物理方向(如水平方向)为起算方向,按一定间距(角度或距离)依次测定仪器旋转中心与实际开挖轮廓线的交点之间的矢径(距离)及该矢径与水平方向的夹角,将这些矢径端点依次相连即可获得实际开挖轮廓线

三、隧道初期支护质量检测

1. 锚杆加工质量与安装尺寸检查

1) 锚杆加工质量检查

锚杆材料(抗拉强度-拉伸试验、延展性与弹性-材料试验),杆体的规格(卡尺或直尺测量)要保证锚杆直径均匀、一致,加工质量(焊接质量和车丝质量)。

2) 安装尺寸检查

(1) 锚杆位置。允许孔位偏差为±50mm,特别注意锚杆间距与排距的尺量。

(2) 锚杆方向。尽量与围岩壁面和岩层主要结构面垂直。注意目测拱顶钻孔的垂直度。

(3) 钻孔深度。钻孔深度允许孔深偏差为±50mm。采用带有刻度的塑料管或木棍等插孔量测。

(4) 孔径与孔型。孔径大于杆体直径15mm时,可认为孔径符合要求。

2. 锚杆拉拔力测试

1) 拉拔设备(图5-2)

中空千斤顶、手动油压泵、油压表、千分表。

2) 注意事项

(1) 安装设备时,千斤顶与锚杆同心,避免偏心受拉。

(2) 加载应匀速,一般以10kN/min的速率增加。

(3) 如无特殊需要,可不做破坏性试验,拉拔到设计拉力即停止加载。用中空千斤顶进行

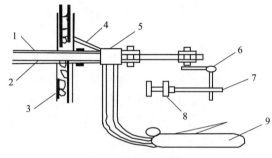

图5-2 拉拔设备

1-锚杆;2-充填砂浆;3-喷射混凝土层;4-反力板;5-中空千斤顶;6-千分表;7-固定梁;8-支座;9-手动油压泵、油压表

锚杆拉拔试验,一般都要求做破坏性试验,测取锚杆的最大承载力。一方面检验锚杆的施工质量,另一方面为调整设计参数依据。

(4) 千斤顶应固定牢靠,有必要的安全保护措施。特别应注意的是,试验时操作人员要避开锚杆的轴线延长线方向,在锚杆的侧向并远离锚杆尾部的位置上加压读数;测位移时停止加压。

3) 试验要求

(1) 按锚杆数的1%且不少于3根做抗拔力试验。

(2) 同组锚杆抗拔力的平均值应大于或等于设计值。

(3) 单根锚杆的抗拔力不得低于设计值的90%。

3. 砂浆锚杆砂浆注满度检测

对于砂浆锚杆,施工检测中应重点注意砂浆注满度或密实度(砂浆饱和度)。理论上,只要锚固的水泥砂浆长度大于杆体钢筋直径的40倍,则直至拉拔到钢筋颈缩锚杆也不会丧失锚固力。1978年瑞典的H.F.Thumer提出用测超声波能量损耗来判定砂浆灌注质量的原理,研制了Boltometer Version锚杆质量检测仪。

Thumer方法的基本原理是:如果钢筋外密实、饱满地由水泥砂浆握裹,砂浆又与周围岩体

黏结,则超声波在传播过程中,不断从钢筋通过水泥砂浆向岩体扩散,能量损失很大,在杆体外端测得的反射波振幅很小,甚至测不到;如果无砂浆握裹,仅是空杆,则超声波仅在钢筋中传播,能量损失不大,接收到的反射波振幅则较大;如果握裹不密实,中间有空洞或缺失,则反射波振幅的大小介于前两者之间。

激发与接受探头的耦合办法使得它要求杆体外端需进行机械加工并具有一定的平整度和光洁度,且仅适用于杆径大于20mm的锚杆。

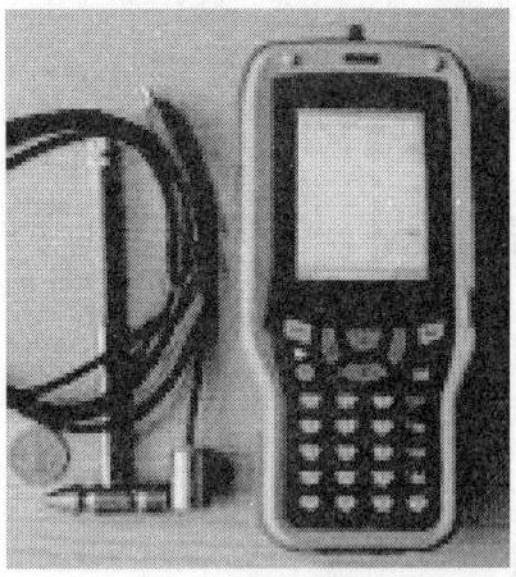

检测仪器:M-7锚杆检测仪(图5-3)。仪器可以显示锚杆的长度、振幅值和砂浆密实度级别。

4.喷射混凝土质量检测

1)质量检验指标

喷射混凝土是指将水泥、砂、石子、外加剂和水按一定的配合比和水灰比拌和而成的混合物,以风压为动力快速喷至岩体表面而形成的人造石材。检验指标主要有喷射混凝土的强度和喷射混凝土的厚度两项内容。

图5-3 锚杆检测仪器

喷射混凝土强度包括抗压强度、抗拉强度、抗剪强度、疲劳强度、黏结强度等,其中喷射混凝土抗压强度是表示其物理力学性能及耐久性的一个综合指标。

喷射混凝土抗压强度为检测喷射混凝土质量的一个重要指标。

喷射混凝土厚度也为检测喷射混凝土质量的一个重要指标。

喷射混凝土施工过程中,部分混凝土由隧道岩壁跌落到底板的现象叫做喷射混凝土的回弹。回弹下来的混凝土数量与喷射混凝土总数量之比,就是喷射混凝土的回弹率。

喷射混凝土回弹率也为检测喷射混凝土质量的一项检测指标。

喷射混凝土要做到内(实)坚外美。喷射混凝土的强度和喷射混凝土的厚度必须达到设计要求,外观上无漏喷、离鼓、裂缝、钢筋网外露现象。

2)影响喷射混凝土质量的因素

(1)影响喷射混凝土强度因素

①原材料:为保证喷射混凝土强度,减少粉尘和混凝土硬化后的收缩,减少材料搅拌时水泥的飞扬损失,砂的细度模数、含水率、含泥量及石子颗粒级配、最大粒径等质量指标必须符合《公路隧道施工技术细则》(JTG/T F60—2009)中的有关规定。喷混凝土用水:无杂质的洁净水,不得使用污水、pH值小于4的酸性水。速凝剂应保证初凝时间不大于5min,终凝时间不大于10min。

②施工作业:确保配合比正确;喷射前冲洗岩面;喷射中控制水灰比和喷射距离;喷射后洒水养护。

(2)影响喷射混凝土的厚度因素

①爆破效果。

②回弹率。

③施工管理。

④喷射参数。

3）质量检测方法

（1）抗压试验。

①检查试块的制作方法：喷大板切割法、凿方切割法。

②检查试块数量：3 件 1 组，两车道隧道每 10m，至少在拱部和边墙各取 1 组试件。材料或配合比变更时应重新制取试件。

③抗压强度合格标准：

a. 试件组数大于或等于 10 时，试件抗压强度平均值不低于设计值，且任意一组试件抗压强度不低于 0.85 倍的设计值。

b. 试件组数小于 10 时，试件抗压强度平均值不低于 1.05 倍设计值，且任意一组试件抗压强度不低于 0.9 倍的设计值。

c. 检查不合格时，应查明原因并采取措施，可用加厚喷层或增设锚杆的办法予以补强。

（2）喷射混凝土厚度的检测

①检查方法和数量。

a. 喷层厚度可用凿孔法或地质雷达法等方法检查。

b. 每 10 延米至少检查一个断面，再从拱顶中线起每隔 3m 凿孔检查一个点。

②合格条件。

a. 每个断面，全部检查孔处喷层厚度应有 60% 以上不小于设计厚度；最小厚度不应小于设计厚度的 1/2，且不小于 50mm；平均厚度不得小于设计厚度。

b. 当发现喷射混凝土表面有裂缝、脱落、露筋、渗漏水情况时，应予修补，凿除重喷或进行整治。

（3）喷射混凝土与围岩黏结强度试验

①试块制作方法：成型试验法、直接拉拔法。

②合格标准：Ⅰ、Ⅱ级围岩不应低于 0.8MPa，Ⅲ级围岩不应低于 0.5MPa。

（4）喷射混凝土粉尘、回弹检查

《锚杆喷射混凝土支护技术规范》（GB 50086—2001）规定：回弹率应予以控制，拱部不应大于 25%，边墙不应大于 15%。

（5）强度匀质性

匀质性：喷射混凝土强度的匀质性，可用现场 28d 龄期同批 n 组试块抗压强度的标准差 S_n 和变异系数 V_n 表示。

$$s_n = \sqrt{\frac{1}{n-1}\sum_{i=1}^{n}(R_i - \bar{R}_n)^2} \tag{5-3}$$

式中：n——同批试块的组数；

R_i——第 i 组试块的强度代表值，MPa；

$\bar{R}_n$——同批 n 组试块强度的平均值，$\bar{R}_n = \frac{1}{n}\sum_{i=1}^{n}R_i$（精确到 0.1MPa）；$V_n = \frac{100S_n}{\bar{R}_n}(\%)$。

5. 钢支撑施工质量检测

1）钢支撑的形式

(1)格栅钢架。主筋材料采用HRB335级钢筋或HRB440级钢筋,直径一般不小于22mm。

(2)型钢钢架:工字形、U形、H形。

2)施工质量检测

(1)加工质量检测:加工尺寸、强度和刚度、焊接。

(2)安装质量检测:安装尺寸、倾斜度(在纵断面上其倾斜度不得大于2°)、连接与固定。

6.初期支护背部空洞

地质雷达法探测初期支护背部空洞该方法已广泛应用于检测支护(衬砌)厚度、初支及二衬背后的回填密实度、内部钢架、钢筋等分布情况。

1)地质雷达法的原理(图5-4)

地质雷达方法是一种用于确定地下介质分布的光谱(1MHz-1GHz)电磁技术。地质雷达利用一个天线发射高频宽频带电磁波,另一个天线接收来自地下介质界面的反射波。电磁波在介质中传播时,其路径、电磁场强度与波形将随所通过介质的电性质及几何形态而变化。因此,可根据接收到波的旅行时间(亦称双程走时)、幅度与波形资料,可推断介质的结构。

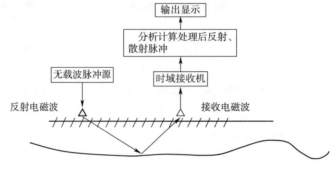

图5-4 雷达探测原理示意图

2)现场检测

测线布置:以纵向布线为主,横向布线为辅。

3)雷达图的解释

(1)界面根据反射信号的强弱、频率变化及延伸情况确定。

(2)衬砌背后回填密实度判定特征。密实:信号幅度较弱,甚至没有界面反射信号。不密实:衬砌界面反射信号同向轴呈绕射弧形,且不连续较分散。空洞:衬砌界面反射信号强。三振相明显,在其下部仍有强反射信号,两组信号时程差较大。

(3)衬砌内部钢架、钢筋位置分布的主要判定特征。钢架:分散的月牙形强反射信号。钢筋:连续的小曲线形强反射信号。

四、隧道防排水系统质量检测

1.防水卷材检测

我国20世纪80年代相继制出三元乙丙橡胶防水卷材(EPDM)和氯丁橡胶薄膜、聚氯乙烯(PVC)和氯化聚乙烯(CPE)、聚乙烯(PE)、聚乙烯-醋酸乙烯(EVA)、聚乙烯-醋酸乙烯-

沥青共聚物(ECB)防水卷材、高密度氯化聚乙烯(HDPE)和低密度氯化聚乙烯(LDPE)。目前常用 ECB、EVA 和 LDPE。

1)长度、宽度、厚度、平直度和平整度量测现场检测

(1)合成高分子防水卷材的长度和宽度用卷尺测量。

(2)厚度用压力为$(2±0.2)×10$MPa、压头直径为 10mm 的测厚仪(分度为 0.01mm)量测。厚度测量点(至少 10 个点)均布在卷材的横向。

(3)平直度和平整度的量测,在平整基面上展开 10m,用分度值为 1mm 的直尺量测。

2)拉伸性能试验

利用裁片机(由加载装置、裁刀及其装卸装置组成)将试样裁成如图5-5 所示形状。

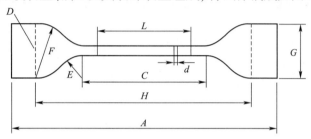

图 5-5　拉伸性能试验的试样

A-总长、最小值 115mm;B-标距段宽度,6.0mm;C-标距段的长度,32±2mm;D-夹持线;E-小半径,14±1mm;F-大半径,25±1mm;G-端部宽度,25±1mm;H-夹具间的初始距离,80±5mm;L-标距线间的距离,25±1mm;d-标距段的厚度

(1)拉伸强度

$$\sigma = \frac{P}{B \cdot d} \tag{5-4}$$

式中:σ——试样的拉伸强度,MPa;

P——试样断裂时的荷载,N;

B——试样标距段的宽度,mm;

d——试样标距段的厚度,mm。

(2)断裂伸长率(%)

$$\varepsilon = \frac{L_1 - L_0}{L_0} \times 100 \tag{5-5}$$

式中:ε——试样的断裂伸长率;

L_0——试样标距线间的初始有效长度,mm;

L_1——试样断裂瞬间标距线间的长度,mm。

3)低温弯折性试验

(1)试验器具:低温箱、弯折仪、放大镜。

(2)试验程序:标准环境下,用测厚仪测量 C 试样的厚度。试样的耐候面应无明显缺陷。然后将试样的耐候面朝外,弯曲 180°,使 50mm 宽的边缘重合、齐平,并确保不发生错位,将弯折仪的上下平板间距调到卷材厚度的 3 倍。试验两块试样。

将弯折仪上平板翻开,将两块试样平放在弯折仪下平板上,重合的一边朝向转轴,且距离转轴 20mm,将弯折仪连同试样放入低温箱内,在规定温度下保持 1h。然后,在 1s 之内将弯折

仪的上平板压下,达到所调间距位置,保持1s后将试样取出。待恢复到室温后观察试样弯折处是否断裂,或用放大镜观察试样弯折处受拉面是否有裂纹。

(3)结果评定:两块试样均未断裂或无裂纹时,评定为无裂纹。

2.土工布物理特性检测

土工织物也称土工布,是透水性的土工合成材料,按制造方法分为无纺或非织造土工织物和有纺或机织土工织物。对隧道工程比较重要的工程特性有物理特性、力学特性和水力学特性。

土工布的机械性能包括抗拉强度及延伸率、握持强度及延伸率、抗撕裂强度、顶破强度、刺破强度、抗压缩性。其中抗拉强度是土工布的一个基本性能。

(1)条带拉伸试验

抗拉强度及其应变是土工织物主要的特性指标。条带拉伸试验适用于土工合成材料的宽条拉伸试验和窄条拉伸试验。

土工织物或小孔径土工网的抗拉强度 T_s 可用式(5-6)计算:

$$T_s = P_f/B \tag{5-6}$$

式中:T_s——抗拉强度,N/m,kN/m;

P_f——测读的最大拉力,N,kN;

B——试样宽,m。

最大负荷下延伸率 ε:

$$\varepsilon = \frac{\Delta L}{L_0 + L'_0} \times 100 \tag{5-7}$$

式中:ε——延伸率,%;

L_0——名义夹持长度,mm,使用夹具时为100mm,使用伸长计时为60mm;

L'_0——预负荷伸长量,mm。

(2)撕破强力试验

土工织物的撕裂强度定义为:试样在撕裂过程中抵抗扩大破损裂口的最大拉力。也称撕破强度。公路行业采用梯形法测定土工织物的撕裂强度。

在试验过程中,撕裂力可能有几个峰值和谷值,也可能是单一上升而只有一个最大值,取最大值作为撕裂强度,单位以N表示。

①CBR顶破强力试验。顶破强度是反映土工织物抵抗垂直织物平面的法向压力的能力。顶破强力试验中常用试验有CBR顶破试验和圆球顶破试验。

②刺破强力试验。刺破强度是反映土工织物抵抗小面积集中荷载,如抵抗有棱角的石子、支护用钢构件端头等的能力。刺破强度试验用一刚性顶杆以规定的速率垂直顶向土工合成材料的平面,测试试样被刺破时的最大力。

3.土工织物水力学特性试验

(1)隧道用土工布,必须具有以下特性:

①保土性:防止被保护围岩、衬砌的颗粒随水流流失。

②渗水性:保证渗流水通畅排走。

③防堵性:防止材料被细土粒堵塞失效。

(2)土工织物的渗透特性:

①垂直渗透系数试验:确定土工织物在法向水流作用下的透水特性。

②水平渗透系数试验:测定土工织物和塑料排水板沿其平面方向输导水流的特性。

4. 防水混凝土抗渗性能试验

防水混凝土一般分为:普通水泥防水混凝土、外加剂防水混凝土和膨胀水泥防水混凝土,见表5-3。

隧道工程常用防水混凝土的种类及其特性 表5-3

种类	普通防水混凝土	外加剂防水混凝土外加剂类型				
		引气剂	减水剂	三乙醇胺	氯化铁	明矾石膨胀剂
抗渗压力(MPa)	>3.0	>2.2	>2.2	>3.8	>3.8	>3.8
主要技术指标	水灰比0.5~0.6;坍落度30~50mm;水泥用量≥320kg/m³;粗集料粒径≤40mm	含气量3%~6%;水泥用量≥250~300kg/m³	加气型减水剂,可以为缓凝、促凝和普通型的减水剂	可单独掺用三乙醇胺,也可以与氯化钠、亚硝酸配合	液体中氯化铁含量≥0.4kg/L,掺量一般为水泥质量的3%	必须掺入32.5级以上的普通矿渣、火山灰和粉煤灰水泥,不得单独代替水泥,外掺量为水泥质量的20%
适用范围	一般地下防水工程	抗冻性能要求高	含筋率高或薄壁结构	要求早强及抗渗要求高	水中结构	有后浇缝

1)防水混凝土的一般要求

隧道工程防水混凝土的抗渗等级不得小于P6,有冻害地段及最冷月平均气温低于-15℃时,不小于P8。

防水混凝土结构应满足:

(1)裂缝宽度不大于0.2mm,并不贯通。

(2)迎水面主钢筋保护层厚度不应小于50mm。

(3)衬砌厚度不应小于30cm。

防水混凝土抗渗等级分为:P2、P4、P6、P8、P10、P12,试件的抗渗等级应比设计要求提高0.2MPa。

2)混凝土抗渗性试验

主要用于检测混凝土硬化后的防水性能以测定其抗渗等级,抗渗等级可分三种。

(1)设计等级。

(2)试验等级(提高0.2MPa)。

(3)检验等级。

试验制备。试件制备中,试件形状有两种:圆柱体,直径、高度均为150mm;圆台体,上底直径175mm,下底185mm,高165mm。

抗渗等级计算:
$$P = 10H - 1 \tag{5-8}$$
式中:P——混凝土抗渗等级;

H——第三个试件顶面开始有渗水时的压力,MPa。

5. 防水板施工质量检查

1)防水层铺设的基面要求

(1)喷射混凝土基面平整度:边墙 $D/L \leqslant 1/6$,拱顶 $D/L \leqslant 1/8$。其中,L 为喷射混凝土相邻凸面间的距离;D 为喷射混凝土相邻两凸面间下凹的深度。

(2)基面不得有钢筋、凸出物。

(3)断面变化或转弯处阴角应抹成 $R \geqslant 5cm$ 的圆弧。

(4)防水层施工时基面不得有明水。

2)防水卷材的铺设工艺与检查方法

防水卷材的铺设工艺:一是无钉热合铺设法,二是有钉冷黏铺设法。在无钉热合铺设法中,在防水层破损时,补钉要剪成圆角,不要有尖角。具体复合式衬砌防水层实测项目见表5-4。

复合式衬砌防水层实测项目　　　　　表5-4

项次	检查项目		规定值或允许偏差	检查方法和频次
1	搭接宽度(mm)		不小于100	尺量,全部,每个搭接检查3处
2	搭接缝宽(mm)	焊接	两侧焊缝宽≥25	尺量,每个搭接检查5处
		黏结	黏缝宽≥50	
3	固定点间距(m)	拱部	符合设计要求	尺量,检查总数的10%
		墙部	符合设计要求	
4	接缝与施工缝错开距离(mm)		≥500	尺量,每个搭接检查5处

6. 排水系统施工质量检查

1)山岭隧道常用排水系统

山岭隧道常用排水系统及地下水流向关系可以概括为:围岩→环向排水管→纵向排水管→横向排水盲管→中央排水管→洞外出水口。

2)施工质量检查

(1)环向排水管:围岩渗流水引排;背面排水管安装。

(2)纵向排水盲管。

(3)横向盲管。

(4)中央排水管。

7. 止水带检查

1)混凝土衬砌结构性防水措施

衬砌施工缝、沉降缝及伸缩缝是隧道防水的薄弱环节。

2)止水带类型

外贴式、预(中)埋式、内贴式。

预埋式止水带,因构造简单、施工简便及质量可靠,使用较为普遍。外贴式塑料止水带一般与防水板组合使用,止水条一般应用于企口型衬砌施工缝或接缝处。

五、隧道衬砌质量检测

1.混凝土衬砌常见的质量问题

(1)混凝土开裂。
(2)混凝土强度不够。
(3)衬砌厚度不足。
(4)衬砌表面渗漏水。
(5)衬砌背后充填不密实。

2.衬砌混凝土施工检查

对衬砌混凝土各道施工工序的检查,是防止衬砌出现常见质量问题的有效措施。

1)衬砌外轮廓检查

在防水板铺挂之前,用全站仪直角坐标法或全断面仪极坐标法检测实际轮廓。对侵入衬砌断面的凸出部分进行处理。

2)基础基坑检查

(1)量测基坑尺寸,应符合设计要求。
(2)检查基坑壁是否稳定,必要时采取加固措施。
(3)浇筑基础前,检查基坑基底,应清除坑内浮渣和积水;对于易软化崩解的岩石基底及时用砂浆封闭,对于砂、土、泥注意检查基底承载力。
(4)浇筑基础前,检查排水管布设及是否畅通、防水板是否固定密贴。

3)基础基坑检查

(1)检查模板台车刚度。经验表明模板宜采用12mm厚钢板弯制,门架及支撑件要有足够的刚度。
(2)检查模板台车轮廓尺寸。前后两端外形应尽量一致,最大径向尺寸差不大于5mm,以免衬砌环向施工缝出现错台。
(3)检查模板台车长度。经验表明台车长度为8~9m为宜,对于曲线隧道还应检算其长度是否合适。
(4)检查模板台车进料检查窗孔。其布置和数量应满足表5-5浇筑混凝土的要求。

模板台车进料检查窗孔要求 表5-5

位 置	项 目	标 准
仰拱、边墙及拱下部	从出口到灌注面的落下高度	1.5m以下
	灌注1层的高度	40~50cm
	流动距离	不流动
拱顶部	灌注方式	向上灌注
	流动距离	10cm左右

(5) 检查模板台车就位。用全站仪直角坐标法检查台车按隧道中线和高程就位,主要测拱顶和两侧最宽处;检查台车抗上浮、抗两侧内缩的加固措施;检查模板支撑件是否张紧。

(6) 检查挡头板安装。安装可靠、封堵严实,是否损坏防水板。

4) 混凝土浇筑检查

(1) 观察角落和钢筋密度大部位的振捣。

(2) 观察拱顶部位浇筑。

(3) 观察水平施工缝的处理。

5) 拆模检查

适宜的拆模时间应根据实际采用的混凝土强度-龄期关系曲线确定,应符合以下要求:

(1) 不承受外荷载的拱墙,混凝土强度应达到 5MPa,或拆模时混凝土表面积和棱角不被损坏并能承受自重。

(2) 承受围岩压力较大的拱、墙,封顶和封口混凝土应达到设计强度的 100%。

(3) 承受围岩压力较小的拱、墙,封顶和封口混凝土应达到设计强度的 70%。

3. 混凝土强度检测

1) 回弹法检测法

(1) 回弹法原理。由于混凝土的抗压强度与其表面硬度存在某种关系,而回弹的弹击锤被一定的弹力打击在混凝土表面上,其回弹高度与混凝土的表面硬度成一定的比例关系。根据表面硬度则可推求混凝土的抗压强度。

(2) 测试范围。

① 以每板衬砌为一构件,随机抽取大于衬砌总数 30% 的构件作为试样。

② 每个试样均匀布置不少于 10 个测区,相邻测区的间距不宜大于 2m。

③ 测区的大小以能容纳 16 个回弹测点为宜,一般取 $400cm^2$。

(3) 测区表面要求。应清洁、平整、干燥,不应有接缝、饰面层、粉刷层、浮浆、油垢以及蜂窝、麻面等。

(4) 回弹值测读。回弹仪轴向垂直测试面,每测区弹击 16 点,同一测点只允许弹击一次。测点应均匀分布,避开外露的石子和气孔,测点距构件边缘或外露钢筋、铁件不小于 5cm。

(5) 测区回弹值整理。剔出回弹值的 3 个最大值和 3 个最小值,求出测区的平均回弹值,精确到 0.1。

(6) 测区碳化深度值。在测点内凿出 6mm 深的孔,滴 1% 浓度的酚酞酒精溶液在孔壁边缘,量取紫红色部分垂直深度。求出测区平均碳化深度。

(7) 用测强基准曲线计算出测区强度值,进而计算试件混凝土强度,取其较低值为构件混凝土强度值。

2) 超声波法检测法

(1) 原理是根据混凝土的抗压强度与纵波的传播速度之间存在着某种函数关系,然后在标准状况下(即各种影响系数等于 1 的情况下)制备标准混凝土试块,并以测得每个试块的平均传播速度与破损强度,拟合出曲线方程,最后根据波速来测算强度值。

(2) 测试方法:超声波探测按探头安放的位置不同可分为对测法、斜测法、平测法,如图 5-6 所示。

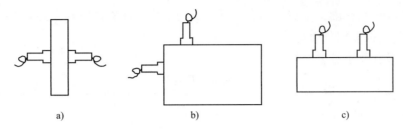

图 5-6 超声波探头安设位置
a) 对测法；b) 斜测地；c) 平测法

（3）影响强度测定的因素：横向尺寸效应；温度和湿度；钢筋；集料；水灰比；龄期；缺陷和损伤。

3）钻芯法检测法

（1）钻芯法是利用钻机和人造金刚石空心薄壁钻头，从结构混凝土中钻取芯样以检测混凝土强度和混凝土内部缺陷的方法。

（2）钻芯取样时，一般要求芯样直径为粗集料直径的 3 倍。

（3）取芯数量同一批构件不得少于 3 个。

4．隧道衬砌厚度检测

1）常用方法

（1）冲击-回波法。

（2）激光断面仪法。

（3）地质雷达法。

（4）凿孔直接量测法。

2）混凝土缺陷检测

（1）外部缺陷主要包括：裂缝、蜂窝、麻面、平整度、几何尺寸；检测仪器：刻度放大镜、塞尺、直尺、数码相机。

（2）内部缺陷，裂缝的深度、背部回填密实度、空洞。检测方法：地质雷达、超声波、冲击-回波法、红外成像。

第二节　隧道施工监控量测

一、监控量项目及断面布设

1．监控量项目

量测项目的确定主要是依据围岩条件、工程规模及支护方式。量测项目通常分为必测项目 A 和选测项目 B。必测项目指施工时必须进行的常规量测，用来判别围岩稳定及衬砌受力状态，指导设计施工的经常性量测。A 类量测主要包括洞内观察、隧道净空变形和拱顶下沉量测等，浅埋隧道尚应作地表沉陷量测，这类量测方法简单、可靠，对修改设计和指导施工起重要作用。选测项目是指在重点和有特殊意义的隧道或区段进行补充的量测，用来判断隧道开挖过程中围岩的应力状态、支护衬砌效果。B 类量测主要包括围岩内部变形、地表沉陷、锚杆轴力和拉拔力、衬砌内力、围岩压力和围岩物理力学指标等。这类量测技术较复杂,费用较高,通常根据实际需要,选取部分项目进行量测。

量测项目及其要求见表5-6。

量测项目及要求　　　　　　　　表5-6

序号	量测项目	类别	要求掌握的主要内容
1	观察	A	1.开挖面围岩的自立性(无支护时围岩的稳定性);2.岩质、断层破碎带、褶皱等情况;3.支护衬砌变形、开裂情况;4.核对围岩类别;5.洞口浅埋段地表建筑物变形、下沉、开裂情况
2	净空变形	A	根据变形值、变形速度、变形收敛情况等判断:1.围岩稳定性;2.初期支护设计和施工方法的合理性;3.模筑二次衬砌时间
3	拱顶下沉	A	监视拱顶的绝对下沉值,了解断面变化情况,判断拱顶的稳定性,防止塌方
4	地表、地层内部沉陷	A、B	判断隧道开挖对地表产生的影响及防止沉陷措施的效果,推测作用在隧道上的荷载范围
5	围岩内部变形	B	了解隧道周边围岩松弛区范围,判断锚杆设计参数的合理性
6	锚杆轴力	B	根据锚杆应变分布状态,确定锚杆轴力大小,用以判断锚杆长度和直径是否合适
7	围岩压力和两层衬砌间压力	B	了解围岩形变压力和两层衬砌间接触压力的大小和分布规律,检验支护衬砌受力情况
8	衬砌、钢架应力	B	根据衬砌和钢架应力情况,判断衬砌和钢架设计参数是否正确,进一步推求围岩压力大小和分布规律
9	锚杆拉拔试验	B	根据拉拔力确认锚杆锚固方法及其长度的合理性
10	底部鼓起量测	B	判断是否需要仰拱和仰拱的效能
11	围岩弹性波测试	B	1.校核围岩类别;2.了解松弛区范围;3.探明岩体强度、节理裂隙和断层情况、岩石变质程度

量测手段的选用,应根据量测项目和国内仪器的现状来选用。一般应选择简单、可靠、耐久、成本低的量测手段,并要求被测的物理量概念明确,量值显著,量测范围大,测试数据便于分析,易于实现对设计、施工的反馈。在通常的情况下,选择机械式手段与电测式手段相结合使用。

2.断面布设

1)断面的确定

进行测试的断面有两种,一是单一的测试断面,二是综合的测试断面。在隧道工程测试中各项量测内容与手段,不是随意布设的。把单项或常用的几项量测内容组成一个测试断面,了解围岩和支护在这个断面上各部位的变化情况,这种测试断面即为单一的测试断面。另一种,把几项量测内容有机地组合在一个测试断面里,使各项量测内容、各种量测手段互相校验,综合分析测试断面的变化,这种测试断面称为综合测试断面。

应测项目按一定间隔设置量测断面,常称为一般量测断面。由于各量测项目要求不同,其量测断面间隔亦不相同,在应测项目中,原则上净空位移与拱顶下沉量测应布置在同一断面上。量测断面间距视隧道长度、地质条件和施工方法等确定,具体可参考表5-7。

净空位移、拱顶下沉的测试断面间距　　　　　表5-7

条　件	量测断面间距(m)
洞口附近	10
埋深小于2B	10
施工进展200m前	20(土砂围岩减小到10m)
施工进展200m后	30(土砂围岩减小到10m)

注:B为隧道开挖宽度。

对于土砂、软岩地段的浅埋隧道要进行地表下沉量测,沿隧道纵向布置测点的间距可视地质、覆盖层厚度、施工方法和周围建筑物的情况确定,其量测断面间距可按表5-8选用。

地表下沉测试断面间距　　　　　表5-8

覆盖层厚度H	测点间距(m)
H > 2B	20~50
2B > H > B	10~20
H < B	5~10

注:①当施工初期、地质变化大、下沉量大、周围有建筑物时取最低值;
　　②B为隧道开挖宽度。

2)测点的布设置

在测试断面上测点的布置,主要是依据断面形状、围岩条件、开挖方式、支护类型等因素进行布置。在量测中,可根据具体情况决定布设数量,进行适当的调整。

(1)净空位移量测的测线布置

由于观测断面形状、围岩条件、开挖方式的不同,测线位置、数量亦有所不同,没有统一的规定,具体实施可参考图5-7。

拱顶下沉量测的测点,一般可与净空位移测点共用,这样既节省了安设工作量,更重要的是使测点统一,测试结果能够互相校验。

(2)围岩内部位移测孔的布置

围岩内部位移测孔布置,除应考虑地质、隧道断面形状、开挖等因素外,一般应与净空位移测线相应布设,以便使两项测试结果能够相互印证,协同分析与应用。一般每100~500m设一个量测断面,测孔布置见图5-8。

(3)锚杆轴力量测的布置

量测锚杆要依据具体工程中支护锚杆的安设位置、方式而定,如局部加强锚杆,要在加强区域内有代表性的位置设量测锚杆。全断面系统锚杆(不包括仰拱),量测锚杆在断面上布置可参见图5-8方式进行。

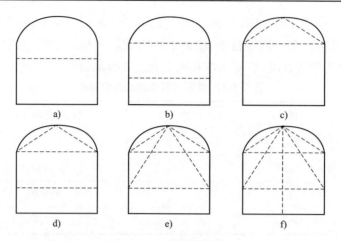

图 5-7 净空位移测线布置

a)一条测线;b)两条测线;c)三条测线;d)五条测线;e)六条测线;f)七条测线

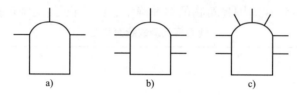

图 5-8 围岩内部位移测孔布置

a)三测孔;b)五测孔;c)七测孔

(4)喷层(衬砌)应力量测布置

喷层应力量测,除应与锚杆受力量测孔相对应布设外,还要在有代表性部位设测点,如拱顶、拱腰、拱脚、墙腰、墙脚等部位,并应考虑与锚杆应力量测作对应布置。另外,在有偏压、底鼓等特殊情况下,则应视具体情形,调整测点位置和数量,以便了解喷层(衬砌)在整个断面上的受力状态和支护作用,见图 5-9。

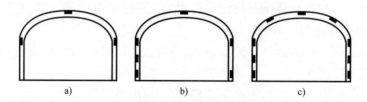

图 5-9 喷层应力量测点布置

a)三测点;b)六测点;c)九测点

(5)地表、地中沉降测点布置

地表、地中沉降测点,原则上主要测点应布置在隧道中心线上,并在与隧道轴线正交平面的一定范围内布设必要数量的测点,见图 5-10,并在有可能下沉的范围外设置不会下沉的固定测点。

(6)围岩压力量测测点布置

围岩压力量测的测点一般埋设在拱顶、拱脚和仰拱的中间,其量测断面一般和支护衬砌间压力以及支护、衬砌应力的测点布置在一个断面上,以便将量测结果相互印证。

(7) 声波测孔布置

声波测孔宜布置在有代表性的部位(图 5-11),另外,还要考虑到围岩层理、节理的方向与测孔方向的关系。可采用单孔、双孔两种测试方法;或在同一部位,呈直角相交布置三个测孔,以便充分掌握围岩结构对声波测试结果的影响。

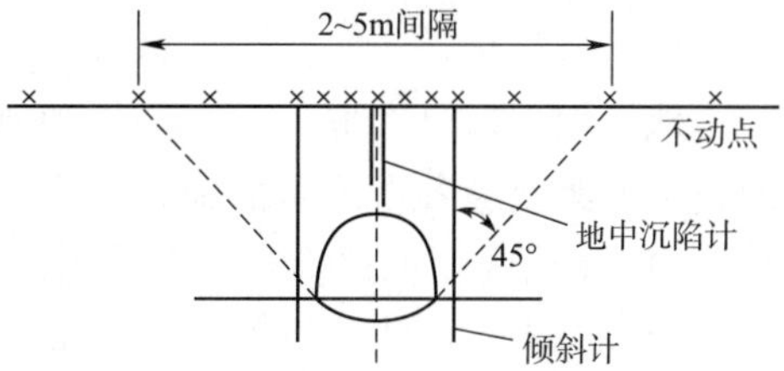

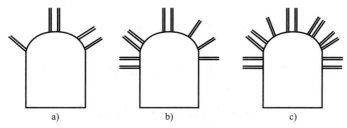

图 5-10 地表下沉量测范围及地中沉降测点布置

3)量测仪器(测点)的安设与量测频率

各项量测内容的仪器(测点)安设,一要快,二要近。快,即要求在开挖爆破后 24h(最好 12h)内,在下一循环爆破前完成全都埋设,并测取初读数。在安设由多项内容、多种手段组成的综合测试断面时,互相干扰大,时间要拖长,对施工与量测结果都有不利影响;这时可把综合量测断面分为几个亚断面分开设置,只要围岩沿隧道轴线方向变化不大,基本不会影响测试结果的综合分析与应用。近即要求仪器(测点)埋设时,要尽量靠近开挖掌子面,要求不超过 2m,有的安设在距开挖掌子面 0.5m 左右的断面上,观测效果更好,不过需要加强仪器(测点)的保护。

图 5-11 声波测试孔布置
a)五测孔;b)九测孔;c)十三测孔

仪器(测点)安设后的量测频率,是由变化速度(时间效应)与距工作面距离(空间效应)确定的。表 5-9 给出了净空变形与拱顶下沉的量测频率与位移速度、距工作面距离的关系。

收敛与拱顶下沉量测频率 表 5-9

变形速度	距开挖面距离	量测频率
>10mm/d	$(0\sim1)B$	1~2 次/d
5~10mm/d	$(1\sim2)B$	1 次/d
1~5mm/d	$(2\sim5)B$	1 次/d
<1mm/d	$>5B$	1 次/d

注:B 为隧道开挖宽度。

二、量测数据分析与应用

量测数据反馈于设计、施工是监控设计的重要一环,但目前尚未形成完整的设计体系。当前采用的量测数据反馈设计的方法主要是定性的,即依据经验和理论上的推理来建立一些准则。根据量测的数据和这些准则即可修正设计支护参数和调整施工措施。量测数据反馈设计、施工的理论法,目前正在蓬勃兴起,那就是将监控量测与理论计算相结合的反分析计算法。这里,简要介绍根据对量测数据的分析来修正设计参数和调整施工措施的一些准则。

1. 地质预报

地质预报就是根据地质素描来预测预报开挖面前方围岩的地质状况,以便考虑选择适当的施工方案调整各项施工措施,包括:

(1)在洞内直观评价当前已暴露围岩的稳定状态,检验和修正初步的围岩分类。

(2)根据修正的围岩分类,检验初步设计的支护参数是否合理,如不恰当,则应予修正。

(3)直观检验初期支护的实际工作状态。

(4)根据当前围岩的地质特征,推断前方一定范围内围岩的地质特征,进行地质预报;防范不良地质突然出现。

(5)根据地质预报,并结合对已作初期支护实际工作状态的评价,预先确定下循环的支护参数和施工措施。

(6)配合量测工作进行测试位置选取和量测成果的分析。

2. 净空位移分析与应用

如前所述,净空位移是围岩动态的最显著表现,所以隧道工程现场量测主要以净空位移作为围岩稳定性评价及围岩稳定状态判断的指标。

一般而言,坑道开挖后,若围岩位移量小,持续时间短,其稳定性就好;若位移量大,持续时间长,其稳定性就差。

以围岩位移作为指标来判断其稳定状态,则有赖于对实际工程经验的总结和对位移量测数据的分析。

(1)判断标准用围岩的位移来判断其稳定状态,关键是要确定一个"判断标准"(或称为"收敛标准"),即是判断围岩稳定与否的界限,它包括三个方面:位移量(绝对或相对)、位移速率和位移加速度。

(2)根据以上判断标准,如果围岩位移速度不超过允许值,且不出现蠕变趋势,则可以认为围岩是稳定的,初期支护是成功的。若表现出稳定性较好,则可以考虑适当加大循环进尺。

浅埋隧道暗挖法施工时,应特别注意对拱顶下沉及地表下沉量的控制,其控制标准可参见表5-10。

量测数据管理基准参考值 表5-10

指标内容	日本、法国、德国规范综合值	推荐基准值	
		城市地铁	山岭隧道
地面最大沉陷	50mm	30mm	60mm
地面沉陷槽拐点曲率	1/300	1/500	1/300
地层损失系数	5%	5%	5%
洞内边墙水平收敛	20~40mm	20mm	$(0.1~0.2)B\%$
洞内拱顶下沉	75~229mm	50mm	$(0.3~0.4)B\%$

注:B 为开挖洞室最大跨度(m)。

如果位移值超过允许值不多,且初期支护中的喷射混凝土未出现明显开裂,一般可不予补强。

如果位移与上述情况相反,则应采取处理措施,如在支护参数方面,可以增强锚杆,加钢筋网喷混凝土、加钢支撑、增设临时仰拱等;施工措施方面,可以缩短从开挖到支护的时间,提前打锚杆,提前设仰拱,缩短开挖台阶长度和台阶数,增设超前支护等。

(3)二次衬砌(内层衬砌)的施作时间。按新奥法施工原则,当围岩或围岩加初期支护后基本达成稳定后,就可以施作二次衬砌。

应当特别指出的是,在流变性和膨胀性强烈的地层中,单靠初期支护不能使围岩位移收敛时,就宜于在位移收敛以前,施作模筑混凝土二次衬砌,做到有效地约束围岩位移。

3.围岩内位移及松动区分析与应用

与净空位移同理,如果实测围岩的松动区超过了允许的最大松动区(该允许松动区半径与允许位移量相对应),则表明围岩已出现松动破坏,此时必须加强支护或调整施工措施以控制松动范围。如加强锚杆(加长、加密或加粗)等,一般要求锚杆长度大于松动区范围。如果与以上情形相反,甚至锚杆后段的拉应力很小或出现压应力时,则可适当缩短锚杆长度或缩小锚杆直径或减小锚杆数量等。

4.锚杆轴力分析与应用

根据量测锚杆测得的应变,即能算出锚杆的轴力,见式(5-9)。

$$N = \frac{\pi}{8} D^2 E (\varepsilon_1 + \varepsilon_2) \quad (5-9)$$

式中:N——锚杆轴力;

D——锚杆直径;

E——杆的弹性模量;

ε_1、ε_2——测试部位对称的一组应变片量得的两个应变值。

锚杆轴力是检验锚杆效果与锚杆强度的依据,根据锚杆极限强度与锚杆应力的比值K(安全系数)即能作出判断。锚杆轴应力越大,则K值越小。一般认为锚杆局部段的K值稍小于1是允许的,因为钢材有一定的延性。根据实际调查发现锚杆轴应力在洞室断面各部位是不同的,表现为:

(1)同一断面内,锚杆轴应力最大者多数在拱部45°附近到起拱线之间。

(2)拱顶锚杆,不管净空位移值大小如何,出现压应力的情况是不少的。

锚杆的局部段K值稍小于1的允许程度应该是不超过锚杆的屈服强度,若锚杆轴应力超过屈服强度时,则应优先考虑改变锚杆材料,采用高强钢材。当然,增加锚杆数量或锚杆直径也可获得降低锚杆轴应力的效果。

5.围岩压力分析与反馈

由围岩压力分布曲线可知围岩压力的大小及分布状况,围岩压力的大小与围岩位移量及支护刚度密切相关,围岩压力大,即作用于初期支护的压力大。这可能有两种情况:一是围岩压力大但变形量不大,这表明支护时机,尤其是支护的封底时间可能过早或支护刚度太大,可作适当调整,让围岩释放较多的应力;另一种情况是围岩压力大且变形量也很大,此时应加强支护,限制围岩变形,控制围岩压力的增长。当测得的围岩压力很小但变形量很大时,则应考虑可能会出现围岩失稳。

6. 喷层应力分析与反馈

喷层应力是指切向应力,因为喷层的径向应力总是不大的。喷层应力与围岩压力及位移有密切关系。喷层应力大的原因有两个,一是围岩压力和位移大;二是由于支护不足。

在实际工程中,一般允许喷层有少量局部裂纹,但不能有明显的裂损或剥落、起鼓等。如果喷层应力过大或出现明显裂损,则应适当增加初始喷层厚度。如果喷层厚度已较厚时,则不应再增加喷层厚度,而应增强锚杆、调整施工措施、改变封底时间等。

7. 地表下沉分析与反馈

对于浅埋隧道,可能由于隧道的开挖而引起上覆岩体的下沉,致使地面建筑的破坏和地面环境的改变。因此,地表下沉的量测监控对于地面有建筑物的浅埋隧道和城市地下通道尤为重要。

如果量测结果表明地表下沉量不大,能满足限制性要求,则说明支护参数和施工措施是适当的;如果地表下沉量大或出现增加的趋势,则应加强支护和调整施工措施,如适当加喷混凝土、增设锚杆、加钢筋网、加钢支撑、超前支护等,或缩短开挖循环进尺、提前封闭仰拱、甚至预注浆加固围岩等。

另外,还应注意对浅埋隧道的横向地表位移观测,横向地表位移带发生在浅埋偏压隧道工程中,其处理较为复杂,应加强治理偏压的对策研究。

8. 声波速度分析与反馈

围岩的声波速度综合地反映了岩体的物理力学特征和动态变化。根据 v_p-L 曲线可以确定围岩松动区的范围,工程中应注意将此结果与围岩内位移量测资料相对照,综合分析和判断围岩的松弛情况,以便给修正支护参数和调整施工措施提供依据和指导。

第三节 施工安全及环保

一、施工安全保障措施

"安全第一,预防为主",为了强化施工现场作业控制,规范各级干部的管理行为和广大职工的作业行为,达到施工现场各项工作有序可控;消灭重大职工死亡、伤事故,使安全事故得到有效控制,保证项目管段内隧道的安全施工,特制定以下安全保证措施。

1. 组织保证措施

成立项目经理领导的安全生产领导小组,全面负责本项目的安全生产工作,主管安全生产的副经理为安全生产的直接责任人,总工程师为安全生产的技术负责人。未经安全教育培训,并经考试合格的管理人员及生产人员不准上岗。

2. 制度保证措施

(1)必须严格执行安全生产责任制,各级各部门必须有明确的安全责任、经济承包中有安全生产指标。

(2)执行三级安全教育制度,并做好登记。变换工种、工序前应接受所从事的工序的安全教育。

(3)所有特种作业人员(爆破员、电焊工等),必须持证上岗,严禁非特殊工种人员从事特种作业。

(4)必须执行定期安全检查制度,每次检查必须有记录,查出的事故隐患整改要定人、定时间、定措施,对重大隐患整改通知书,必须如期按要求完成。

(5)进入施工现场人员,必须戴好安全帽,危险作业、高空作业人员按规定佩带劳动保护用品和安全带等安全用具。

3. 技术保证措施

1)施工现场

(1)施工现场必须按施工组织设计搞好"三通一平"大型构件、材料堆放合理有序,现场有醒目的标语,宣传栏、安全措施、安全标志。

(2)参加施工人员必须经过安全教育,熟知本工种安全操作规程,特种作业工作持证上岗。在工作中遵守操作规程,坚守工作岗位。严禁酒后上岗。

(3)正确使用安全防护用品和安全防护措施。进入施工现场的人员,必须戴安全帽,不得穿高跟鞋、拖鞋、硬底易滑鞋。在无防护设施的高处作业必须系安全带。距地面2m以上处所作业要有防护栏杆,挡板或安全网。

(4)施工现场的坑、沟、洞、井等危险处应设防护,夜间有红色警示灯。

(5)脚手架的材质,立杆基础、杆柜、扫地杆、杆的连接、外侧防护、脚手板铺设等必须符合规程要求,由专业架子工搭设。拆除脚手架由上而下地逐步拆除,严禁推倒或拉倒的方法拆除。严禁上下同时作业。拆下的材料严禁投扔。

2)工序施工安全措施

(1)隧道施工应做好施工前期准备工作,正确选用施工方法,并结合地形、地质等实际情况,编制施工技术方案,并向施工人员进行技术交底,合理安排施工。

(2)隧道施工各班组间,应建立完善的交接班制度。在交接班时,交班人应将本班组的施工情况及有关安全事宜及措施向接班人详细交代,并记载于交接班记录本上,工地值班负责人(领工员)应认真检查交接班情况。每班开工前未认真检查工作面安全状况,不得施工。

(3)施工中应对围岩加强检查与量测。对不良地质段隧道施工,应采取弱爆破、短开挖、强支护、早衬砌、先护顶等小循环的施工方法。隧道施工要充分利用监测手段预测预报围岩位移与支护结构受力状况,量测要为生产安全服务。

(4)如发现隧道内有险情,必须在危险地段设置明显标志或派专人看守,并迅速报告施工现场负责人,及时采取措施处理,情况危险时,应将工作人员全部撤离危险区,并立即上报。

(5)所有进入隧道工地的人员,必须按规定配带好安全防护用品,遵章守法听从指挥。

(6)未刷好洞口仰坡或未做好洞顶防护和排水设施的洞门,不得开挖进洞。

(7)隧道掌子面钻眼。

①钻眼人员到达工作地点时,应首先检查工作面是否处于安全状态,如支护、顶板及两帮是否牢固,如有松动的岩石,应立即加以支护或处理。

②台车和凿岩机进行钻眼时,必须采用湿式凿岩。

③严禁在残眼中继续钻眼。

④不在工作面拆卸修理凿岩设备。

(8)爆破作业。

①洞内爆破作业必须持证上岗,统一指挥。

②进行爆破时,所有人员必须撤至不受有害气体、振动及飞石伤害警戒区外,并设置安全警戒,其安全警戒的距离应遵守有关规定。

a. 独头坑道内不小于100m。

b. 相邻的上下导坑不小于200m。

c. 洞内爆破不得使用TNT(三硝基甲苯)、苦味酸、黑色火药等产生大量有害气体的炸药。爆破后必须经过通风排烟15min后,其他工作人员才准进入工作面。

d. 如发现瞎炮,必须由原爆破人员按规定进行处理。

e. 严禁在炸药加工房以外地点进行炸药加工工作,加工人员严禁穿着化纤衣物。

f. 每日放炮时间及次数,应根据施工条件有明确规定,装药后到点炮时间不应过久。

(9)支护。

①隧道各部开挖后要立即支护。

②施工期间,现场施工负责人应会同有关人员对各部支护进行定期检查。在不良地质地段,每班应责成专人检查,当发现支护变异或损坏时,应立即整修加固。

③当喷射混凝土尚未达到一定强度即趋失稳的围岩,或喷锚后变形量超过设计容许值以及发生突变的围岩,宜用钢架支撑进行支护。

④安装钢架支撑,应遵守起重和高处作业等有关安全规则,宜用小型机具进行吊装。

⑤对开挖后自稳程度很差的围岩,应采用超前锚杆和挂网喷射混凝土的办法进行临时支护。

⑥应把喷层的异常裂缝作为主要安全检查内容之一,经常进行观察与检查,并作为施工危险信号引起警惕。

⑦喷混凝土及注浆作业,要按规定带好防护用品。

(10)装渣与运输。

①装渣前及装渣过程中,应检查开挖面围岩的稳定情况,发现松动岩石或有塌方征兆时,必须先处理后装渣。

②用装载机装渣时,施工过程中,机械回旋范围内不得有人通过。防止与人挤碰。

(11)二次衬砌。

①衬砌工作台上应搭设不低于1m的栏杆,跳板设防滑条,梯子应安装牢固,不得有钉子露头和突出尖角。

②工作台、跳板、脚手架的承重量,不得超负荷,并应在现场挂牌标明。脚手架与工作台的底板应铺设严密,木板的端头必须搭在支点上。

③吊装拱架、模型板时,工作地段应有专人监护。

④在隧道内作业地段倾卸衬砌材料时,人员与车辆不得穿行。

⑤在2m以上高处工作时,应符合高处作业的有关规定。

⑥检查、修理压浆机械及管路,应停机并切断风源与电源。

⑦拆除混凝土输送软管或管道,必须停止混凝土泵的运转。

(12)防尘。

①隧道施工必须采用综合防尘措施,定期检查测定粉尘浓度。

②隧道施工在凿岩和装渣工作面,必须做好下列防尘工作:

a. 放炮前后必须进行喷雾与洒水。

b. 出渣前应用水淋透渣堆和喷湿岩壁。

(13)供电与电气设备。

①施工机械、机具和电气设备,在安装前按照安全技术标准进行检测,经检测合格后方可安装,经验收确认状况良好后才可运行。

②隧道施工照明线路电压在施工区域内不大于 36V。所有电力设备设专人检查维护,并设警示标志。

③在操作洞内电气设备时,要符合以下规定:

a. 非专职电气操作人员,不得操作电气设备。

b. 操作高压电气设备主回路时,必须戴绝缘手套,穿电工绝缘胶鞋并站在绝缘板上。

c. 手持式电气设备的操作手柄和工作中必须接触的部位,要有良好的绝缘,使用前应进行绝缘检查。

d. 低压电气设备宜加装触电检查。

④电气设备要有良好的接地保护,每班均由专职电工检查。

⑤电气设备的检查、维修和调整工作,必须由专职的电气维修工进行。

⑥洞内照明的灯光应保证亮度充足、均匀及不闪烁,凡易燃、易爆等危险品的库房或洞室,必须采用防爆型灯具或间接式照明。

(14)紧急预案。

在施工过程中难免会发生突发事件,因此必须制定切实可行的紧急预案以防止突发事件的发生。对每一种可能的事故或紧急情况,现场负责人可越级上报,并立即临场指挥对突发事件的处理。

二、施工环境保护

1. 环境保护体系

环境保护工作直接关系到市容市貌,在施工过程中,施工单位应全面执行 ISO 14001 环境保护体系标准,系统地采用和实施一系列环境保护管理手段,以期得到最优化的结果。

在施工的全过程中,严格遵守国家和地方政府部门颁发的环境管理法律、法规和有关规定,根据客观存在的粉尘、污水、噪声和固体废物等环境因素,实施全过程污染预防控制,尽可能减少或防止不利的环境影响。

以"预防为主,加强宣传,全面规划,合理布局,改进工艺,节约资源"为原则,为企业争取最佳经济效益和环境效益。

项目部建立以项目经理为首的环境保护领导小组,并设立专职环保管理员,切实做好日常的环保管理工作。

2. 施工现场环保工作计划

(1)认真学习和贯彻国家及地方政府部门有关环保的法令、法规和条例。建立施工现场环保自我保证体系,做到责任落实到个人。

(2)加强环保宣传工作,提高全员环保意识。现场采取图片、表扬、评优、奖励等多种形式进行环保宣传,并将环保知识的普及工作落实到每位施工人员身上。

(3)在施工前做好各类市政管线调查,施工中做好保护,防止施工破坏管线。市政管线的迁移和保护按法规要求进行,履行报批手续付费。同时采取措施并建立应急程序、做好应急准备,避免停水、停电等事故的发生,一旦发生事故可及时响应。

(4)调查周边环境的生态情况,了解本地的气象、地质情况及水文条件。

(5)严格履行各类用地手续,按划定的施工场地组织施工,不乱占地,不多占地。

(6)在相关文件中明确施工场地的恢复要求和具体的实施时间表,保证施工结束后及时撤场、尽快恢复。

(7)在施工场地周围出安民告示,以求得附近居民的理解和配合。并考虑施工照明灯的悬挂高度和方向,以免影响居民夜间休息。

(8)合理布置施工现场临时设施,在施工工地场界处设实体围栏,不得在围栏外堆放物料、废料。把对周边环境造成的影响减到最低。

3. 施工现场环保工作制度

(1)积极全面开展工作,加强施工现场环保工作的组织领导,成立以项目经理为首的,由技术、生产、材料、机械等部门组成的环保工作领导小组,设立兼职环保员一人。环境保护体系启动、运行。

(2)对上岗的施工人员实行环保达标上岗前培训制度,做到凡是上岗人员均通过环保培训。

(3)现场建立环保义务监督岗制度,保证及时反馈信息,对环保做得不周之处及时提出整改方案,积极改进并完善环保措施。

(4)制定防止大气污染、防止水污染和防止施工噪声污染的具体制度。

(5)不定期组织工地的业务人员学习国家及地方政府部门有关环保的法令、法规、条例,使每个人都了解文明工地的要求和内容。

(6)施工现场要经常采取多种形式的环保宣传教育活动,施工队进场集体进行环保教育,不断提高职工的环保意识和法制观念,未通过环保考核者,不得上岗。

(7)场建立环保义务监督岗制度,保证及时反馈信息,对环保做得不周之处及时提出整改方案,积极改进并完善环保措施。

(8)实行奖罚、曝光制度。

4. 主要环境影响控制保护措施

环保保证体系有效运转,各级环保员切实做好本职工作,随时进行信息反馈,每月召开例会,由专职环保员总结信息,集体解决落实,保障信息网络和自我保证体系的运作。主要环境影响控制保护具体措施如下:

(1)防噪声扰民控制措施

施工期间主要的噪声来源是施工机械、运输车辆等,采取的控制措施为:

①施工场界噪声按《建筑施工场界环境噪声排放标准》(GB 12523—2011)的要求控制。

②采取措施,保证在各施工阶段尽量选用低噪声的机械设备和工法。并且在满足施工要求的条件下,尽量选择低噪声的机具。

③在施工现场,对主要噪声源如旋挖钻、装载机、卷扬机等采用有效的吸声、隔音材料施做封闭隔声或隔声屏,使其对居民的干扰降至规定标准。

④噪声超标时一定采取措施,并按规定缴纳超标准排污费。对超标造成的危害,要向受此影响的组织和个人给予赔偿。

⑤确定施工场地合理布局、优化作业方案,保证施工安排和场地布局考虑尽量减少施工对周围居民生活的影响,减小噪声强度和敏感点受噪声干扰的时间,建立必要的噪声控制设施,如隔声屏障等。

⑥自备发电机时将作隔声处理,在有电力供应时不使用自备发电机。

⑦合理安排施工计划,在特殊时间段(如高考期间)不进行有噪声的作业。

(2)防振动扰民控制措施

产生振动的主要来源是施工机械的作业,采取的控制措施为:

①施工振动对环境的影响按《城市区域环境振动标准》(GB 10070—88)的要求。

②根据敏感点的位置和保护要求选择施工机械和施工方法,最大限度的减少对周围的影响。

③本工程施工有可能会对地层产生扰动,引起建筑变形或沉陷的区域,对临近建筑物将事先详查、做好记录,对可能的危害采取加固等预防措施。

④其余控制措施与噪声基本相同。

(3)水污染控制及弃渣处理

施工期间的水污染主要是施工泥浆、车辆冲洗水、施工人员生活污水、雨季地表径流等,容易污染收纳水体、堵塞城市排水系统、引起水浸街等。采取的控制措施有:

①废水排入城市下水道,悬浮物执行《污水综合排放标准》(GB 8978—2002)中的三级标准400mg/L;废水排入自然水体,悬浮物执行《污水综合排放标准》(GB 8978—2002)中的二级标准150mg/L。

②根据不同施工场地排水网的走向和过载能力,选择合适的排口位置和排放方式。

③在工程开工前完成工地排水和废水处理设施的建设,并保证工地排水和废水处理设施在整个施工过程的有效性,做到现场无积水、排水不外溢、不堵塞、水质达标。

④泥浆水产生处设沉淀池,沉淀池的大小根据排水量和所需沉淀时间确定。

⑤在季节环保措施中制定有效的雨季排水措施;钻孔桩、旋喷桩施工现场配备有效的废浆处理设备。

⑥根据实际施工情况,结合当地降雨特征,制定雨季排水方案,避免废水无组织排放、外溢、堵塞城市下水道等污染事故发生的排水应急响应工作方案,并在需要时实施。

⑦施工现场设置专用油漆、料库,库房地面做防渗漏处理,储存、使用、保管专人负责,防止油料跑、冒、滴、漏污染土壤、水体。

⑧弃土、弃浆按弃土、排放泥浆的有关规定,弃至指定地点并加强运输车辆管理;弃土、弃浆的运输时间、运输路线、运输方法、堆放地点、堆放方式等严格按照当地有关部门的规定进行;弃土、弃浆场地按规定进行妥善保护,避免因弃土、弃浆引起排水不畅、污染水源等不良

后果。

(4) 防止大气污染

大气的主要污染来源有：开挖、运输、燃油机械、炉灶等，采取的控制措施有：

①粉尘、扬尘的作业面和装卸、运输过程，制定操作规程和洒水降尘制度，在旱季和大风天气适当洒水，保持湿度。

②合理组织施工、优化工地布局，使产生扬尘的作业、运输尽量避开敏感点和敏感时段（室外活动人群较多的时间）。

③严禁在施工现场焚烧任何含废弃物和会产生有毒有害气体、烟尘、臭气的物质，有害物质要使用封闭和带有烟气处理装置的设备。

④对类似水泥的易飞扬细颗料散体材料，安排在临时库房存放或用彩条布遮盖；堆土场、散装物料露天堆放场要压实、覆盖。运输时采用彩条布遮盖或其他方式防止遗洒、飞扬；卸装时要小心轻放，不得抛洒，最大限度地减少扬尘。

⑤选择合格的运输单位，做到运输过程不散落。

⑥为防止进出现场的车辆轮胎夹带物等污染周边公共道路，故在出口处设立洗车台，清除车轮携土。

⑦拆除车站内构筑物时要有防尘遮挡，在旱季适量洒水。施工期间现场一旦干燥、起尘，也应及时喷水，保持湿度，避免扬尘污染周围环境。

⑧运输、施工作业所使用的车辆、机械均通过当年机动车尾气检测，并获得合格证。并禁止因不良运行而产生施工机械的超负荷工作，保证机车尾气的标准排放。

⑨使用清洁能源，炉灶符合烟尘排放规定。

⑩施工前做好施工便道的规划设置，临时施工道路基层要夯实、路面要硬化。

(5) 固体废弃物管理措施

固体废弃物的主要来源是工程弃土、建筑废料和生活垃圾，会对城市环境卫生造成影响，采取的控制措施是：

①减少容易产生污染的材料的堆放时间和堆放量，并合理选定堆放场位置，对弃土进行洒水覆膜封闭，防止扬尘污染，堆土场周围加护墙和护板。

②制定泥浆和废渣的处理、处置方案，按照法规要求选择有资质的运输单位，及时清运施工弃土和淤泥渣土，建立登记制度，防止中途倾倒事件发生并做到运输途中不撒落。

③选择对外环境影响小的出土口、运输线路及运输时间。

④剩余料具、包装及时回收、清退，对可再利用的废弃物尽量回收利用，各类垃圾及时清扫、清运，不得随意倾倒，尽量做到每班清扫、每日清运。

⑤施工现场内无废弃砂浆和混凝土，运输道路和操作面落地料及时清运，砂浆、混凝土倒运时应采取防撒落措施。

⑥教育工人养成良好的卫生习惯，不随地乱丢垃圾、杂物，保持工作和生活环境的整洁。

⑦严禁垃圾乱倒、乱卸。施工现场设垃圾站，各类生活垃圾按规定集中收集，由环卫部门及时清理、清运，一般要求每班清扫、每日清运。

(6) 防遗洒措施

①运输车辆进出场时，派专人清洗轮胎和车厢挡板，防止污染城市道路和市区环境。

②外运土方车辆进行严密遮盖,出场时设专人清洗轮胎和车厢挡板,防止污染城市道路和市区环境。

③运输车不得超量运载、运载工程土方最高点不超过车辆槽上沿50cm,边缘低于车辆槽帮上沿10cm,装载建筑渣土或其他散装材料不得超过槽帮上沿。

④废泥浆外运采用专用车辆,指定专人管理,检查车辆的密封性能,并严禁在中途排放。

(7)生态环境保护措施

①对城市绿化,在施工范围内严格按有关法规执行。临时占用绿地要经有关部门得批复;砍伐或迁移树木要报批并交费,不得随意修剪树木;古树名木按要求进行特殊保护。

②对门前屋后凡可进行绿化的地点均进行临时种植花草树木,并由专人挂牌维护管理,增加现场的美观,调理职工的心情。

③施工场地应尽量绿化、硬化,工程竣工后应及时清理场地,恢复本来面貌。

④随时跟踪气象预报,了解降雨时间和特点,以便在降雨前对施工现场的弃土进行及时清运、压实、覆盖等措施,防止水土流失。

⑤对地上和地下的建筑等要防震、防毁和避让,不污染,不危及建筑物等的安全。发现地下文物,将保护现场,及时报告。

⑥工程回填土堆施土质较松散,降雨前应采取压实、覆盖等措施。

⑦执行当地政府的有关规定,将废弃的土石方及时清运至规定的地方处置,以确保水土流失减少到最低程度。

⑧土方施工时,根据施工现场平面合理设置排水设施,将施工泥沙和污水经过沉淀后引入市政管网。

施工单位应照制定的环保措施开展施工现场环保的监督检查工作,每月初、月中和月末对环境各项工作进行一次检查,对存在的问题及时解决,并做好文字记录和存档工作。

复习思考题

1. 隧道质量检测内容有哪些?
2. 隧道防排水系统质量检测的主要内容有哪些?
3. 简述监控量测项目分析及量测结果的应用。
3. 简述施工安全的技术保证措施。
4. 简述主要环境影响控制保护措施。

施工案例

【案例】 基于光纤布拉格光栅传感器的衬砌结构内力监测

埋设传感器进行现场量测,是准确了解隧道衬砌混凝土应变及受力特征的有效途径。隧道施工过程中,由于开挖与支护,使围岩受到扰动,发生应力重分布现象。施工期衬砌结构的稳定性直接影响隧道施工安全,如果在施工期选择典型断面进行衬砌混凝土应变量测,可获得较为准确的第一手资料。隧道工程实践表明,采用光纤光栅传感器作为测试元件进行内力监测是一种比较理想的测试方法。自1989年Mendez A 和 Morse T F 在国际光学工程学会(SPIE)上提出将光纤光栅传感器用于钢筋混凝土结构检测以来,这种技术在土木工程领域得到了飞速发展。

1. 光纤光栅传感监测系统简介

1978年，K. Hill、Y. Fujii 和 D. Johnson 等人在测量掺锗（Ge）石英光纤对氩离子激光器发出的蓝-绿光（488nm）的吸收特征时，首次发现了光纤的光敏特性。之后，G. Meltz、W. Morey 和 W. Glenn 等人以 244nm 紫外光为光源，采用全息曝光技术，在掺锗（Ge）石英光纤上制得波长为 820nm 的光纤光栅。在强紫外光照射下，入射光子与纤芯内掺杂粒子相互作用后，纤芯折射率沿轴向呈周期性或非周期性的永久性变化，在光纤芯区形成 Bragg 光栅，其中的短周期光纤光栅称为 FBG 光栅。不同波长的光束入射到带有 FBG 光栅的光纤后，只有一种光被 FBG 光栅反射并按原路返回。根据文献[7]的结论，光纤光栅的 Bragg 波长与应力或温度具有良好的线性关系。周围应变或温度等外界物理量发生变化时，纤芯有效折射率 n 或光栅周期 Λ 会发生变化，Bragg 波长 λ_B 也发生相应变化。FBG 中心波长与温度和应变的关系见式(5-10)。

$$\frac{\Delta\lambda_B}{\lambda_B} = \left[\frac{1}{n}\xi + \alpha_f\right]\Delta T + (1 - P_e)\Delta\varepsilon \tag{5-10}$$

式中：$\Delta\lambda_B$——Bragg 光栅信号的波长移动量；

$\Delta\varepsilon$——轴向应变增量；

α_f——光纤热膨胀系数，$\alpha_f = \frac{1}{\Lambda}\frac{d\Lambda}{dT}$；

ξ——热光系数，$\xi = \frac{1}{n}\frac{dn}{dT}$；

P_e——有效弹光系数，$P_e = \frac{1}{n}\frac{dn}{d\varepsilon}$，$\varepsilon$ 为轴向应变。

其余符号同前。

因此，如果将带有 FBG 光栅的传感器埋入混凝土内部或者黏贴在结构物表面，那么通过监测 Bragg 波长的变化，就可获得结构应变或者温度变化信息。例如，许多学者采用 FBG 传感器监测桥梁的应变，并取得了一些重要的研究成果。图 5-12 表示了 FBG 传感器监测系统的组成，从图中可见，监测系统主要由 FBG 传感器、信号传输与采集系统、数据处理系统组成。

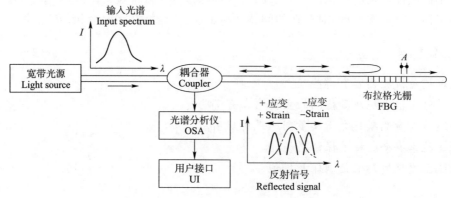

图 5-12 FBG 传感器监测系统组成

与传统的传感器相比，FBG 传感器具有十分明显的优势，主要表现在：

(1) 性价比高。

(2) 体积小，质量轻，结构简单。

(3) 传输距离远。

(4) 可实现分布式测量。

(5) 抗电磁干扰，耐高温，耐腐蚀，化学性质稳定，能适应恶劣环境。

(6) 测量精度高。

因 FBG 传感器具有上述优势,拟采用这种技术进行隧道结构测试分析。

2. FBG 选择及准分布式 FBG 传感器阵列设计

现采用 FBG 传感器对大坪里隧道二次衬砌混凝土应变进行了现场监测。

(1)FBG 传感器与数据采集系统

光纤光栅传感器数据采集采用美国微光光学公司 SM125 型解调仪,其解调技术基于珐布里-珀罗滤波器,适合在野外做长期监测。波长范围 1510～1590nm,为全光谱显示。工作温度 0～55℃,具有 4 个光学通道。在 1Hz 的扫描速率下,引起的噪声基底大约 60dBm,解调器能够精确地给出 3dB 带宽为 1～2GHz 或更大一些的光学特性。波长精度和波长稳定性均为 1pm。光纤型号为 SMF28,采用丙烯酸酯涂覆层,FBG 的温度灵敏度系数为 10.9pm/℃。弯曲半径大于 25mm,光学分辨率为 0.25nm±0.05nm。光纤采用 1mm 直径不锈钢毛细管加以保护,避免其在混凝土浇筑、振捣等过程中被冲击破坏。

(2)依托工程概况

大坪里隧道是国道主干线 GZ45 天宝高速公路上一座上、下分离的四车道高速公路特长隧道,为在建期亚洲第二长公路山岭隧道,全长 12.286km。隧道采用光面爆破、锚喷支护和复合式衬砌。监测段落隧道围岩状况:Ⅲ级围岩,所属地层为 Pt_2^3,微风化灰黑色鳞片变晶结构花岗片麻岩,夹石英岩脉、花岗岩脉,片麻理稍发育,块、碎石状镶嵌结构;主要支护参数为:B22 药卷锚杆(20MnSi)长度 300cm,A8 钢筋网间距 20cm×20cm,B22 格栅拱架间距 100cm,C20 喷射混凝土厚度 22cm,C25 二衬混凝土厚度 40cm。选择隧道右线 YK29+255 断面为测试断面。

(3)FBG 传感器温度校正

由于 FBG 传感器对二衬混凝土水化热升温敏感,因而需要对传感器进行温度校正。选取不同中心波长的 4 支 FBG 应变传感器,测温装置为水银温度计,精度为 0.05℃。采用水浴法进行温度标定,将 4 支传感器分别放置于两个已标定的水槽中,调整温度场,温度 16～38℃,采集温度及 FBG 波长变化数据,绘制波长响应曲线。典型响应曲线如图 5-13 所示。

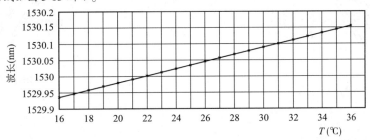

图 5-13 中心波长为 1529nm 的 FBG 应变传感器波长——温度曲线

如图 5-13 所示,FBG 传感器的波长与温度变化呈线性关系。对波长变化进行回归分析,可得到波长 λ——温度 T 响应关系式 $\lambda_B = 0.0108T + 1529.7$ (2)。波长——温度变化之间相关系数为 99.99%。4 支 FBG 传感器的实验表明:温度升高 1℃,波长平均增加值为 10.8pm,即 FBG 传感器温度灵敏度系数等于 10.8pm/℃。

(4)FBG 传感器标定

在布设 FBG 传感器前,需要对其进行应变标定。将一根裸光纤固定在 0.9mm 冷拉圆钢丝上,然后置于 150mm×150mm×150mm 混凝土试模中,FBG 传感器位于试模中间位置,光纤方向与试模侧面平行,光纤一头从侧面顺钢丝引出,浇筑 C20 混凝土。混凝土初凝后拆模,将试块置于万能试验机上进行压缩实验。对实验数据进行回归分析,可得到应变——波长响应关系式(3),回归曲线如图 5-14 所示。

$\lambda_B = -0.0003x + 1527.7$ (3)

结果表明,波长-温度变化之间相关系数为 99.99%,应变灵敏度系数为 $-0.003nm/\mu\varepsilon$。

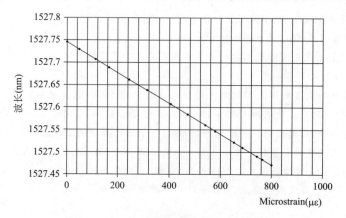

图 5-14 FBG 在混凝土中的应变灵敏度系数

(5) FBG 传感器阵列布设方案

为了解二衬混凝土不同位置的应变和内力变化情况,选择特拱顶、拱肩、拱腰等特征点作为 FBG 测试点,布设准分布式 FBG 传感器监测网,传感器布置见图 5-15。

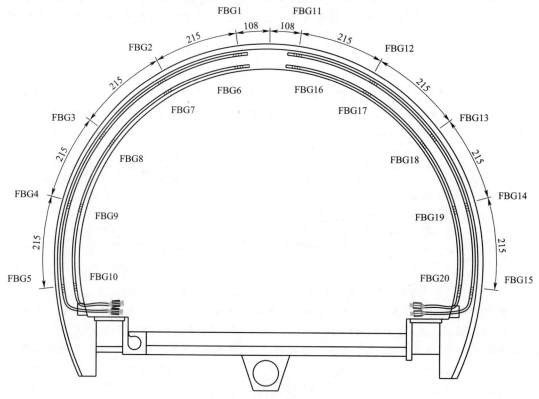

图 5-15 FBG 传感器布置示意(尺寸单位:cm)

一个测试断面布设 4 根光纤,左、右侧各两根对称布置,纵向上离台车端面 1m,距振捣窗口 1m。为固定光纤,在二衬台车后内外侧架立两根 12mm 光圆钢筋,内外侧间距为 38cm(隧道净空方向为内侧,围岩方向为外侧),并沿钢筋将光纤绑扎固定。为防止施工中传感器受损,在台车背部左右两侧各固定一木箱,将光纤用软管封套后放入木箱,每次读数后将光纤放入木箱内保护。每根光纤由 5 个 FBG 传感器采用波分复用技术依次串联构成一个线性传感器阵列,一个测试断面共有 20 个 FBG 传感器。此外,为防止 FBG 传感器串话,各传感器采用不同的中心波长。依次对所有光纤、FBG 进行编号,并于埋设之前检查传感器的完好性,见图 5-16。

图 5-16　FBG 传感阵列完好性检查

3. 现场数据采集与测试结果分析

根据最新研究成果,水泥水化热引起的混凝土绝热升温随混凝土龄期呈指数关系增长,一般在第 2~4d 时达到最高。为尽量减少 FBG 对温度的交叉敏感性,选择二衬混凝土浇筑 5.5d 后,每 0.5d 即对 FBG 传感器进行一次现场监测。第 11d 两通道反射谱图像见图 5-17。

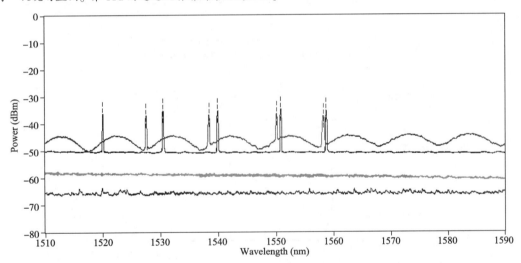

图 5-17　第 11d 两通道反射光谱图像

反射光谱显示,FBG 传感器均有很强反射信号,说明测试元件工作正常。各短波方向无明显旁瓣,整个光谱比较平滑。

(1) 应变时态曲线

根据反射光谱信息,及时对传感器数据进行处理,并进行温度校正,绘制应变时态曲线。内、外环衬砌混凝土应变时态曲线见图 5-18。

从时态曲线整体来看,曲线平缓,说明 FBG 传感器抗干扰能力较强。该断面测试点二衬混凝土压应力在早期近于线性急剧增加,后期出现波状变化。另外,二衬外缘混凝土比内缘混凝土应变化曲线略陡,表明应变变化速率外缘快于内缘。混凝土应力的变化反映了围岩与衬砌结构之间作用力的复杂性。各测试点位 FBG 传感器所测应变随时间变化趋势大致相同,在 6d 之后,应变绝对值随时间逐渐增大,第 13d 后应变变化速率减小,90d 后应变逐渐趋于稳定。

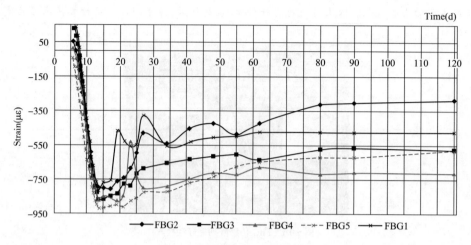

图 5-18 衬砌混凝土应变时态曲线

(2) 二衬混凝土应变横向分布特征

为了解二衬结构受力状态,检验二衬预设计的合理性,分析结构长期安全性,计算衬砌混凝土截面轴力和弯矩等,并绘制内力横断面分布图,如图5-19所示(衬砌轴力受拉为+,受压为-;弯矩值以外侧受拉为+,内侧受拉为-)。

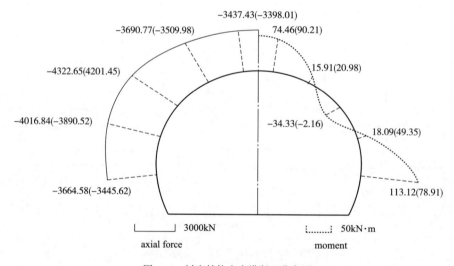

图 5-19 衬砌结构内力横断面分布图

二衬内力分布图显示,整个监测断面均呈现压应力状态。最大轴力为 -4322.65kN,出现在 FBG3—FBG8 截面处,该截面对应的弯矩值为 -34.33kN·m。最小轴力为 -3437.43kN,出现在拱顶附近的 FBG1—FBG6 截面处,此处弯矩为 74.46kN.m。最大弯矩为 113.12kN·m,出现在 FBG5—FBG10 截面处,此处轴力为 -3664.58kN。最小弯矩为拱肩位置的 -34.33kN·m。各截面应力值均小于混凝土容许应力值。图中括号内数字为对称截面内力值,从计算数据可见,二衬内力分布大致呈对称状态。

得到各截面的内力值后,可计算衬砌结构安全系数 K 值,判断二衬结构施工期的安全性和稳定性。各截面偏心距值 e_0 根据现行《公路隧道设计规范》(JTG D70—2004)计算确定。当偏心距小于截面控制偏心距时,即 $e_0 \leqslant 0.2h$(h 为二衬混凝土厚度),计算截面为轴心及小偏心受压构件,混凝土截面承载力由抗压强度控制;反之,计算截面为大偏心受压构件,截面承载力由抗拉强度控制。各截面安全系数见表5-11。

衬砌各截面安全系数 表 5-11

截面	FBG1 – FBG6	FBG2 – FBG7	FBG3 – FBG8	FBG4 – FBG9	FBG5 – FBG10
偏心距(m)	0.022	0.004	0.007	0.005	0.003
偏心影响系数	0.996	1.000	1.000	1.000	1.000
压应力(MPa)	8.594	9.227	10.807	10.042	9.161
安全系数	2.80	2.62	2.24	2.41	2.64

表 5-11 显示,各分析截面的偏心距均小于 $0.2h(0.08\text{m})$,故承载力由抗压强度控制。各截面安全系数值都满足现行《公路隧道设计规范》(JTG D70—2004)的要求(永久荷载 + 基本可变荷载组合下,$K \geq 2.0$),说明监测断面衬砌结构安全、稳定。从安全系数大小来看,截面 FBG1 – FBG6 处安全系数最大,而截面 FBG3 – FBG8 处最小,因此,截面 FBG3 – FBG8 为监测断面控制截面,应作为重点监测部位。

参 考 文 献

[1] 中华人民共和国国家标准. GB 50157—2003 地铁设计规范[S]. 北京:中国标准出版社,2003.
[2] 中华人民共和国行业规范. CJJ 96—2003 地铁限界标准[S]. 北京:中国建筑工业出版社,2003.
[3] 中华人民共和国行业规范. TB 10204—2002 铁路隧道施工规范[S]. 北京:中国铁道出版社,2002.
[4] 覃仁辉. 隧道工程[M]. 重庆:重庆大学出版社,2001.
[5] 王珊. 地铁工程设计与施工新技术实用全书[M]. 吉林:银声音像出版社,2004.
[6] 刘钊,余才高,周振强. 地铁工程设计与施工[M]. 北京:人民交通出版社,2004.
[7] 高峰,梁波. 城市地铁与轻轨工程[M]. 北京:人民交通出版社,2012.
[8] 王勇. 公路隧道施工技术[M]. 北京:中国物资出版社,2011.
[9] 朱济龙. 城市轨道交通车站机电设备[M]. 北京:机械工业出版社,2012.
[10] 赵忠杰. 公路隧道机电工程[M]. 北京:人民交通出版社,2007.
[11] 宋秀清,刘杰. 隧道施工[M]. 北京:人民交通出版社,2009.
[12] 杨其新,王明年. 地下工程施工与管理[M]. 成都:西南交通大学出版社,2009.
[13] 隋修志,高少强,王海彦. 隧道工程[M]. 北京:中国铁道出版社,2009.
[14] 吴焕通,崔永军. 隧道施工及组织管理指南[M]. 北京:人民交通出版社,2009.
[15] 张庆贺,朱合华,庄荣,等. 地铁与轻轨[M]. 北京:人民交通出版社,2006.
[16] 王梦恕,等. 中国隧道及地下工程修建技术[M]. 北京:人民交通出版社,2010.